数字经济专业系列教材

数字经济 ICT 概论

黄海量　主　编

李艳红　田　博　张庆华　副主编

電子工業出版社
Publishing House of Electronics Industry
北京 · BEIJING

内 容 简 介

本书主要介绍了数字经济时代背景下 ICT 的基本情况、关键技术与赋能应用案例等，是从 ICT 的视角研究数字经济的入门教材。本书内容从两个方面展开：首先介绍数字经济和 ICT 的基础知识及两者之间互相依赖的关系，然后介绍云计算、大数据、人工智能、物联网、虚拟现实、工业机器人、区块链、第五代移动通信技术（5G）等几项关键的 ICT，它们如何赋能数字经济，以及面临的伦理道德和社会问题。本书旨在帮助读者了解数字经济背后的 ICT，介绍其在不同情境下的应用，以及如何塑造和推动全球经济发展，探讨我们如何应对面临的问题。

无论你是企业家、专业人士，还是对数字经济和 ICT 感兴趣的学生，阅读本书将帮助你了解 ICT 在数字经济这一变革性领域的力量和角色，以及当前面临的问题，为今后的工作和学习奠定坚实的基础。

图书在版编目（CIP）数据

数字经济 ICT 概论 / 黄海量主编. -- 北京 : 电子工业出版社, 2024. 10. -- ISBN 978-7-121-48968-6

Ⅰ. F49

中国国家版本馆 CIP 数据核字第 20244F9B09 号

责任编辑：姜红德
印　　刷：北京捷迅佳彩印刷有限公司
装　　订：北京捷迅佳彩印刷有限公司
出版发行：电子工业出版社
　　　　　北京市海淀区万寿路 173 信箱　邮编：100036
开　　本：787×1 092　1/16　印张：16.75　字数：375 千字
版　　次：2024 年 10 月第 1 版
印　　次：2024 年 10 月第 1 次印刷
定　　价：68.00 元

凡所购买电子工业出版社图书有缺损问题，请向购买书店调换。若书店售缺，请与本社发行部联系，联系及邮购电话：（010）88254888，88258888。

质量投诉请发邮件至 zlts@phei.com.cn，盗版侵权举报请发邮件至 dbqq@phei.com.cn。

本书咨询联系方式：（010）88254282，jianghd@phei.com.cn。

前　言

当今世界正经历百年未有之大变局，而百年未有之大变局又与重大事件交织在一起，深刻地影响着世界格局的变化。其中一个重大事件是科技发展对经济活动的革命性影响，集中表现为数字经济的崛起。

数字经济是继农业经济、工业经济之后的主要经济形态。历经200多年的技术演进，人类从瓦特（Watt）代表的工业经济大步迈入比特（Bit）代表的数字经济。如果说农业时代的核心是土地与劳动力，工业时代的核心是资本与技术，那么数字时代的核心是技术与数据。任何数字经济活动实质上均是“网络+数据+算法+算力”的体现。

数字经济作为一种新的经济形态，以云计算、大数据、人工智能、物联网、区块链、5G等信息通信技术为载体，基于信息通信技术的创新与融合来驱动社会生产方式的改变和生产效率的提高。数字化的第一重天是计算机，生产比特；第二重天是互联网，传输比特；第三重天是数字经济，通过处理比特改变和影响物理世界。数字经济飞速发展，通过特有的“数字技术+经济活动”的形态，推动着社会经济的不断演进。随着全球经济的不断发展和科技的不断进步，数字经济已经成为促进经济增长、提升国家竞争力的重要驱动力。在此背景下，掌握数字经济和ICT的基本知识的重要性日益凸显。

随着信息化建设的不断深入，企业对ICT的需求不断增加，特别是在云计算、大数据、人工智能等领域。政府机构在推进数字化转型的过程中，对ICT的需求也日益增长，如智慧政务、智慧城市等领域。教育、医疗等公共服务对ICT的需求也在不断增加，如在线教育、远程医疗等领域。当前，ICT已经成为推动全球经济发展的重要引擎之一，各国政府和企业纷纷加大对ICT的投入与研发。随着5G、物联网、人工智能等技术的不断发展，ICT将迎来更加广阔的发展空间和更多的应用场景。未来，ICT将与各行业深度融合，推动数字化转型和智能化升级，成为推动经济发展的重要力量。

从ICT的视角研究数字经济，了解和掌握数字经济和ICT的基础知识，以及两者之间互相依存的关系，了解云计算、大数据、人工智能、物联网、虚拟现实、区块链、5G等ICT关键技术如何赋能数字经济，以及它们面临的伦理和社会问题，有助于更深入、更全面地理解ICT在数字经济中扮演的角色和起到的作用。本书在充分理解数字经济和ICT关键技术之间内在关系的基础上，探讨数字经济与ICT的融合发展，培养学生应用ICT解决实际问题的能力，结合实际案例加深学生对理论知识的理解。为此，本书在各章的相应部分提供了各种典型案例，这也有助于结合中国经济领域的问题提出一些供学生讨论的话题。

另外，本书认为提升从业人员的数字科技伦理意识，向学生传授科技伦理道德和最佳实践，培养他们在数字科技领域的伦理道德意识和责任感，使他们能够应对伦理道德挑战并采取适当的措施，也是十分必要的。因此，本书在第 2～10 章探讨了各种 ICT 关键技术带来的伦理道德和社会问题，并提供了相关案例，以加深学生对数字科技伦理道德的理解。这也是本书的特色之一，旨在提升学生的数字科技伦理道德监管意识，推动以 ICT 为代表的数字科技的可持续发展。

本书是一本具有实用性和前瞻性的教材。它既适合高校学生、企业管理人员和相关从业人员阅读，也适合对数字经济和 ICT 感兴趣的人阅读。希望读者能够通过阅读和学习本书，掌握数字经济与 ICT 的基本原理和关键技术，将其应用到实际工作中，以推动企业数字化转型，提高企业生产力，创造新的商业机会，从而推动我国数字经济的持续发展和繁荣。

本书第 1～3 章由李艳红老师负责编写；第 4 章、第 5 章、第 9 章由张庆华老师负责编写；第 6～8 章由田博老师负责编写；第 10 章由黄海量老师负责编写；黄海量老师负责全书的统稿工作。在本书的编写过程中，邱志慧、郑帅等老师和李汶珊、何兴黄、李沐晴等硕士研究生在收集整理资料、部分内容编写和文字校对等方面提供了帮助，在此表示感谢！由于编写时间有限，加之编者水平和涉猎范围有限，书中的不足之处在所难免，希望得到专家、同行和读者的批评指正，使本书不断完善。

编　者

目　　录

第 1 章　数字经济与 ICT 概述 …… 1
1.1　数字经济基本概念 …… 1
1.1.1　数字经济的产生与发展 …… 1
1.1.2　数字经济的定义和类型 …… 3
1.1.3　数字经济的特征和影响 …… 5
1.1.4　数字经济的发展趋势和面临的挑战 …… 7
1.2　ICT 基本概念 …… 8
1.2.1　ICT 的定义及发展趋势 …… 8
1.2.2　ICT 的范畴和重要作用 …… 11
1.3　数字经济与 ICT 的协同发展 …… 12
1.3.1　数字经济和 ICT 的发展阶段及融合案例 …… 12
1.3.2　数字经济的发展催生了对 ICT 的新需求 …… 13
1.3.3　ICT 为数字经济提供技术支持 …… 14
1.3.4　数字经济与 ICT 的协同发展及趋势 …… 15
1.4　数字经济与 ICT 在发展中面临的挑战和问题 …… 16
1.4.1　数字经济高质量发展面临的挑战及对策 …… 16
1.4.2　数字经济与 ICT 发展带来的伦理道德和社会问题 …… 18
1.4.3　数字科技伦理监管与治理 …… 19
参考资料 …… 22
第 2 章　云计算 …… 23
2.1　云计算概述 …… 24
2.1.1　云计算的定义和服务模式 …… 24
2.1.2　云计算的特性、特征和部署模式 …… 26
2.1.3　云计算的产生与发展 …… 28
2.1.4　云计算的技术及应用 …… 29
2.2　云计算关键技术 …… 31
2.2.1　虚拟化技术 …… 31

2.2.2 云存储技术……35
2.3 云计算赋能数字经济……39
2.3.1 云计算与数字经济……39
2.3.2 虚拟化技术与数字经济……40
2.3.3 云存储技术与数字经济……41
2.4 云计算带来的伦理道德和社会问题……42
案例：Netflix 的云迁移之旅……43
参考资料……44
第 3 章 大数据……45
3.1 大数据概述……46
3.1.1 大数据的定义……46
3.1.2 大数据的特征……47
3.1.3 大数据的结构和系统认知……49
3.1.4 大数据生命周期中的技术……50
3.2 大数据关键技术……51
3.2.1 大数据采集方法……51
3.2.2 大数据预处理内容……53
3.2.3 大数据存储系统的类型……54
3.2.4 MapReduce 处理框架……59
3.2.5 分布式数据查询技术……61
3.3 大数据赋能数字经济……62
3.3.1 大数据技术支持产品推荐……63
3.3.2 大数据技术支持企业降本增效……64
3.3.3 大数据支持企业风险控制……64
3.4 大数据带来的道德伦理和社会问题……66
3.4.1 个人隐私保护……66
3.4.2 “大数据杀熟”……67
案例：阿里巴巴的“双十一”购物节……68
参考资料……70
第 4 章 人工智能……71
4.1 人工智能概述……72
4.1.1 人工智能的定义……72
4.1.2 人工智能的核心要素……73
4.1.3 人工智能的三大学派……76

4.2 人工智能关键技术 …… 80
4.2.1 机器学习 …… 80
4.2.2 人工神经网络 …… 81
4.2.3 知识图谱 …… 82
4.2.4 模式识别 …… 83
4.2.5 自然语言处理 …… 85
4.2.6 计算机视觉 …… 85
4.3 人工智能赋能数字经济 …… 87
4.3.1 人工智能+制造 …… 87
4.3.2 人工智能+农业 …… 91
4.3.3 人工智能+金融 …… 93
4.3.4 人工智能+电商 …… 95
4.4 人工智能带来的伦理道德和社会问题 …… 98
4.4.1 算法相关的伦理问题 …… 98
4.4.2 社会安全问题 …… 101
案例：南京银行人工智能应用与创新 …… 103
参考资料 …… 106
第 5 章 物联网 …… 107
5.1 物联网概述 …… 109
5.1.1 物联网的发展 …… 109
5.1.2 物联网的定义 …… 110
5.1.3 物联网的基本架构 …… 111
5.2 物联网关键技术 …… 112
5.2.1 感知技术 …… 112
5.2.2 通信组网技术 …… 114
5.2.3 应用服务技术 …… 120
5.3 物联网赋能数字经济 …… 122
5.3.1 物联网在工业领域的应用 …… 122
5.3.2 物联网在农业领域的应用 …… 123
5.3.3 物联网在智能电网领域的应用 …… 124
5.3.4 物联网在智慧城市领域的应用 …… 124
5.4 物联网带来的伦理道德和社会问题 …… 126
5.4.1 安全风险 …… 126
5.4.2 经济风险 …… 126

5.4.3 文化传播风险……127
5.4.4 隐私保护风险……127
5.4.5 道德风险……127
案例：国家牧草创新基地农业物联网应用实践……128
参考资料……131
第 6 章 虚拟现实……132
6.1 虚拟现实概述……134
6.1.1 虚拟现实的定义……134
6.1.2 虚拟现实的特点……134
6.1.3 虚拟现实的发展过程……135
6.2 虚拟现实的关键技术……138
6.2.1 计算机仿真……138
6.2.2 计算机图形学……138
6.2.3 人工智能……138
6.2.4 5G 技术……139
6.2.5 大数据技术……139
6.2.6 人机交互技术……140
6.3 虚拟现实软件……141
6.3.1 虚拟现实软件的种类……141
6.3.2 虚拟现实软件的功能……142
6.3.3 虚拟现实软件的发展趋势……142
6.4 虚拟现实赋能数字经济……143
6.4.1 虚拟现实+商业应用……143
6.4.2 虚拟现实+生活应用……146
6.4.3 虚拟现实+社交应用……147
6.4.4 VR/AR 产业面临的主要瓶颈……149
6.5 虚拟现实带来的伦理道德和社会问题……151
案例：VR 购物……152
参考资料……153
第 7 章 工业机器人……155
7.1 工业机器人概述……155
7.1.1 智能、人类智能的种类……156
7.1.2 工业 1.0～3.0 中机器人的功能……157
7.1.3 工业机器人的演进历程……158

7.2 工业机器人智能化应用的典型技术……160
7.2.1 面向工业机器人智能化应用的智能感知系统……162
7.2.2 基于视觉感知系统的三维环境重建技术……162
7.2.3 基于视觉感知系统的位姿估计技术……163
7.2.4 基于力感知系统的柔顺控制技术……163
7.2.5 面向小样本目标的迁移学习技术……164
7.2.6 面向非结构化环境的运动规划技术……164
7.3 智能工业机器人赋能数字经济……165
7.3.1 汽车制造领域……165
7.3.2 3C 电子制造领域……165
7.3.3 搬运码垛物流行业……166
7.3.4 机械加工行业……167
7.3.5 喷涂领域……167
7.3.6 家用服务机器人……168
7.3.7 医疗机器人……169
7.3.8 教育娱乐机器人……170
7.3.9 助老助残机器人……171
7.3.10 无人驾驶汽车……172
7.3.11 特殊服役环境机器人：太空机器人……173
7.3.12 反恐防暴机器人……173
7.3.13 农业机器人……174
7.4 工业机器人带来的伦理道德和社会问题……175
案例：工业机器人应用于汽车车身制造……178
参考资料……178
第 8 章 区块链……180
8.1 区块链概述……181
8.1.1 区块链的类型……181
8.1.2 区块链的优劣势……184
8.2 区块链关键技术……187
8.2.1 密码学……187
8.2.2 数字签名技术……188
8.2.3 对等网络技术……189
8.3 区块链推动产业数字化……193
8.3.1 数字经济下的产业数字化发展……193

8.3.2 区块链提升民生领域信息化成效 …… 199
8.4 区块链带来的伦理道德和社会问题 …… 202
8.4.1 区块链的价值判断与伦理思考 …… 202
8.4.2 区块链面临的道德风险 …… 204
案例：航天信息区块链平台 …… 205
参考资料 …… 207
第9章 5G …… 208
9.1 5G概述 …… 209
9.1.1 移动通信技术发展史 …… 209
9.1.2 5G的基本特点 …… 212
9.1.3 5G的应用场景 …… 214
9.1.4 5G的网络架构 …… 214
9.2 5G关键技术 …… 216
9.2.1 超密集异构网络 …… 216
9.2.2 自组织网络 …… 217
9.2.3 内容分发网络 …… 217
9.2.4 D2D通信 …… 218
9.2.5 M2M通信 …… 218
9.2.6 信息中心网络 …… 219
9.2.7 网络切片 …… 219
9.2.8 边缘计算 …… 220
9.3 5G赋能数字经济 …… 222
9.3.1 5G赋能个人生活 …… 222
9.3.2 5G赋能社会生产 …… 223
9.3.3 5G赋能社会治理 …… 224
9.4 5G带来的伦理道德和社会问题 …… 226
9.4.1 公共卫生和安全 …… 226
9.4.2 个人信息和隐私安全 …… 226
9.4.3 就业和市场竞争 …… 226
9.4.4 数字鸿沟 …… 227
9.4.5 虚假信息 …… 227
9.4.6 环境可持续性 …… 227
案例：中国航发商发“5G+智慧工厂” …… 227
参考资料 …… 228

第 10 章　3D 打印技术……230
10.1　3D 打印技术概述……231
10.1.1　3D 打印技术发展历史……231
10.1.2　3D 打印系统及其原理……232
10.1.3　3D 打印技术应用领域……233
10.1.4　3D 打印技术区别于其他制造工艺的优势……236
10.1.5　3D 打印技术发展中存在的问题……238
10.1.6　3D 打印技术未来发展趋势……239
10.2　3D 打印技术的典型工艺方法……240
10.2.1　光固化成型……240
10.2.2　选择性激光烧结成型……241
10.2.3　叠层实体制造……242
10.2.4　熔融沉积成型……242
10.3　3D 打印技术赋能数字经济……243
10.3.1　实体经济……243
10.3.2　文化产业……246
10.3.3　商业活动……247
10.4　3D 打印技术带来的伦理道德和社会问题……249
10.4.1　知识产权与版权问题……250
10.4.2　安全性与责任归属……250
10.4.3　道德问题与社会影响……251
案例：天府农博园“瑞雪”多功能展示馆……253
参考资料……254

第 1 章

数字经济与 ICT 概述

学习目标

- 了解数字经济的产生与发展。
- 掌握数字经济的定义、类型、特征、影响和面临的挑战。
- 了解 ICT 的定义、发展趋势、范畴和重要作用。
- 掌握数字经济与 ICT 的协同发展。
- 了解数字经济与 ICT 在发展中面临的挑战与问题。

哥白尼革命、达尔文革命、计算机革命、信息革命……我们谈起科学或技术，总是冠之以“革命”。几乎科学技术领域每次大的变化，都被称为“革命性变化”“新技术浪潮”。互联网浪潮、区块链技术，乃至包括人工智能、大数据、物联网、量子技术等集合在内的科技创新浪潮，使人类进入了数字经济时代。正如科学通过一系列革命而取得了进步，数字经济通过一系列技术实现、思想研究及百家争鸣而拥有了磅礴的生命力。因此，本书重点从数字经济的技术实现这一方面展开相关内容的讨论。

1.1 数字经济基本概念

1.1.1 数字经济的产生与发展

让我们回顾历史上的两次工业革命带来的变化。18 世纪 60 年代至 19 世纪 50 年代前后，第一次工业革命从英格兰中部地区扩散到整个欧洲大陆，然后影响了北美地区。在这一时期，人类生产逐渐转向新的制造过程，出现了以机器取代人力的趋势，并诞生了一场以大规模的工厂生产取代个体工场手工生产的生产与科技革命。机器的发明和运用成为这一时期的标志，因此历史学家称这一时期为“机器时代”，机器成为这一时期最重要的生产要素。19 世纪下半叶发生的第二次工业革命的特质是“电气化”。随着社会化大生产和产业资本主义的发展，企业家成为一个新的群体，同时成为最重要的生产要素。产业资本主义时代产生了现代股份制有限公司、现代股票市场、现代商业银行和投资银行等金融创新，资本的所有权和经营权分离，现代公司制度随之产生。

自 20 世纪 80 年代开始，随着信息技术的发展，以无线通信、计算机和互联网为代表的第三次工业革命带来了人类产业革命的新时代。以云计算、人工智能、区块链等技术为代表的新一轮科技革命成为这一时期经济发展的底座。在这一时期，最大的变化是人们获取知识和认知世界的能力大大提高，信息和数据成为核心生产要素。正如《二十国集团数字经济发展与合作倡议》中指出："数字经济是指以使用数字化的知识和信息作为关键生产要素、以现代信息网络作为重要载体、以信息通信技术的有效使用作为效率提升和经济结构优化的重要推动力的一系列经济活动。"

数字经济既是一个新概念，也是一个旧概念，与之相似的概念还有互联网经济、电子商务、平台经济、信息经济等。数字经济的概念、范畴及度量标准不断发展变化，迄今还没有形成统一的定义。

数字经济通常是基于计算机和互联网的经济，所以又称互联网经济或新经济。20 世纪 90 年代中后期，数字经济开始进入人们的视野。1995 年，全球著名的新经济学家唐・泰普斯科特（Don Tapscott）出版了《数据时代的经济学：对网络智能时代机遇和风险的再思考》一书，书中直指数字经济的核心问题。这本书被公认为全球关于数字经济的第一本著作，唐・泰普斯科特也因此被誉为"数字经济之父"[1]。

20 世纪 90 年代中期至今，数字经济的概念不断深入人心，数字经济已经成为全球经济发展的主要支撑，其绝对值在各国国内生产总值（Gross Domestic Product，GDP）中的比重迅速上升。由中国信息通信研究院撰写、中新经纬研究院联合发布的《中国数字经济发展研究报告（2023 年）》指出，2022 年，中国数字经济规模达到 50.2 万亿元，同比名义增长 10.3%，已连续 11 年显著高于同期 GDP 名义增速，数字经济占 GDP 的比重相当于第二产业占国民经济的比重，达到 41.5%。数字经济产业已经成为中国经济稳定增长的重要引擎。不仅如此，数字经济还与前沿科学技术紧密结合，包括区块链、数据分析、云计算、人工智能、智能制造、物联网，日益显现出其巨大的生命能量，全方位地影响联合国可持续发展目标的制定。

如果对数字经济加以深入观察与思考，不难发现，数字经济改变了传统经济的生产要素、生产过程、市场竞争和垄断模式、产业结构和经济周期，也改变了世界财富分配规则。由于数字经济的兴起，数字经济和数字技术交互作用，掀起了"数字化浪潮"。在这个浪潮下，人类迄今为止的人文和思想受到前所未有的冲击，经济学首当其冲；数字化不仅改变了信息的传播和处理方式，还改变了人们的生活方式和社会的组织结构，从而对传统的秩序产生了冲击，经济、政治、社会和文化秩序也因此而发生动摇。数字化酝酿的人类文明的转型大幕已经悄然拉开。

数字科技的发展在过去数十年中取得了令人瞩目的进步，对人们的生活方式、商业模式和社会结构产生了深远的影响。例如，移动互联网的普及使人们能够随时随地访问互联网，极大地改变了人们获取信息、沟通和交流的方式；机器学习算法和深度学习算法的不断改进使计算机能够从海量数据中学习和提取模式，从而实现语音识别、图像识别、自然语言处理等复杂任务；人工智能的迅猛发展为各个领域带来了前所未有的机会和挑战，如今人工智能的应用渗透到教育、医疗、金融、交通、制造等各个行业，为提高效率、创新产品和服务带来了巨大的潜力；物联网的兴起则将物理世界和数字世界紧密地连接在一起，通过传感器、设备和网络的互联，可以实现智能家居、智慧城市、智能工厂；区块链技术的发展同样为金融、供应链和数字资产等领域带来了革命性的变革[2]。数字经济已经渗透到人们生活中的方方面面，中国的数字经济发展正在全面提速。

1.1.2　数字经济的定义和类型

1. 数字经济的定义

数字经济是以新一代信息技术为依托，继农业经济、工业经济之后的一种新经济形态。数字经济一般是指以使用数字化的知识和信息作为关键生产要素、以现代信息网络作为重要载体、以信息通信技术的有效使用作为效率提升和经济结构优化的重要推动力的一系列经济活动。其主要特征有：数据是重要的生产要素，网络是重要的载体，信息技术应用是其中最重要的推动力。从这个解释来看，数字经济包含两层信息：数字和经济。数字至少有两方面的含义。一是数字技术，包括仍在不断发展的信息网络、信息技术，如大数据、云计算、人工智能、区块链、物联网、增强现实/虚拟现实、无人机、自动驾驶。数字技术的发展将极大地提高生产力，扩大经济发展空间，产生新的经济形态，创造新的增量财富，同时推动传统产业转型升级，优化产业结构，实现从传统实体经济向新实体经济的转型。二是数字即数据，特别是大数据，既是新的生产要素，也是新的消费品。数字经济发展速度快、辐射范围广、影响程度深，正在推动生产方式、生活方式和治理方式发生深刻的变革，成为重组全球要素资源、重塑全球经济结构、改变全球竞争格局的关键力量[3]。

数字经济也是信息经济的另一种称谓，旨在突出支撑信息经济的信息技术具有二进制的数字特征。正如唐·泰普斯科特在其 1995 年出版的《数字经济——联网智力时代的承诺和风险》一书中所说明的那样，信息技术的数字革命使数字经济成为基于人类智力联网的新经济。数字经济的概念被越来越多的人接受。数字经济的发展与信息技术尤其是互联网技术的广泛应用分不开，也与传统经济的逐步数字化、网络化、智能化发展分不开。但是，不能简单地在数字经济和互联网经济、虚拟经济之间画等号，互联网经济、虚拟经济只是数字经济的一部分。

2018 年，经济合作与发展组织和美国商务部经济分析局对数字经济的概念进行了界定，即通过交易是否涉及信息与通信技术来界定一项经济活动是否属于数字经济。中国信息通信研究院则从产业范围和数字治理的视角对数字经济进行了界定，认为数字经济主要包括数据价值化、数字产业化、产业数字化和数字化治理 4 个方面。赛迪顾问对数字经济的定义是以数字技术为重要内容的一系列经济活动的总和，这些活动既包含数字化要素催生的一系列新技术、新产品、新模式、新业态，也包括数字化要素与传统产业深度融合带来的经济增长。由这个定义可见，数字经济的核心由两部分组成：数字技术和经济活动。数字经济区别于传统工业经济时代的新经济，包括数字经济基础产业和数字经济融合效应两个部分。

数字经济的要素包括以下几个。

（1）数据。数据成为新的关键生产要素。在数字经济时代，万物互联，各行各业的一切活动和行为都将数据化。

（2）信息与通信技术。信息与通信技术为创新提供动力。以信息技术为基础的数字经济正在打破传统的供需模式和已有的经济学定论，催生出更具普惠性、共享性和开源性的经济生态，并推动经济的高质量发展。例如，基于物联网技术，智慧路灯、智慧电梯、智慧物流、智能家居等丰富多彩的应用诞生了，为经济生活注入了极大的创新动力。

（3）产业。数字经济推动产业融合。数字经济并不是独立于传统产业而存在的，它更加强调融合与共赢，在与传统产业的融合中实现价值增量。数字经济与传统产业的融合主要体现为生产方式融合、产品融合、服务融合、竞争规则融合和产业融合。数字经济与各行各业的融合渗透发展，将带动新型经济范式的加速构建，改变实体经济结构，提高生产效率。发展数字经济最主要的目的之一是实现产业智能化。

数字经济的本质在于信息化。信息化是由计算机与互联网等生产工具的革命所引起的工业经济转向信息经济的一种社会经济过程。具体说来，信息化包括信息技术的产业化、传统产业的信息化、基础设施的信息化、生活方式的信息化等内容。信息产业化与产业信息化，即信息的生产和应用两大方面是其中的关键。信息生产要求发展一系列高新信息技术与产业，既涉及微电子产品、通信器材和设施、计算机软硬件、网络设备的制造等，又涉及信息和数据的采集、处理、存储等。信息技术在经济领域的应用主要表现在用信息技术改造和提升农业、工业、服务业等传统产业上。

2. 数字经济的类型

数字经济正在全面提速发展，数字经济总量的背后是数字经济的 5 种类型，它们推动着社会经济发展形态的演进。这 5 种类型包括：基础型数字经济、资源型数字经济、技术型数字经济、融合型数字经济和服务型数字经济[4]，如图 1-1 所示。

（1）基础型数字经济。基础型数字经济主要体现为数字基础设施的建设，包括数字产品和数字服务的生产与供给，如电子信息制造业、信息传输业和软件信息技术服务业等。基础型数字经济侧重物理数字基础设施，体现了数字经济的“硬实力”。

（2）资源型数字经济。资源型数字经济主要体现为数据资源的利用，包括潜在的数据资源。资源型数字经济体现了数字经济的“软实力”。

（3）技术型数字经济。技术型数字经济主要体现为数字经济领域的前沿技术、颠覆性技术的投入，以及技术转移和技术转化带来的技术输出。

（4）融合型数字经济。融合型数字经济主要体现为通信技术、网络技术等与传统产业的融合带来的规模增长，其重点是与第一、第二产业的融合。

（5）服务型数字经济。服务型数字经济主要指数字技术与第三产业的融合，是针对消费者各方面生活需求提供的便捷、高效、快速的数字服务。

图 1-1　数字经济的 5 种类型

数字经济的 5 种类型之间有着紧密的关系和定位。基础型数字经济和资源型数字经济是数字经济的基础，主要指物理基础设施和数据资源的利用，是实现数字技术的物理载体和信息载体；技术型数字经济是数字经济发展的核心驱动力，是数字经济发展和升级的主线；融合型数字经济和服务型数字经济是数字经济的应用，重点体现为数字技术在生产和生活领域的各类应用。

1.1.3　数字经济的特征和影响

人类早已进入数字经济时代。数字经济时代与农耕经济时代和工业经济时代相比，有许多完全不同的特征，如规模收益递增和锁定、赢者通吃、技术加速进步、去中心化、平台化，经济增长越来越少地依靠自然资源，越来越多地依靠知识、信息和智慧等。

数字经济逐渐成为全球新一轮产业竞争的制高点，也成为全球经济发展的新思路。正如经济学家周其仁所说，当今的数字和数字化直接进入消费与交换过程，更重要的是直接进入生产过程，极其深刻地改变了所有经济社会活动。数字经济并不只是产业的数字化或数字的产业化，而是代表了一种抽象的数字文化，以及数字技术带给整个人类经济的内在发展逻辑和结构性的变化。对中国经济来说，从资源驱动转向知识驱动与技术驱动的关键就是对数字经济的重视。具体来说，数字经济所塑造的新的经济生态具有 3 个特征。

第一，数字化的知识和信息成为核心生产要素，尤其是随着人工智能的发展，我们可以预期未来数十年现有的社会分工会被大规模改造，而如何通过数字化的知识和信息帮助人们获得新的技能是关键。

信息和知识带来了知识的爆炸，信息经济的发展挑战了传统的经济学思想。数字经济是建立在共享特质而不是资源稀缺的假设之上的，因此如何建立基于互利的经济学思想是数字经济学研究中面临的一个重要挑战。

第二，数字技术成为生产力和生产关系变革的关键，这里尤其要提到人工智能和区块链技术。人工智能技术的普遍应用虽然还需要几十年才能实现，但是我们看到人工智能技术带来的经济和社会变革正在不断发生，如机器人接管了越来越多的人的工作、自由职业的兴起及劳动力市场的转型等。与此同时，区块链技术不仅带来了人们对机器信用和技术契约的重新认识，也为建立一种“可信任”的生产关系和解决企业的收入分配问题提供了解决方案。因此，在数字经济时代，未来经济的变化很大程度上取决于新技术应用带来的社会和经济的变革。

第三，数字素养成为每个个体面向不确定世界最重要的素质，这里关注的是对复杂世界的认知框架的形成。数字时代所形成的知识经济决定了数字素养成为对每个个体的基本要求。欧盟将数字素养作为公民的核心素养，提出了包括信息域、交流域、内容创建域、安全意识域及问题解决域 5 个领域的数字素养框架。将数字素养作为建立对复杂世界的认知框架的基本能力是非常必要的，只有具备数字素养的个体才有可能通过跨学科的方式快速建立认知数字世界的新框架和新方法。

数字经济受到三大定律的支配。第一个定律是梅特卡夫法则，即网络的价值等于其节点数的平方。网络上联网的计算机越多，每台计算机的价值就越大，“增值”呈指数级增长。第二个定律是摩尔定律，即计算机硅芯片的处理能力每 18 个月翻一番，而其价格以减半数下降。第三个定律是达维多定律，即进入市场的第一代产品能够自动获得 50%的市场份额，所以任何企业在其所处产业中必须第一个淘汰自己的产品。实际上，达维多定律体现的是网络经济中的马太效应。这三大定律决定了数字经济具有以下几个基本特征。

（1）快捷性。首先，互联网突破了传统的国家、地区界限，整个世界通过网络紧密地联系在一起，地球变成了一个“村落”。其次，互联网突破了时间的约束，使人们的信息传输、经济往来可以在更小的时间跨度上进行。最后，数字经济是一种速度型经济。现代信息网络可用光速传输信息，数字经济以接近实时的速度收集、处理和应用信息，节奏大大加快。

（2）高渗透性。迅速发展的信息技术、网络技术具有极强的渗透性，使信息服务业迅速向第一、第二产业扩张，三大产业之间的界限变得模糊，由此出现了第一、第二和第三产业相互融合的趋势。

（3）自我膨胀性。数字经济的价值等于网络节点数的平方，这说明网络产生和带来的效益将随着网络用户的增加而呈指数级增长。在数字经济中，由于人们的心理反应和行为惯性，在一定条件下，优势或劣势一旦出现并达到一定程度，就会出现“强者更强，弱者更弱”的“赢家通吃”垄断局面。

（4）边际效益递增性。主要表现为：数字经济边际成本递减；数字经济具有累积增值性。

（5）外部经济性。网络的外部性是指每名用户从其使用的产品中得到的效用与用户的总数量有关。用户人数越多，每名用户得到的效用就越高。

（6）可持续性。数字经济在很大程度上能有效杜绝传统工业生产对有形资源、能源的过度消耗，从而避免造成环境污染、生态恶化等危害，实现社会经济的可持续发展。

（7）直接性。由于网络的发展，经济组织结构趋向扁平化，处于网络两端的生产者与消费者可以直接联系，从而降低传统的中间商存在的必要性，进而显著降低交易成本，提高经济效益。

在数字经济新时代，科技是实现弯道超车和经济发展的最重要基础，尤其是对以中国为代表的发展中国家来说。数字经济时代的发展规律不同于工业经济时代，数字化的服务和产品具备边际成本为零、异质化效应及共享模式等特质，如何理解新技术带来的新经济现象的底层逻辑，如何构建一整套基于中国现实的数字经济发展的整体理论框架，是数字经济时代需要思考的很重要的问题。

如何理解数字经济给人类社会带来的影响？数字经济是自电气化革命以来改变了人类经济活动格局的重大变革。人类经济活动的格局将从三大产业变为四大产业。其中，第一产业是农耕时代的重要经济活动，是维系人类基本生存的产业。第二产业是在第一产业的基础上，从家庭手工业生产中逐步剥离出来的，其本质是进一步满足人类物质需要的经济活动。第三产业是满足人类对非物质产品的需求的产业，它是从第二产业中逐步剥离出来的，因为第二产业生产出来的产品还需要辅之以服务才能被市场接受。第四产业是数字经济，它是以数据的收集和加工为主要经济活动的新产业，这一产业是从第三产业中剥离出来的[5]。

工业和信息化部的数据显示，当前中国数字经济规模在整体经济中的占比已经超过 40%。可以预计，在不久的将来，第四产业将成为占比最大的经济活动。第四产业的核心就是数字经济，因此第四产业和数字经济在很大程度上是等义的。

1.1.4　数字经济的发展趋势和面临的挑战

1. 数字经济的发展趋势

数字经济的发展趋势有如下几个。

（1）人工智能的应用将推动数字经济的发展。人工智能作为数字经济的重要支撑技术，将在未来发挥更大的作用。人工智能的应用可以提高生产效率、优化资源配置、改善用户体验等，进一步推动数字经济的发展。

（2）大数据分析的重要性日益凸显。随着数据的不断积累和技术的不断进步，大数据分析在数字经济中的作用越来越重要。通过对海量的数据进行分析和挖掘，可以发现潜在的商机和市场需求，为企业提供决策支持和市场预测。

（3）云计算和物联网的融合将促进数字经济的发展。云计算可以提供强大的计算和存储能力，为数字经济的应用提供支持；物联网可以实现物与物的互联互通，为数字经济的发展创造更多的机会。

2. 数字经济发展面临的挑战

数字经济发展面临的挑战有如下几个。

（1）数据安全和隐私保护问题。数字经济的发展离不开对数据的采集、存储和分析。然而，数据安全和隐私保护问题成为数字经济发展面临的重要挑战。如何保护用户的隐私和数据安全，是数字经济发展中需要解决的问题。

（2）数字鸿沟。数字经济发展不平衡现象普遍存在，即数字鸿沟。一些地区和群体在数字技术和互联网应用方面相对滞后，导致数字经济的发展不够均衡。如何缩小数字鸿沟，实现数字经济的普惠性发展，是数字经济发展中的重要课题。

（3）法律法规和政策不完善。数字经济的发展需要有完善的法律法规和政策支持。然而，目前数字经济领域的法律法规和政策还不够完善，缺乏统一的标准和规范。因此，加强法律法规和政策的制定与落实，是数字经济发展中需要解决的问题。

数字经济的未来发展方向有以下几个。①产业融合和创新驱动。数字经济的未来发展将更加注重产业融合和创新驱动。不同产业之间的融合将带来新的商业模式和增长点，创新将成为数字经济发展的核心驱动力。②人才培养和技术创新。数字经济的发展需要大量的专业人才和技术创新，加强人才培养和技术创新是数字经济未来发展的重要方向。因此，应培养具备数字经济背景和技术能力的专业人才，推动技术创新和应用的发展。③国际合作和开放共享。数字经济的发展是全球性的，需要国际合作和开放共享。因此，应加强国际合作和交流，共同推动数字经济的发展，实现互利共赢。

1.2 ICT 基本概念

1.2.1 ICT 的定义及发展趋势

1. ICT 的定义

信息与通信技术（Information and Communication Technology，ICT），是电信服务、信息服务、IT 服务及应用的有机结合，它是信息技术与通信技术融合而成的一个新概念和新技术领域。以往信息技术与通信技术是两个完全不同的概念：信息技术侧重信息的编码或解码，以及在通信载体上的传输方式；通信技术侧重消息传播的传送技术。随着信息技术和通信技术的发展，两者逐渐变得密不可分，从而渐渐融合成为一个概念。ICT 涵盖计算机、网络、通信、软件等多个领域，是一个综合性技术领域，具有数字化、网络化、智能化、服务化等特点，能够推动产业升级和经济发展。

ICT 是信息与通信技术，那么信息和通信之间是怎么联系的呢？首先看看信息技术（Information Technology，IT）与通信技术（Communication Technology，CT）的共通之处：两者均属于信息产业，产业特点相近，产业链有多处节点重合，相辅相成，密不可分。许多 IT 产品生产厂商同时是 CT 设备供应商，如生产网络交换机、路由器的供应商。在信息化进程中，IT 与 CT 的融合越来越紧密。通常，一个成功的信息应用系统会将 IT 与 CT 这两方面的知识和资源有机地结合起来，如远程教育、远程医疗、电子农业、电子政务、电子商务、信息安全等系统。

将 ICT 细分开来，主流 CT 方向有数据通信、网络安全、数据中心、无线等；主流 IT 方向有云计算、大数据、AI 深度学习/计算机等。

从技术层面看，作为一种技术，ICT 可提供基于宽带、高速通信网的多种业务，它不仅可以实现信息的传递和共享，还是一种通用的智能工具。ICT 是 IT 与 CT 两种服务的结合和交融，不仅能为企业客户提供网络构架的解决方案，还能降低企业的运营成本。从经济发展角度看，ICT 作为整体产业构架的基础，通过信息化和网络化路径，可以促进整个经济体系的知识化和数字化发展，已成为未来各国经济发展的主导方向。ICT 产业将互联网技术有机融入信息通信行业，在实现地区产业信息化转型的同时，完成高端智能化的发展。从应用领域看，ICT 的发展和普及使人们生产生活的自动化、智能化需求得到了充分的保障。随着人性化服务水平的不断提高，信息技术的应用领域越来越广泛。近年来，信息技术业成为现代服务业的重要组成部分。从覆盖面看，ICT 覆盖了所有通信设备和应用软件（如收音机、电视、移动电话、计算机、网络硬件和软件、卫星系统等），以及与之相关的各种服务和应用软件（如视频会议和远程教学等）。从数字经济角度看，ICT 高度重视数字经济发展，全球各国纷纷拟订了数字经济计划。数字技术创新日新月异，数字化、网络化、智能化深入发展。数字经济这一由互联网产业高速发展带来的新经济模式，为国民经济的增长提供了全新的动能，促使社会变革迈入里程碑式的一步。

人类通信的历史源远流长，从古代的烽火台到现代的多媒体通信，有数千年的历史。人类通信的革命性变化是在把电作为信息载体之后发生的，其显著标志是 1844 年莫尔斯发明电报和 1876 年贝尔取得电话发明专利。电话、电报从诞生之日起就改变了人类的经济和社会生活。但是，只有在以计算机为代表的信息技术实现商业化以后，特别是在互联网技术实现商业化以后，才完成了近代通信技术向现代通信技术的转变，通信的重要性日益提升。

1946 年，世界上第一台通用电子计算机问世。计算机技术的发展经历了 4 个阶段，即 20 世纪 50—80 年代的主机时代、20 世纪 80 年代的小型机时代、20 世纪 90 年代初期的 PC 时代，以及 20 世纪 90 年代中期开始的网络时代。

正是计算机技术与通信技术的相互渗透和融合，人类进入了一个全新的时代——ICT 时代。今天，ICT 已经广泛融入人类的经济和社会生活。随着 ICT 应用领域的不断扩大，ICT 已经不再局限于信息与通信技术本身，还包括消费电子、测量和控制仪器设备、电子元器件等产品、技术及其关联服务。

当前，ICT 已经成为推动全球经济发展的重要引擎之一，各国政府和企业纷纷加大对 ICT 的投入与研发力度。随着 5G、物联网、人工智能等技术的不断发展，ICT 将迎来更加广阔的发展空间和更多的应用场景。未来，ICT 将与各行业深度融合，推动数字化转型和智能化升级，成为推动经济发展的重要力量。

2. ICT 的发展趋势

（1）信息化。云计算、大数据带来的数字化转型赋予了经济发展新的动力。面对激烈的市场竞争，企业运用新一代信息技术提高品牌价值，打造云端一体化管理方案，成为获得市场成功的关键。

（2）智能化。随着 ICT 的不断发展，人们的生活水平、居住条件不断改善，人们对生活质量提出了更高的要求，家居智能化、医疗智能化、交通智能化成为常态，带动 ICT 向智能化发展。

（3）智慧化。在业务发展、平台融合及网络运营商为 5G 等下一代数据密集型技术筹划基础设施的大背景下，ICT 产业发展也将进入新的时期。新的业态和产业热点正在逐步形成，相关设备的智能化、联网化将打造新的产业形态和新的蓝海市场。

ICT 信息化、智能化、智慧化的场景案例有以下几个。①智慧城市：引领新 ICT，让城市更平安。②全渠道银行：重塑 IT，加速数字化转型。③智能家居：让硬件变得“有血有肉”。④VR 社交：人人都是“头号玩家”。

近几年，ICT 产业发展持续向好，ICT 产业的增加值及占 GDP 的比重稳步提高。与此同时，ICT 产业数智化赋能向深、向广、向新发展，ICT 持续与传统产业融合，助推各行各业实现数字化转型升级。ICT 产业高质量发展，将持续赋能实体经济，引导现代化产业体系加快构建。在 ICT 的牵引下，5G、先进计算、AI 等技术全面发展创新，赋能效应持续扩大。数字化转型仍是产业主旋律，工业互联网成为数字化转型的关键路径。同时，有了数据要素的加持，数字经济提质增效，数字治理和数字安全体系基本构建完成。以 ICT 的高质量发展为牵引，数字经济将实现健康繁荣发展。

1.2.2 ICT 的范畴和重要作用

ICT 产业链上游主要包括芯片、印刷线路板、电子元器件、钣金/塑料、电源线缆等；中游主要包括硬件和软件两部分，硬件包括主板、结构和整机，软件包括底层固件、操作系统、应用软件和软件服务；下游应用于电力、通信、制造、建筑、市政、金融、办公等多个领域。

ICT 是经济发展的火车头。

1925 年，苏联经济学家康德拉季耶夫在其发表的《经济生活中的长波》一文中提出，资本主义社会存在 50～60 年一次的经济周期。而每次经济繁荣都是由关键的技术革新推动的。以康德拉季耶夫的这一周期理论为基础，欧洲将自工业革命开始以来的经济发展分成 5 个阶段：①1800—1850 年，蒸汽机和棉纺阶段；②1850—1900 年，钢铁和铁路阶段；③1900—1950 年，电器工程和化工阶段；④1950—1990 年，石化和汽车阶段；⑤1990 年至今，ICT 阶段。每一阶段的经济复苏和繁荣都有关键技术革新的引领或推动[6]。

在如何准确划分经济周期的具体年限上，业界存在很大的争议，但不可否认的是，在工业革命开始后的 200 多年里，蒸汽机和棉纺技术、钢铁和铁路技术、电气化和化工技术、石油化工和汽车技术及信息与通信技术确实先后引领了各个时代的经济发展。根据上述周期划分，自 20 世纪 90 年代以来，ICT 是引领全球经济发展的主要力量，而且至少在未来 20 年内，ICT 将继续引领或推动全球经济的发展。

ICT 对经济增长具有以下几个促进作用。首先，ICT 产业繁荣发展，ICT 产品和服务部门的生产率实现高速增长。其次，ICT 产品在各个行业的应用促进了国民经济各个部门中企业的 ICT 投资。再次，ICT 产业的发展和 ICT 的广泛应用改进了国民经济各部门的结构。最后，ICT 的广泛应用促进了社会劳动生产率的提高。例如，作为互联网应用的电子商务提高了市场交易的效率；信息化程度的提高降低了组织监督与管理成本。以上这些都提高了企业和社会的劳动生产率。

尽管各个国家和地区对 ICT 产业的统计与定义有所不同，各研究机构的统计数字也存在差异，但是下列结论基本得到了业内人士和机构的共同认可。

（1）ICT 产业正在飞速发展。

（2）ICT 市场的增长速度远远高于同期 GDP 的增长速度。

（3）ICT 产业在全球及中国经济中占有相当重要的地位，而且地位逐渐提高。

（4）ICT 正在改变国民经济各个部门的结构。

（5）ICT 促进了全社会劳动生产率的提高。

（6）ICT 是全球及中国经济发展的火车头。

1.3 数字经济与ICT的协同发展

1.3.1 数字经济和ICT的发展阶段及融合案例

1. 数字经济和ICT的发展阶段

数字经济和ICT的发展可以划分为以下几个阶段。

（1）起步阶段（20世纪60—70年代）。这一阶段是数字经济和ICT的萌芽期。主要技术包括第一代计算机、电子邮件、简单的信息传输等。这些技术开始在一些企业和政府机构得到应用，但尚未对经济产生全面影响。

（2）发展阶段（20世纪80—90年代）。这一阶段，个人计算机的普及、互联网技术的诞生及计算机科学在教育、科研等领域的广泛应用，推动了数字经济和ICT的快速发展。许多传统行业开始进行数字化改造，从而提高了生产效率。

（3）成熟阶段（21世纪第一个10年）。这一阶段，互联网应用越来越广泛，电子商务、社交媒体、搜索引擎等成为人们日常生活的一部分。同时，云计算、大数据等新兴技术开始兴起，为数字经济和ICT的发展注入了新的活力。

（4）变革阶段（2010年至今）。随着智能手机、移动互联网、社交媒体、电子商务的普及，数字经济和ICT开始深刻地影响人们生活的方方面面。同时，人工智能、机器学习、自动驾驶等新技术开始崛起，为数字经济和ICT的发展带来新的增长点。

2. 数字经济与ICT融合案例

数字经济与ICT融合催生了许多新的应用场景和商业机会，以下是一些典型的融合案例。

（1）电子商务。电子商务平台如阿里巴巴、京东等，通过将互联网、移动支付、云计算、大数据等技术融合，为用户提供便捷的购物体验。此外，电子商务还催生了直播带货、社交电商等新的商业模式。

（2）移动支付。移动支付平台如支付宝、微信支付等，将金融科技、移动支付终端、物联网技术相结合，实现了便捷的付款和资金流转。

（3）共享经济。共享经济平台如Airbnb、Uber等，通过将互联网、移动应用、大数据、智能定位等技术融合，实现了资源的优化配置和高效利用。

（4）人工智能+医疗。人工智能技术如深度学习、机器学习等，与医疗诊断、药物研发、病患看护等领域相结合，提高了医疗服务的准确性和效率。

（5）智能制造。工业互联网、物联网、大数据、人工智能等技术在制造业中的应用实现了生产过程的智能化和自动化，提高了产品质量和生产效率。

（6）智能交通。智能交通技术将大数据、人工智能、传感器、车联网等技术融合，实现了对交通状况的实时监控、预测和调度，缓解了交通拥堵问题，提升了交通安全。

（7）在线教育。在线教育平台如慕课、在线教育机构等，通过将互联网、云计算、人工智能、大数据等技术融合，实现了教育资源的共享和个性化教育。

（8）智能家居。智能家居系统通过将物联网、人工智能、传感器、云计算等技术融合，实现了家居生活的智能化和便捷化，提高了生活品质。

这些案例展示了数字经济与 ICT 融合为各行业带来的创新和发展机会。随着技术的不断进步和新应用场景的出现，数字经济和 ICT 将在未来继续创造更多的价值。目前，我们正处于数字经济发展与 ICT 变革的交汇处，未来数字经济和 ICT 将继续融合创新，为人类社会带来更多的变革和机遇。

1.3.2　数字经济的发展催生了对 ICT 的新需求

数字经济的发展催生了对 ICT 的新需求，主要原因如下。

（1）数字化转型升级。随着互联网、云计算、大数据、人工智能等数字技术的兴起，传统产业需要借助这些技术进行转型升级，以提高生产效率、降低成本、创新商业模式。

（2）智能制造与产业升级。在数字经济背景下，制造业需要进行智能化、自动化改造，以提高生产效率、降低人力成本。ICT 关键技术，如物联网、工业互联网、人工智能等，在这一过程中发挥着关键作用。

（3）新兴产业与职业。随着数字经济的快速发展，新兴产业不断涌现，如共享经济、平台经济、数字经济等。这些新兴产业对 ICT 的需求非常大，催生了许多新职业，如数据分析师、人工智能工程师、平台运营人员等。

（4）个性化与定制化服务。在数字经济时代，消费者的需求越来越多样化、个性化。为了适应这种变化，企业需要利用 ICT 提供定制化服务和产品，以满足市场需求。

（5）智能基础设施。随着数字经济的深化发展，全球范围内的城市、企业、个人对智能基础设施的需求日益增加。ICT 在这些基础设施的构建和维护中发挥着重要作用。

随着数字经济的持续发展，人们对 ICT 的需求还将继续增长。

在数字经济背景下，对 ICT 的新需求主要表现在以下几个方面。

（1）云计算。云计算是一种基于互联网的计算方式，通过分布式计算和虚拟化技术，用户可以轻松地租用、使用和释放计算能力、存储空间与服务。在数字经济时代，企业和个人用户对云计算的需求不断增长，以实现高效、灵活的 IT 资源利用。

（2）大数据。大数据是指超出传统数据处理能力与范围的海量、多样化、高速增长的数据。在数字经济时代，企业和个人用户对大数据技术的需求不断增加，以实现对大量数据的存储、分析和处理，从而更好地进行决策、创新产品和服务。

（3）人工智能。人工智能是指通过计算机程序实现人类的智能，如学习、推理、解决问题等。在数字经济时代，企业和个人用户对人工智能技术的需求不断增加，以实现自动化决策、提高生产效率、创造新的商业模式等。

（4）物联网。物联网是指通过互联网实现物体与物体之间的智能互联和信息交换。在数字经济时代，企业和个人用户对物联网技术的需求不断增加，以实现设施、设备、物品等的自动识别、跟踪、监控和智能管理。

（5）社交媒体与用户体验。社交媒体在数字经济中扮演着重要角色，企业和个人用户对社交媒体管理、用户体验优化等技术的需求不断增加，以实现品牌宣传、客户关系管理、提高用户参与度等目标。

（6）网络安全与数据保护。在数字经济时代，网络攻击、数据泄露等网络安全问题日益严重。企业和个人用户对网络安全防护、数据保护技术的需求不断增加，以保护数字资产、避免损失。

（7）电子商务与支付技术。电子商务已经成为数字经济的重要支柱。企业和个人用户对电子商务平台开发、在线支付技术的需求不断增加，以实现线上交易、金融服务等。

（8）行业数字化转型。各行各业在数字经济时代都需要进行数字化转型。企业用户对产业数字化、智能营销、智能客服等技术的需求越来越大，纷纷通过应用数字技术提升竞争力，创造更好的业绩。

1.3.3 ICT 为数字经济提供技术支持

ICT 在以下几个方面为数字经济提供了关键技术支持。

（1）基础设施。ICT 为数字经济提供了基础设施，包括网络、计算、存储、通信等资源，使数字产品的生产、分配、消费成为可能。

（2）智能制造。ICT 关键技术，如物联网、工业互联网、大数据等，提高了制造业的生产效率，降低了成本，实现了智能制造、定制化生产等。

（3）新兴产业。ICT 为数字经济的快速发展提供了支持，催生了一系列新兴产业，如共享经济、平台经济、数字经济等。

（4）创新商业模式。ICT 使企业能够进行数字化变革，创新商业模式，如电商平台、线上线下融合、大数据营销等。

（5）优化资源配置。ICT 使资源得到了更高效的配置，提高了生产效率，降低了成本。例如，人工智能可以自动分析市场数据，为企业决策提供支持。

（6）改善消费体验。ICT 使消费者能够享受更好的消费体验，如移动支付、在线购物、社交媒体等。

（7）数据驱动决策。大数据、人工智能技术使企业和个人能够基于数据进行决策，提高决策效率，降低决策风险。

（8）提高治理能力。ICT为政府提供了数据驱动的治理手段，如智慧政务、城市智能管理、社会安全等。

（9）跨界合作与交流。ICT使全球范围内的合作与交流变得更加便捷，如远程办公、视频会议、跨境电子商务等。

（10）社会与个人福利。数字经济背景下的ICT改善了社会福利和个人生活质量，如在线教育、在线医疗、智能家居等。

总之，ICT为数字经济提供了全方位的技术支持，使数字经济的发展成为可能。这些技术支持使企业、个人、政府能够更高效、更便捷地参与数字经济活动，从而推动全球经济发展。

1.3.4　数字经济与ICT的协同发展及趋势

数字经济与ICT是紧密联系的，它们之间是协同发展的关系。数字经济的发展推动了ICT的创新与应用，ICT的进步为数字经济的发展提供了更加广阔的空间。两者的协同发展还表现在互相促进上。数字经济的发展催生了对ICT的新需求，如云计算、大数据、人工智能、物联网等。这些新需求推动了ICT的创新与进步。而ICT的创新与进步又进一步满足了数字经济发展的新需求。

为了实现数字经济与ICT的协同发展，政府、企业和个人需要共同努力。政府可以通过制定相关政策、法规，为企业和个人创造良好的数字经济发展环境。企业需要加大研发投入力度，不断创新ICT，以满足数字经济的发展需求。个人则需要不断提高数字技能，以更好地参与数字经济活动。

总之，数字经济与ICT之间是互相促进、协同发展的关系，通过共同努力，我们可以实现数字经济与ICT的共同繁荣，推动全球经济的持续发展。

数字经济与ICT的发展呈现出以下几个主要趋势。

（1）全球化与本地化相结合。数字经济与ICT正在从发达国家向发展中国家扩散，全球数字化进程不断加速。同时，各国家和地区根据自身的特点与需求，发展具有本地特色的数字经济模式，如中国的“高铁+数字经济”等。

（2）产业融合。数字经济与ICT正在打破行业界限，加速产业融合。例如，电子商务、移动支付、大数据等技术与制造业、农业、物流、医疗等传统产业相互融合，催生了新的商业模式和发展机会。

（3）智能升级。人工智能、机器学习、自动化等技术在数字经济和ICT领域的应用越来越广泛。这些技术的应用将提高产业数字化转型的效率，推动传统产业向智能化、自动化方向发展。

（4）虚拟现实与增强现实。虚拟现实（Virtual Reality，VR）和增强现实（Augmented Reality，AR）技术将带来全新的人机交互方式与应用领域，从娱乐、教育到工业、医疗，

VR 和 AR 技术将创造前所未有的应用场景。

（5）量子信息技术。量子计算、量子通信和量子成像等技术有望在信息安全、加密、通信、探测等领域带来颠覆性的变革，为数字经济与 ICT 的发展提供新的动力。

（6）可持续发展。数字经济与 ICT 的发展需要关注环境保护、能源消耗等可持续发展问题。绿色、可持续的 ICT 将成为未来研发和应用的重点，如节能计算、绿色能源等。

（7）隐私保护。随着大数据、人工智能等技术的发展，对个人隐私的保护成为越来越重要的议题。如何平衡隐私保护和数据利用将成为数字经济与 ICT 发展面临的重大挑战。

数字经济与 ICT 的发展趋势将是多元化、融合化、智能化、可持续的，这些趋势将共同为人类创造更加美好的生活和更加高效的生产方式。

1.4 数字经济与 ICT 在发展中面临的挑战和问题

好的科技至少要满足 3 个维度的定义：科学技术为人们揭示自然奥秘、探求真理，是为“求真”；“科学技术是第一生产力”，它改善生活，提高福利，是为“求上”；确保科技方向符合全人类共同的价值取向，不动摇人类生存的基础，是为“求善”。科技伦理是衡量“求善”的重要标尺，也是人类必须守住的底线。我们需要汇聚向上、向善的强大力量，确保科技发展遵从人类伦理道德。

1.4.1 数字经济高质量发展面临的挑战及对策

我国数字经济蓬勃发展，数字产业化和产业数字化进程加速推进，数字技术催生的新技术、新业态、新模式广泛渗透到经济社会的各个领域，对我国经济社会发展的引领支撑作用日益凸显。但我国数字经济发展在技术层面、应用层面和制度层面仍存在三大挑战。

1．技术层面，我国数字经济关键核心技术创新亟待增强

是否掌握数字经济关键核心技术与技术路线直接关系到国家数字经济竞争力的强弱，我国数字经济在关键核心技术与技术路线的选择上存在被压制的风险。一是我国数字经济关键核心技术对外依存度较高。例如，我国高端芯片、工业控制软件、核心元器件、基本算法等 300 多项与数字产业相关的关键技术仍然受制于人，数字技术的产业化应用、工程化推广、商业化运作缺乏体系思维，这对我国数字经济发展的安全稳定提出了挑战。二是我国数字经济的底层技术逻辑被替代风险大。过去十多年，我国数字经济的崛起主要建立在以 5G 为代表的“软硬件一体化”数字经济技术路线选择上，庞大的数字经济基础设施建立了数字经济发展的重要基础。但是，发达国家凭借其在基础软件和芯片技术上的优势重构全球数字经济技术路线，极力倡导以“开源”取代“软硬件一体化”，通过接口标准、核心软件和底层芯片重新定义数字经济基础，我国数字经济底层技术逻辑被冲击风险大。

2. 应用层面，我国数字经济与实体经济的融合程度有待提高

我国数字经济规模虽然稳居全球第二，但整体上数字经济与实体经济融合（以下简称“数实融合”）程度比较低，发展不平衡，企业数字化转型成本比较高。一是我国三次产业数实融合程度不平衡性大。第一、第二产业数实融合程度较低，且增速明显慢于第三产业，这将极大地影响劳动生产率的提高。二是我国数实融合程度明显滞后于发达国家。我国三次产业数字经济渗透率与发达国家之间的差距较大，即使数字化程度最高的第三产业，其数字经济渗透率也低于发达国家平均水平 7～8 个百分点。三是大量中小企业在数字化转型中踟蹰不前。中小微企业在面临数字化转型时，存在不想转、不敢转、不会转等问题。

3. 制度层面，我国数字治理体系和监管规则亟须健全

数字规则是全球数据竞争的重要利器，是国家在数字经济时代掌握话语权的重要制度基础，但是我国数字规则存在与数字经济发展地位和速度不匹配、不适应的问题。一是国际上发达国家把持数字规则，严重冲击我国的数据治理体系。美国依靠其数字技术和数字经济先行者优势建立了数字监管全球治理体系，欧盟也依靠其统一大市场优势较早地建立了数据监管制度体系。全球数字规则已形成美国模式和欧盟模式“二分天下”的局面。我国数字经济话语权较弱，欧美利用数字规则域外效力主导全球数字经济的竞争方向，直接影响我国数据主权安全。二是我国数字制度建设速度滞后于数字经济发展速度。我国数字经济制度建设与数字经济快速发展的现实不匹配，成为数字经济发展的掣肘。当前关于数据权属确认、数据交易规则、数据流通体系、数据安全监管等的制度体系、法律法规及标准规范等还不健全，数字经济企业之间不同的业务框架和系统导致数据联通、整合与共享不足，“数据孤岛”现象依然严重，制约了数字红利的释放。

未来数字经济竞争的关键在于谁能够掌握人工智能、5G、区块链、量子信息这些核心技术，以及谁在推动新技术和实体经济的深度融合上做得更好，形成良性的数字经济产业生态。对此，应统筹谋划我国数字经济的有效发展路径。

首先，加快数字经济关键核心技术攻关，超前部署关键基础设施。一是要始终牵住数字经济关键核心技术自主创新“牛鼻子”，提高数字技术基础的研发能力，打好关键核心技术攻坚战，深入推进 5G、人工智能等数字经济关键核心技术的研发和标准研制，牢牢掌握数字经济技术自主权。二是系统梳理和研究符合我国国情与安全的数字经济技术路线，适度超前部署数字基础设施建设，扩大数字经济技术发展的底层逻辑优势，加快构建高速泛在、天地一体、云网融合的 5G 网络和算力网络，加快推动数字经济核心关键技术在工业领域的应用。

其次，推进数实融合走深向实，释放数字要素发展潜能。一是发挥数实融合的核心价值，通过数字化技术赋能，带动产业链、供应链、创新链、价值链全面升级，提升经济发

展的韧性。二是聚焦人工智能、大数据、工业互联网、区块链、元宇宙等数字核心产业，加强面向多元化应用场景的技术融合和产品创新，丰富数字技术应用场景，使数字技术深度融入各行各业。三是激活数据要素潜能，提高数据要素赋值企业发展的贡献度，加快培育制造业转型服务生态，布局数字化转型促进中心，降低中小企业数字化转型门槛。

最后，完善数字经济治理体系，扩大数字经济自主权。一是持续完善数字经济治理顶层制度设计，针对数据确权、数据定价、数据交易、数据安全等数字经济发展中出现的新情况、新问题，加快构建全方位、多层次、立体化的制度监管体系，提高数字化发展效能。二是推动社会治理从实体空间向网络空间延伸，构建符合数实融合发展新需求的数据治理模式，加强通用人工智能、数字身份、数据要素等关键技术标准的研制，打通数实融合规则和标准接口。三是积极参与和推动数字经济全球治理，抓住数字经济国际规则制定的机会窗口，在全球数据治理、网络空间治理等重点领域积极参与制定国际标准和规则，贡献我国数字经济治理经验和智慧，加快构建开放、兼容、安全、高效的全球数字经济治理体系。

1.4.2 数字经济与 ICT 发展带来的伦理道德和社会问题

数字经济与 ICT 发展在为经济和社会发展带来显著的正外部性的同时，也产生了诸多负外部性问题，涵盖数字技术层面的算法歧视、算法霸权和以算法垄断为核心的算法技术治理议题、数字企业层面的企业数字责任缺失与异化、数字平台企业垄断与社会责任治理等现实问题。

数字经济与 ICT 在发展过程中面临的伦理道德和社会问题主要包括以下几个方面。

（1）数字鸿沟。随着数字经济与 ICT 的快速发展，贫富差距加剧，部分低收入群体和弱势群体无法平等地享受数字化福利，加深了数字鸿沟。

（2）网络安全。随着网络技术的普及，网络安全问题日益突出。黑客攻击、网络诈骗、数据泄露等网络安全事件频发，对社会的稳定和人们的隐私产生了影响。

（3）劳动力市场。自动化技术和人工智能技术的发展导致部分劳动力市场受到影响，可能导致失业和收入不平等的问题。

（4）隐私保护。在数字经济与 ICT 的发展过程中，隐私保护问题越来越受到人们的关注。大数据应用、监控技术等对个人的隐私保护提出了挑战。

（5）道德伦理。人工智能、区块链等技术的发展引发了一系列道德伦理问题，如算法歧视、虚拟现实中的道德行为等。

（6）监管挑战。数字经济与 ICT 的快速发展对现有的监管体系提出了挑战。如何制定合适的政策和法规来监管新技术的发展，以确保其对社会产生积极的影响，是一个亟待解决的问题。

为了解决这些伦理道德和社会问题，政府、企业和社会各界应共同努力，促进数字经济的公平发展，加强网络安全建设，关注劳动力和隐私保护，探讨道德伦理问题，并完善监管体系。

数字科技行业涵盖了广泛的领域，如人工智能、大数据、云计算、物联网等，重点关注这些关键技术领域的伦理问题和潜在风险，评估其可能对用户权益、隐私保护、社会公正等方面产生的重大影响，具有很大的现实意义。

1.4.3 数字科技伦理监管与治理

1. 数字科技伦理及挑战

数字科技伦理以数字科技为技术基础，探究其与人、与社会之间的基本关系及其对人类社会的基本影响。对数字科技伦理的研究旨在充分规范、预见和识别数字科技与人类社会的基本关系，实现数字科技创新与应用过程符合道德伦理要求和社会规范，最大限度地实现人与技术的和谐共生。中国政府有关部门针对数字科技伦理监管颁布了一些法律法规及相关政策，如《关于加强科技伦理治理的意见》《数据安全法》等。数字科技伦理监管的重要性不言而喻。一方面，数字科技伦理监管有助于保护消费者的隐私和安全，让他们在数字平台上免受欺诈、骚扰或数据泄露等伤害。此外，数字科技伦理监管还确保了数字科技在应用过程中不歧视特定群体，促进了社会公平和融合。另一方面，数字科技伦理监管使企业承担相应的法律责任，促使它们在开发、应用数字科技时遵循伦理原则，负责任地行事。适度地监管数字科技行业，有助于确保其健康发展，防止垄断、不正当竞争等行为，从而为创新提供良好的发展环境。总之，数字科技伦理监管对于维护国家信息安全、保护弱势群体、促进创新和社会进步等具有重要价值。

在当下这个数字化、网络化、智能化时代，数字科技正在以前所未有的速度改变整个世界，给人们带来了便利与机遇。与此同时，数字科技伦理监管也面临诸多挑战，主要体现在以下几个方面。

（1）技术快速发展。数字科技的发展速度非常快，这使监管机构很难及时跟上技术的发展步伐，制定有效的监管政策。

（2）全球监管协调。数字科技在全球范围内的广泛应用要求监管机构克服不同国家、文化和法律体系之间的差异。协调各国监管机构的政策和措施，避免双重标准或监管套利现象，是一个巨大的挑战。

（3）数据隐私保护。数据隐私保护是数字科技伦理监管的关键内容之一。然而，数据在传输、存储和利用过程中的复杂性使隐私保护面临诸多挑战，需要监管机构制定明确、适度和可行的规则。

（4）透明度和问责制。数字科技通常涉及复杂的算法和人工智能技术，这使监管机构很难深入了解企业的运营和管理。确保数字科技企业的透明度，并在其违法时追究其法律责任，是数字科技伦理监管面临的一个重要挑战。

（5）社会心态和舆论。随着数字科技在人类生活中的深入应用，公众对数字科技的关注和担忧逐渐增加。如何平衡监管与公众心态和舆论之间的关系，是监管机构需要考虑的一个重要问题。

（6）技术中立与伦理原则的平衡。监管机构在制定政策时，需要平衡技术中立和伦理原则之间的关系。过于严格的监管可能导致对技术创新的抑制；过于宽松的监管则可能导致伦理问题的加剧。

面对这些挑战，监管机构需要不断创新和调整监管策略，与业界、学术界和公众共同努力，寻找适合数字科技发展的伦理监管途径，同时遵守数字科技伦理监管的原则，具体有以下三点。①透明度。透明度是数字科技伦理监管的基石。监管机构应确保数字科技企业对其业务和操作保持透明，使公众和企业利益相关方能够了解其做法与决策。②责任性。责任性是数字科技伦理监管的内核。监管机构应要求数字科技企业对其行为承担法律责任，对可能产生的伦理问题负起责任。③公正性。公正性是数字科技伦理监管的目标之一。监管机构应确保数字科技在应用过程中不歧视特定群体，促进数字公平和社会融合。

2．数字科技伦理治理的模式

当前，人工智能的影响无远弗届。人工智能和包括机器人在内的智能化自动系统的普遍应用，不仅是一场结果未知的、开放性的科技创新，更是一场人类文明史上影响甚为深远的社会伦理实验。与人工智能类似，机器人、基因编辑、大数据、3D 打印等前沿科技都可能引发伦理道德危机，其中涉及的数据滥用、个人隐私和歧视问题，都具有一定的相似性。如果不能提前预防、有效化解这些伦理危机，将对前沿技术的发展造成严重阻碍。

数字科技伦理治理的模式可以分为以下几种。

（1）政府主导模式。在这种模式下，政府在数字科技伦理治理中扮演着主导角色。政府通过制定严格的法律法规、政策指南和行业标准规范，引导数字科技企业的行为，确保其符合伦理原则。政府还负责监管和执法，对违反伦理规范和行为的企业给予惩罚。这种模式的优势在于政府能够从全局角度进行规划和协调，确保治理的有效性和一致性。然而，政府主导模式也可能存在监管不到位、政策制定滞后等问题。

（2）行业自律模式。数字科技行业组织（如行业协会、联盟等）在数字科技伦理治理中扮演着重要角色。行业组织制定自律规范，引导企业遵守伦理原则，维护行业形象和声誉。此外，行业组织还可以协助政府进行监管，如报告违规企业、提供监管建议等。这种模式的优势在于行业组织更了解行业实际情况，能够制定更符合实际的自律规范。然而，行业自律模式也可能出现自律规范缺乏约束力、行业组织垄断等问题。

（3）社会监督模式。社会公众、非政府组织、媒体等在各种形式的数字科技伦理治理中发挥着重要作用。它们通过举报、曝光、批评等方式，对数字科技企业的行为进行监督，促使企业遵守伦理原则。此外，社会公众还可以通过参与投票、咨询等活动，影响政府、行业组织的决策，从而影响数字科技伦理治理。这种模式的优势在于社会监督具有广泛性、公开性，能够确保治理的透明度和公平性。然而，社会监督模式也可能出现虚假信息、过度指责等问题。

（4）混合治理模式。数字科技伦理治理通常采用多种模式相结合的形式，以实现最佳效果。混合治理模式由政府、行业组织、社会公众等多种主体共同参与，实现协同治理。这种模式的优势在于充分利用了不同治理主体的优势，实现了治理的有效性和多元性。然而，混合治理模式也面临协调困难、责任划分不清等问题。

不同的治理模式各有优缺点，应根据实际情况选择最合适的治理模式。通常，混合治理模式被认为是数字科技伦理治理的有效模式。

3. 数字科技伦理监管的未来趋势

数字科技伦理监管的未来趋势主要表现在以下几个方面。

（1）人工智能技术的发展。人工智能技术的不断进步将带来更多伦理挑战，如自动决策、算法歧视、数据隐私等。监管机构需要制定相应的规则，确保人工智能技术的发展符合道德和法律规定。

（2）数据隐私和保护。随着数字科技的进步，数据收集、存储和利用变得更加容易。因此，加强数据隐私保护成为数字科技伦理监管的重要趋势。监管机构需要制定严格的标准，以保护个人数据免遭未经授权的访问和滥用。

（3）透明度与问责制。提高数字科技企业的透明度，确保利益相关方能够了解企业的运营方式和潜在风险。同时，强化企业内部的问责制，确保企业高层对伦理问题负责任。

（4）跨国监管协调。随着数字科技在全球范围内的广泛传播，跨国监管协调变得至关重要。各国监管机构需要加强国际合作，共同制定全球统一的伦理标准，以确保数字科技在道德和法律法规框架内发展。

（5）科技伦理教育。提高全社会对科技伦理的认识和关注度，需要将科技伦理纳入教育体系。从学校教育到职业培训，各个阶段都应加强科技伦理教育，培养公众的科技伦理意识。

（6）科技伦理监管的创新。数字科技伦理监管需要不断创新和完善。监管机构需要积极采用新技术、新方法，提高监管的有效性和针对性，同时鼓励科技创新，推动数字科技与伦理的协调发展。

总之，数字科技伦理监管的未来趋势将聚焦于应对新的伦理挑战、加强隐私保护、提高透明度与强化问责制、实现跨国监管协调及创新监管方法等方面。我们应从战略上高度重视前沿技术的伦理监管，统筹相关部门的资源，积极探索契合前沿科技发展的伦理准则，提高新技术研发和应用的透明度，强化问责制，使技术进步符合普遍价值观、伦理观和道德观。

参考资料

[1] 刘志毅. 数字经济学：智能时代的创新理论[M]. 北京：清华大学出版社，2022.

[2] 戚聿东，肖旭. 数字经济概论[M]. 北京：中国人民大学出版社，2022.

[3] 清华大学社会科学学院经济学研究所. 数字经济前沿八讲[M]. 北京：人民出版社，2022.

[4] 骆香茹. 数字经济不等于虚拟经济——院士专家热议全球数字经济浪潮[N]. 科技日报，2022-11-29（2）.

[5] 陆成宽，操秀英，刘垠. 以科技自立自强谱写中国式现代化新篇章——代表委员热议政府工作报告里的科技热词[N]. 科技日报，2023-03-07（4）.

[6] 肖红军，郑岳，郑若娟. 数字科技伦理监管的澳大利亚实践与启示[J]. 技术经济，2023（9）：133-146.

第 2 章

云计算

学习目标

- 掌握云计算的定义和服务模式。
- 掌握云计算的特性、特征和部署模式。
- 了解云计算的产生、发展、技术和应用。
- 了解云计算的虚拟化技术和云存储技术。
- 掌握云计算如何赋能数字经济。
- 了解云计算带来的伦理道德和社会问题。

在科学技术高速发展的今天，我们多少都接触过一个词——“云计算”（Cloud Computing）。云计算是一个很火爆的科技概念，我们到处都能看见关于它的宣传，以及很多与之相关的企业。那么，到底什么是云计算呢？天上的“云”和计算有何种联系呢？在此用一个简单的小故事带领读者初窥云计算的门径。

大学生小明看了一眼天气预报，发现接连几日的阴雨绵绵之后，一个阳光明媚的周末即将来临。他激动地约小李、小刚、小郑、小美一起趁这大好的天气去公园郊游，顺便去烧烤。转眼就到了约定的时间，小明和伙伴们都十分期待，尤其期待最后的烧烤环节。他们每个人都带来了烧烤所需的全部器材和食材，分别是铁签、酱料刷、酱料、打火机、烧烤架、木炭，以及鸡肉、牛肉、羊肉。一通操作下来，大家的肚子终于填饱了，但也有点儿小遗憾，为什么呢？因为每个人都带了一整套器材和食材，背包太重，很累；每个人都要搭架子、生火、串铁签、抹酱料，整个流程走一遍，时间太久；有的人木炭不够用，有的人却浪费了很多。在留有很多遗憾的情况下，他们结束了这场游玩之旅。

回去之后，大家都沉浸在郊游与烧烤的美好之中，意犹未尽，于是相约下周末继续去公园烧烤。鉴于上次烧烤的经验教训，大家商量着在带器材和食材方面做一些改变，于是决定提前做好分工合作。由小明带打火机、烧烤架和木炭，独自一人负责烧烤全程中对火候的把控，其他 4 人带鸡肉、牛肉、羊肉及铁签、酱料刷、酱料，负责各自所带食材的烧烤。4人烤好食物之后，分给小明一份。在这次烧烤中，大家都感觉比上一次轻松了不少，整体体验较为满意，但是仍存在一些问题：有的人酱料用得多，有的人酱料用得少；小李、小刚、小郑、小美 4 人每个人都要负责各自食材的烧烤，还要帮忙烤小明的那份，太辛苦了。

第三周周末，5 个人再次相约烧烤。吸取了前两次的经验教训，这次分工合作得到了进一步优化：小明带打火机、烧烤架和木炭，负责的工作仍是把控好火候；小李带所有人份的铁签、酱料刷和酱料，并全程负责串铁签、烤食材、刷酱料；其他 3 人负责带食材。食物烤好之后，分给小明和小李各一份。这次烧烤，除了小明和小李累得苦不堪言，其余 3 人可谓身心都得到了极大的满足。

到了第四周，小明、小李、小郑发现烧烤对大学生的吸引力十分大，3 人私下商量了一下，干脆开了一个烧烤摊。小明负责烤，小李负责串铁签和刷酱料，小郑一人包揽全部的食材采买工作。只顾着享受吃烧烤的小刚和小美在这周之后再也约不到这 3 位同学了，因为他们的烧烤摊生意兴隆，大家忙得不可开交。最终 3 人赚得盆满钵满。

这则关于烧烤的小故事，其实包含了云计算的 3 种服务模式，也是云计算的重点内容。带着对这个故事的思考，接下来将对云计算的基础理念和相关技术进行介绍。

2.1 云计算概述

早在 20 世纪 60 年代，麻省理工学院（Massachusetts Institute of Technology，MIT）计算机科学家约翰 · 麦肯锡（John McCarthy）就指出："计算迟早有一天会变成一种公用基础设施。"计算能力可以像煤气、水、电一样，取用方便、费用低廉。这就是云计算的雏形。随着信息技术的迅速发展和互联网的进一步普及，各行业对信息化的依赖越来越大，传统的单机运算已经不能满足日益增长的数据与应用处理需求。于是，分布式计算、网格计算、集群计算等新型计算模式相继被提出。同时，虚拟化技术不断发展并日趋成熟，与网格计算、效用计算等技术混合孕育出了云计算。云计算是当前计算机领域的研究热点。从狭义上讲，云计算是一种 IT 基础设施的交付和使用模式，即用户可以借助网络以按需使用、按量计费的方式获得各种硬件和软件资源；从广义上讲，云计算是服务的交付和使用模型，即用户可以借助网络获得所需的服务，云计算的服务能力由大规模集群和相关软件共同决定。下面将对云计算的各项内容进行一一阐述。

2.1.1 云计算的定义和服务模式

1. 云计算的定义

直到目前，云计算还没有一个统一的定义，以下先介绍两个得到业界广泛认可的具有代表性的定义。

第一个是美国国家标准与技术研究院给出的定义：云计算是一种资源利用率高、便于部署的计算模式，它提供了一种便捷的、可通过网络接入的、可管理的共享资源池，该资源池提供了存储、计算、网络等硬件和软件资源。云计算具有自我管理的能力，用户能够以最小的代价获得快速的服务。

第二个是美国加利福尼亚大学伯克利分校给出的定义：云计算既指以服务形式通过互联网交付的应用程序，也指这些服务所依托的数据中心的系统软硬件。这些服务包括基础设施即服务（Infrastructure as a Service，IaaS）、平台即服务（Platform as a Service，PaaS）和软件即服务（Software as a Service，SaaS）。数据中心的硬件和软件设施就是我们所说的云[1]。

2．云计算的服务模式

根据美国加利福尼亚大学伯克利分校给出的定义，从云计算的核心服务层次出发，可以将云计算分为3种服务模式，分别是IaaS、PaaS和SaaS，下面将一一介绍。

（1）IaaS。IaaS还有另一个名字——Hardware as a Service，即云服务提供商将IT系统中的基础设施层作为服务出租，由用户安装操作系统、中间件、数据库和应用程序。用章首的烧烤小故事比喻，IaaS就像小明负责的烧烤架、打火机和木炭这些烧烤基础设施，提供硬件支持。具体而言，IaaS可以提供存储、网络和防火墙等虚拟化的硬件资源，用户可以在虚拟化资源的基础上部署自身所需的数据库、应用程序，也可以让用户动态申请、释放资源，并且根据使用量来收费。IaaS对硬件设备等基础资源进行了封装，为用户提供了基础性的计算、存储等资源。IaaS更多地关注底层硬件平台与虚拟化或容器封装，而把从操作系统到上层应用的自由都留给用户。比较典型的IaaS有亚马逊（Amazon）云计算平台AWS的弹性计算云（Elastic Compute Cloud，EC2）和简单存储服务（Simple Storage Service，S3），用户可以根据需求动态申请或释放资源。

（2）PaaS。PaaS是近几年才兴起的，即云服务提供商将IT系统中的平台软件层作为服务出租，由用户自己开发、安装、运行程序。平台在某些时候也被称为中间件。用章首的烧烤小故事比喻，PaaS就像小明和小李共同搭建的烧烤架。烧烤架搭建好后，大家可以在上面烤任何一种食材。具体而言，PaaS强调平台的概念，将操作系统、编程环境、数据库、中间件和Web服务器等作为应用开发和运行的环境，用户可在此环境下开发、部署和运行各种应用。作为处于SaaS与IaaS中间的一类服务交付模式，PaaS可以被视为业界在看到IaaS交付过程中和用户使用过程中遇到的各种问题后对服务交付自然延伸的必然结果。用户希望平台提供方能对操作系统、中间件甚至应用与服务的持续升级、持续集成进行管理，于是PaaS应运而生。比较典型的PaaS有Windows Azure。与IaaS不同的是，PaaS自身负责资源的动态扩展和容错管理，用户无须管理底层的服务器、网络和其他基础设施。

PaaS 将用户与底层设施等隔离开来，使用户可以专注于应用的开发。

（3）SaaS。SaaS 位于最高层，我们每天都会接触它，如通过网页浏览器收发电子邮件、订购商品、查看航班信息等。SaaS 其实就是呈现在我们面前的具体的应用服务。云服务提供商将 IT 系统中的应用软件层作为服务出租，用户不用自己安装应用软件，直接使用即可，这进一步降低了云服务的技术门槛。仍用章首的烧烤小故事来比喻，SaaS 就好比小明、小李和小郑三人共同经营的烧烤摊，游客们可以直接购买食物，买了就能直接吃，什么都不用操心，无须自己去准备器材、食材，也无须自己烧烤。SaaS 可以为用户提供立即可用的软件或功能服务模块，如企业资源规划、客户关系管理等。SaaS 将某些特定的应用软件功能封装起来，由云服务提供商负责管理并为用户提供服务，用户只需要通过 Web 浏览器、移动应用或轻量级客户端应用就可以访问这些服务。SaaS 是最全面的服务交付模式，从上到下的所有问题都由平台解决。这方面的一个著名例子是在线客户关系管理服务提供商 Salesforce.com，其为用户提供全方位的客户关系管理服务。另一个例子是 Intuit.com，其为用户提供从记账到报税的“一站式”服务。

2.1.2 云计算的特性、特征和部署模式

1. 云计算的特性

云计算具有以下 5 个基本特性。

（1）自配置资源。用户可以远程自行管理和配置自己的资源。用户无须与云服务提供商的管理人员交互就可以单方面按需获取并使用云端的计算资源。

（2）虚拟化资源池。云计算使用虚拟化技术对硬件资源进行抽象，按用户所需进行资源分配，相当于将云端的计算资源池化，以便通过多租户形式共享给多名用户。只有将云端的计算资源池化，才能根据用户的需求动态分配或再分配各种资源。用户通常不知道自己正在使用的计算资源的确切位置，但是在自助申请时允许其指定大概的区域范围（如在哪个国家、哪个省或哪个数据中心）。

（3）网络访问。云服务提供商提供资源的网络访问，用户可以在任意时间和任意地点使用任意云终端设备接入网络并使用云端的计算资源。常见的云终端设备包括手机、平板电脑、笔记本电脑、掌上计算机和台式计算机等。

（4）弹性使用资源。云服务提供商支持用户方便、快捷地按需获取和释放计算资源。展开而言，云服务提供商可以让用户在需要时快速获取资源从而扩展计算能力，在不需要时迅速释放资源，降低计算能力，从而减少资源的使用费用。对用户来说，云端的计算资源是无限的，用户可以随时申请并获取任何数量的计算资源。但是我们一定要认清一个事实，那就是一个实际的云计算系统不一定是一项投资巨大的工程，也不一定要购买成千上万台计算机，更不一定必须具备超大规模的运算能力。云端建设方案一般采用可伸缩性策

略，刚开始使用几台计算机，之后根据用户的数量和规模来弹性增加或减少计算机的数量。

（5）计费服务。用户使用云端计算资源是要付费的，计费方法有很多种，可以根据某类资源（如存储、CPU、内存、网络带宽等）的使用量和时长计费，也可以根据使用的次数计费。但不管如何计费，对用户来说，价格要清楚，计量方法要明确。云服务提供商需要监视和控制资源的使用情况，并及时输出各种资源的使用报表，做到供需双方费用结算清楚明白、准确无误，使用户可以像使用水、电一样使用云端计算资源，仅为所用资源付费，从而降低用户使用 IT 服务的成本。

2. 云计算的特征

云计算具有以下几个特征。

（1）规模庞大，广泛接入。云计算中心一般都有相当大的规模，如阿里云目前在全球几十个地区部署了数据中心，服务器总规模达数百万台，通过整合海量的服务器集群，可提供巨大的计算和存储能力。云计算平台通常提供多种接入方式，如 Web、Android、iOS 等，使用户可以方便地使用各种设备访问和操作资源。

（2）资源聚合。云计算将大规模的分散计算资源和存储资源聚合起来，支撑用户完成各种计算任务并满足存储需求。此外，云计算平台具备自动部署、自动伸缩、自动备份等自动化管理能力，使用户能够专注于自己的业务需求，而无须关心基础设施的管理和维护。

（3）高可靠性。云服务提供商通常提供具有高可用性、高可靠性和高安全性的计算环境，使用户能够放心地使用云服务。当云计算中的计算节点出现问题时，云平台可通过节点互保来保障云平台的可靠性。云平台利用数据多副本备份、资源监控等措施保障系统的高可靠性。

（4）高利用率、高性价比。云计算通过资源聚合等方式使服务器资源得到了充分利用，通过 IT 资源和按需使用的商业化模式，大幅降低了软件服务成本，实现了使用更少的资源提供更多的服务。小规模企业通过租用云服务提供商（如阿里云、AWS 等）的服务器等计算资源，可减少人力和财力支出，把精力放在自身的业务上。

以上这些特征使云计算具有高效、灵活、低成本等优势，从而广泛应用于各种场景，如云存储、云平台、云应用等。

3. 云计算的部署模式

云计算有 4 种部署模式，分别是公共云、私有云、社区云和混合云。

（1）公共云（Public Cloud）。顾名思义，公共云表示其云端资源是开放给社会公众使用的。云端的所有权、日常管理和操作的主体可以是任一个商业组织、学术机构、政府部门或它们中几个主体的联合。云端可能部署在本地，也可能部署在其他地方。公共云服务通常由大型云服务提供商提供，如亚马逊的 AWS、谷歌的 Google Cloud Platform、阿里巴巴的阿里云和腾讯的腾讯云。

（2）私有云（Private Cloud）。私有云的核心特征是云端资源只给一个单位组织内的用户使用。与公共云相比，私有云具有更高的安全性、合规性和可控性，因为它专为单个组织服务，不接受外部访问。由于私有云可在企业内部运行，企业可以根据需求灵活调整资源分配，从而降低运营成本。也可以根据业务需求和技术进步随时调整与优化私有云。关于私有云云端的所有权归属、日常管理和操作的主体，并没有严格的规定，可能是本单位组织，也可能是第三方机构，还可能是两者的联合。云端可能位于本单位组织内部，也可能托管在其他地方。不过需要注意的是，虽然私有云具有许多优势，但它也可能带来更高的初始成本和长期维护成本。

（3）社区云（Community Cloud）。社区云的云端资源专门给固定的几个单位组织内的用户使用，而这些单位组织对云端具有相同的诉求（如安全要求、云端使命、规章制度、合规性要求等）。云端的所有权归属、日常管理和操作的主体可能是本社区内的一个或多个单位组织，也可能是第三方机构，还可能是它们的联合。社区云在许多行业和企业中得到了广泛应用，如医疗、教育、金融、研发等。通过构建社区云，单位组织可以在满足特定需求的同时，降低运营成本、提高资源利用率、促进合作和交流。

（4）混合云（Hybrid Cloud）。混合云由两个或两个以上不同类型的云（私有云、社区云、公共云）组成，它们各自独立，但使用标准的或专有的技术将它们组合起来，可以实现云之间的数据和应用程序的平滑流转。多个相同类型的云组合在一起属于多云的范畴，如两个私有云组合在一起。混合云是多云的一种。由私有云和公共云构成的混合云是目前比较流行的，当私有云资源短暂性需求过大（称为云爆发）时，用户会自动租赁公共云资源来平抑私有云资源的需求峰值。例如，网店在节假日期间点击量巨大，这时就会临时使用公共云资源应急[2]。

2.1.3 云计算的产生与发展

云计算是在互联网高速发展、资源利用率需求日益增长的背景下产生的计算模式。云计算综合了虚拟化、分布式计算、网格计算、效用计算、并行计算等技术，并在这些技术的基础上进行发展、混合、演变、跃进，是由需求驱动的。

目前人类已经进入泛互联时代。人类在工作、生产、学习和日常生活中所用的很多设备都接入了网络。人类享受网络提供的信息服务，正处于“无处不网、无时不网”的时代。更进一步地说，目前人类已经进入泛在智能时代。近年来，人工智能得到了非常快速的发展和推广应用，以深度学习、强化学习、迁移学习为代表的深度神经网络、对抗神经网络等人工智能技术在日常生活中得到了广泛的应用。常见的基于深度学习的人脸识别、图像识别、语音识别和各种信息推荐都用到了人工智能技术。2016 年，AlphaGo 在围棋比赛中打败了当时的世界冠军李世石，这也要归功于人工智能技术。但是，人工智能要想拥有“智能”，除了要有算法的支持，还要有大量计算能力的支持。以 AlphaGo 为例，打败李世石的 AlphaGo 系统使用了 1920 个 CPU 和 280 个 GPU，运算速率大概是 3000 万亿次/秒。因此，在泛在智能时代，如果需要构建一个能够提供这样庞大的计算能力、存储能力和信息服务的平台，那么云计算是一个很好的选择。

1996 年，康柏公司首次使用了“云计算”一词。该公司认为商业计算未来会向云计算方向转移。自此，云计算的发展掀起了一个小高潮。1998 年，全球云计算基础架构提供商 VMware 公司成立。1999 年，全球第一个商业化 IaaS 平台 LoudCloud 成立。2002 年，亚马逊公司启用了 AWS 平台，旨在帮助其他公司在亚马逊网站上构建自己的在线购物网站系统。2006 年，亚马逊分别推出了 S3 和 EC2，奠定了自己在云计算领域的地位。在 2006 年的搜索引擎大会上，时任谷歌首席执行官埃里克 • 施密特（Eric Schmidt）描述了谷歌的云计算概念。谷歌的分布式文件系统 GFS、分布式并行编程模型 MapReduce、数据管理系统 BigTable 和分布式资源管理模块 Chubby 等研究成果不仅成为谷歌云计算系统的核心技术，也为云计算的发展提供了重要参考，吸引了更多人的关注，让云计算迅速成为产业界和学术界研究的热点。

云计算的发展给现代社会带来了三大变革。

一是基础设施的变革。典型案例是新兴 IT 企业使用的被包交换、IP 等技术颠覆的电信运营商大量使用的专用点对点、回路交换等技术。这些技术逐渐渗透到基础设施中的各类设备上，提供更高的性能、效率、安全性和可用性。同样，在今天的云化过程中，构建云基础设施也有类似的特点：采用了大量虚拟化技术、通用硬件平台、开源技术。

二是运营模式的变革。在云时代，任何东西都可以以一种服务的方式来交付，IT 也不例外。于是 IT 即服务（IT as a Service，ITaaS）应运而生。ITaaS 是一个抽象的概念，它具体体现在整个服务流程的自动化，以及对不同优先级的任务的区分对待等方面，最终目的是实现最优资源调度与配比。

三是应用的变革。第三平台前所未有地注重用户体验，“一切为了应用”已经成了一句箴言，从基础设施到运营模式都是为了更好地创造应用、优化应用，并围绕应用提供一套完整的数据采集、处理、分析、汇总、反馈系统，然后通过集成到客户端的应用展现给终端用户[3]。

2.1.4 云计算的技术及应用

云计算的内在技术包括虚拟化技术、分布式并行编程模型技术、分布式数据存储技术、分布式任务调度技术、监控管理技术、云计算安全保障技术、云计算网络技术和绿色节能技术等，具体如下。

1. 虚拟化技术

虚拟化技术是指在物理主机上虚拟出若干台虚拟机。利用虚拟化技术可以隔离高层的应用与底层的硬件。虚拟化技术包括分解模式和聚合模式，两者可以分别将单个资源划分成多个虚拟资源和将多个资源整合成一个虚拟资源。虚拟化技术能够提高资源利用率、降低能源消耗。

2. 分布式并行编程模型技术

云计算提供了分布式并行编程模型，最典型的代表是谷歌提出的 MapReduce。这是一种简捷的分布式并行编程模型和高效的任务调度模型，主要用于大规模数据集的分布式并行处理。MapReduce 的主要思想是将待处理的任务分解成映射（Map）任务和化简（Reduce）任务，先用 Map 函数将大数据集分块后调度到计算节点处理，进行分布式计算，再用 Reduce 函数汇总中间数据，并输出最终结果。

3. 分布式数据存储技术

云计算通过集群系统、分布式文件系统等将不同类型的存储设备集成到网络中，采用分布式数据存储技术存储海量数据，采用多副本技术保证数据的可靠性。谷歌的文件系统 GFS20 和基于 GFS 思想开发的 Hadoop 分布式文件系统（Hadoop Distributed File System，HDFS）得到了广泛使用。同时，云计算采用高效的数据管理技术管理分布的、海量的数据。例如，谷歌的 BigTable 是一个为管理大规模结构化数据而设计的分布式数据存储系统，具有高可靠性、高性能、可伸缩性等特性。

4. 分布式任务调度技术

云计算在为用户提供服务的过程中，存在任务与资源之间的调度问题，即云计算需要同时处理大量的计算任务，并针对用户提交的各种任务快速分配所需的计算资源。高效的任务调度策略可以提高云计算的工作效率，保证云计算的服务质量。而分布式任务调度就是一种高效的任务调度策略，由于云计算中的任务调度是一个 NP 难问题，启发式算法，如遗传算法和蚁群算法等，经常被应用在任务调度策略中。

5. 监控管理技术

资源监控是云平台资源管理必不可少的部分。云监控不仅包括对计算、存储、网络等物理资源的监控，还包括对虚拟化资源的监控，它对云服务提供商和云消费者来说都是非常重要的部分，是云平台诸多活动顺利开展的前提。目前，大规模监控系统主要采用集中式监控和分布式监控这两种监控架构。这两种监控架构既可以独立应用，也可以相互融合，以满足不同规模、不同性能的云平台监控的需要。

6. 云计算安全保障技术

与其他网络信息系统相比，云计算对安全的需求既有相似的地方，也有其特殊要求，如安全风险来源和安全目标与其他网络信息系统不尽相同。云计算安全保障技术主要包括身份认证机制、访问控制机制、隔离技术、云数据加密技术、数据完整性验证技术和审计与安全溯源技术。云计算安全服务体系由一系列云安全服务构成。根据所属层次不同，可以将云安全服务进一步分为云基础设施服务、云安全基础服务和云安全应用服务。不同的云安全服务提供商可以采用不同的安全保障机制[4]。

7. 云计算网络技术

云计算数据中心的网络结构、协议、管理、优化等对整个云计算的性能有重要的影响。目前，云计算普遍应用软件定义网络（Software Defined Network，SDN）和网络功能虚拟化（Network Function Virtualization，NFV）技术。其中，SDN 是一种新型网络技术，通过将网络设备控制平面与数据平面相互分离实现了网络流量的灵活控制，让网络成为一种可以灵活调配的资源[5]。

8. 绿色节能技术

随着云计算应用规模的不断扩大，云计算的能耗越来越高。绿色计算顺应低碳社会建设的需求，是推动社会可持续发展和科技进步的一个重要方面。云计算正在向绿色云计算的方向发展。在云计算中，不仅可以采用关闭/休眠技术，通过关闭或休眠空闲节点的方式来降低能耗，还可以采用低功耗硬件和功耗调节技术，如低功耗 CPU 或固态硬盘，以及动态电压调节（Dynamic Voltage Scaling，DVS）技术。DVS 技术可以根据系统实时负载调节功率，在保证系统性能的同时降低系统的能耗。

云计算已经广泛应用于人们的日常生活中，其中一个典型的实际应用案例是在线办公。在线办公允许员工通过互联网连接到远程的云服务器，实现数据存储、处理和共享，使工作不再受限于特定的地点。这种方式不仅提高了工作效率，还降低了企业的硬件投资成本。例如，企业可以使用云服务提供商提供的虚拟桌面基础设施，员工通过云端服务器获取与传统计算机桌面一致的工作环境和各种办公软件服务。此外，云计算还活跃在智能家居、教育云平台、医疗云、云游戏、云会议和云社交等领域。

下面将对云计算的两大关键技术——虚拟化技术和云存储技术进行重点阐述。

2.2 云计算关键技术

2.2.1 虚拟化技术

1. 虚拟化技术的定义

虚拟化技术的核心在于将物理计算机的资源（如 CPU、内存、硬盘和网络适配器）抽象化，使这些资源可以在逻辑上被划分和重组，从而构建能够支持不同任务的环境。这种技术的美妙之处在于它消除了物理硬件差异、地理位置或配置的限制，提供了极大的灵活性。

通过逻辑配置而非物理配置，虚拟化技术允许对有限的物理资源进行按需分配，以实现资源的最优使用。它让单台物理服务器能够同时运行多台虚拟机，每台虚拟机都配备有独立的计算资源，并可以运行不同的操作系统和应用程序，而这些操作系统和应用程序彼此隔离，不会互相干扰。对用户而言，这意味着软硬件之间的分离，用户无须关心具体的硬件配置细节。

作为云计算的基础技术之一，虚拟化技术支持云环境中应用与底层物理硬件的分离，使应用的管理、伸缩、迁移和备份等操作得以在虚拟环境中轻松实现。具体来说，虚拟化技术依赖宿主操作系统中的一个虚拟化层，该层由 Hypervisor 或虚拟机监视器组成。这一层对物理硬件资源进行封装和隔离，将其转化为供虚拟机使用的逻辑资源。在这种情况下，运行在物理服务器上的操作系统被称为宿主操作系统（Host OS），而在虚拟机内部运行的系统被称为客户操作系统（Guest OS）。虚拟化层充当物理服务器与虚拟机之间的桥梁，提供了一个抽象的、统一的计算环境[6]。典型的虚拟化结构如图 2-1 所示。

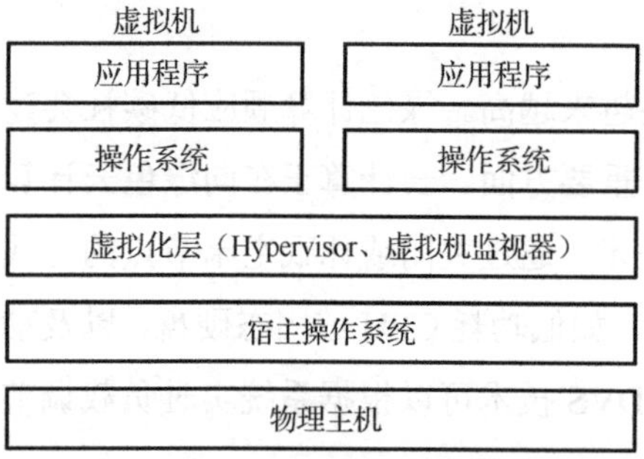

图 2-1　典型的虚拟化结构

虚拟化技术的概念在云计算出现之前便已诞生，其起源可以追溯到 1959 年 6 月，当时牛津大学的教授克里斯托弗·斯特雷奇（Christopher Strachey）在国际信息处理大会上提出了这一概念。20 世纪 60 年代，IBM 将虚拟化技术应用于其大型机系统，实现了在单一大型机上运行多个操作系统的目标，极大地促进了对昂贵大型机资源的有效共享和利用。

随着多任务和多用户操作系统的普及，以及硬件成本的降低，虚拟化技术一度失去了吸引力，并导致人们对该技术的研究兴趣有所减退。但是，在如今计算机硬件性能显著提升的背景下，降低系统成本、提高资源使用效率、降低管理开销、增强安全性与可靠性、提高可移植性及加快软件开发效率等需求日益增加，虚拟化技术再次显现出其重要性。因此，虚拟化技术再度受到人们的广泛关注，并成为研究焦点。

2. 虚拟化技术的特征

虚拟化技术的特征主要包括以下几个。

（1）分区功能。通过虚拟化层，物理服务器的资源被分配给多台虚拟机。这些虚拟机能够运行独立的操作系统，无论是相同的系统还是不同的系统。这样的配置允许用户在单一物理服务器上运行多任务应用程序，而每个操作系统只能访问虚拟化层分配给它的虚拟硬件资源，使其表现得就像在一台专用服务器上运行一样。

（2）隔离性。在同一台物理服务器上运行的虚拟机是相互独立的。这意味着一台虚拟机的崩溃或故障不会影响其他虚拟机的运行。此外，隔离性还提供了对资源的控制能力，允许用户为每台虚拟机设定资源使用的最小界限和最大界限，确保没有任何一台虚拟机能独占所有物理资源从而影响其他虚拟机的性能。

（3）封装性。整台虚拟机的状态，包括内存、BIOS 配置、CPU 状态和 I/O 设备状态等，都被包含在文件系统中。封装性使复制、保存和迁移虚拟机及其数据变得简单方便，只需对文件进行操作即可。

（4）硬件独立性。虚拟机操作在虚拟化层之上，它们仅与虚拟硬件接口打交道，并不直接依赖特定的物理硬件，这带来了操作系统与物理服务器之间、应用程序与操作系统之间的解耦，提高了系统的灵活性，减弱了对特定物理硬件的依赖。

3. 虚拟化技术的优势

虚拟化技术的优势主要包括以下几项。

（1）高效利用物理资源。通过在单一的物理服务器上运行多台虚拟机，云计算中心能够实现资源共享，并提高服务器的使用效率，从而降低硬件成本。

（2）强大的故障恢复能力。虚拟机具有在不同物理服务器之间迁移的能力，确保服务不间断。如果某台服务器、某个操作系统或应用程序发生故障，对应的虚拟机可以迅速迁移到健康的主机上继续运作。

（3）提高系统可用性。当多项服务（如网站、邮件和数据库）在同一台物理服务器上运行时，它们可能会互相干扰甚至导致系统崩溃。将不同的服务分配给不同的虚拟机可以减少这种干扰，从而提高整体系统的可靠性。

（4）简化服务器的部署与管理。创建供用户使用的虚拟服务器只需要几分钟，而传统购买并配置一台物理服务器需要很多的成本和时间。同时，管理虚拟服务器比管理物理服务器更加便捷。

（5）减少能源消耗。虚拟化允许云计算中心将多种资源整合在一个统一的资源池中，并在多台物理主机上部署虚拟机，实现高效的资源管理。合理地配置虚拟机并运用动态迁移技术，可以最小化活跃物理服务器的数量，从而在满足当前负载需求的同时，减少能源消耗，并保障服务质量和服务等级协议的执行。

4. 虚拟化关键技术

虚拟化关键技术包括服务器虚拟化技术、存储虚拟化技术和网络虚拟化技术。

（1）服务器虚拟化技术。服务器虚拟化技术通过软件手段，允许多台虚拟机同时运行在同一台物理服务器上。这种技术主要分为两种模式：宿主模型虚拟化和裸机模型虚拟化。

在宿主模型虚拟化中，一个宿主操作系统负责管理硬件资源，并为上层的虚拟机提供抽象层。在这种模式下，虚拟机运行在宿主操作系统之上，后者负责协调资源分配和管理虚拟环境。VMware Workstation 就是使用该模式的典型软件。

裸机模型虚拟化又称硬件虚拟化，它不依赖传统操作系统。在这种模式下，Hypervisor（或称虚拟机监控器）直接安装在物理硬件上，负责直接管理硬件资源，为虚拟机提供必要的资源，并确保它们之间的隔离性。这可以带来更高的性能和安全性，因为该模式减少了宿主操作系统这一层次。Xen 和 Linux KVM 是使用该模式的代表性产品。

服务器虚拟化的关键在于对 CPU、内存及 I/O 设备的虚拟化处理，这些组件构成了服务器的核心。通过虚拟化，可以实现资源的灵活分配、优化和管理，使计算资源得到更高效的利用。

（2）存储虚拟化技术。存储虚拟化技术涉及使用抽象化手段，将多个独立的物理存储设备（如硬盘、磁盘阵列等）整合在一个统一的虚拟存储资源池中。这种技术通过隐藏和隔离存储系统或服务的内部功能，实现了存储与网络、应用程序的分离，从而使存储资源得以合并，为用户提供具有更大容量和更高数据传输性能的存储系统，提高资源的利用效率。

在存储虚拟化的过程中，增加了一个虚拟层来对所有的存储资源进行管理和控制。该层结合了负载平衡、数据迁移、数据块重组等先进技术，以实现底层物理资源的整合和优化，并最终提供高效的存储服务。这意味着服务器并不直接与存储硬件交互，对服务器而言，存储硬件的添加、移除、交换、重组都是完全透明的。

存储虚拟化技术的实现方式主要分为以下 3 种。

① 基于主机的存储虚拟化。这种实现方式也被称为基于系统卷管理器的存储虚拟化，通常通过逻辑卷管理实现，直接在主机上操作。

② 基于存储设备的存储虚拟化。这种实现方式是在存储设备自身的磁盘或控制器上实现的，直接在存储设备层面进行管理和控制。

③ 基于网络的存储虚拟化。这种实现方式通过网络设备实现存储虚拟化，使虚拟化功能在网络层面得到发挥和应用。

（3）网络虚拟化技术。网络虚拟化技术是将网络的硬件资源与软件资源进行整合，向用户提供虚拟网络连接的虚拟化技术，能够让一个物理网络支持多个逻辑网络。网络虚拟化技术保留了网络层次结构、数据通道和能够提供的服务，使用户的体验与独享物理网络一样。网络虚拟化技术将网络服务抽象化，与物理层解耦，为多用户提供安全的隔离网络。典型的网络虚拟化技术主要包括虚拟局域网（Virtual Local Area Network，VLAN）和虚拟专用网（Virtual Private Network，VPN）。

VLAN 和局域网的区别在于，VLAN 中的设备和用户是逻辑上的“邻居”，这些设备和用户并不受物理位置的限制，可以根据功能、部门及应用程序等因素将它们组织起来，用户可以像在同一个网段中一样互相通信。

VPN属于远程访问技术，简单地说就是利用公用网络架设专用网络。如果用户想在公网环境下访问特定的内网服务器资源，如员工想在家访问企业内部网络的资源（这种访问就属于远程访问），就可以使用VPN。

对云计算数据中心来说，网络虚拟化主要分为3个层次。

① 核心层网络虚拟化。该层次主要指云计算数据中心核心网络设备的虚拟。

② 接入层网络虚拟化。该层次可以实现云计算数据中心接入层的分级设计，接入层交换机能够支持各种灵活的部署方式和新的以太网技术。

③ 虚拟机网络虚拟化。该层次在服务器内部虚拟出相应的交换机和网卡功能。

网络虚拟化涉及两个层次的虚拟化，即网络本身的虚拟化和网元（Network Element，NE）的虚拟化。其中，网元指的是网络中的元素（设备），是网络关系中可以监视和管理的最小单位。SDN负责网络本身的虚拟化，将网络设备控制平面与数据平面相互分离，实现网络流量的灵活控制，让网络成为一种可以灵活调配的资源。NFV也是一个网络架构概念，负责将网元虚拟化，实现软件和硬件的彻底解耦，并具有自动部署、弹性伸缩、故障隔离和自愈等优点，可大幅提高网络运维效率，降低风险和能耗[7]。

2.2.2 云存储技术

1. 数据存储的发展

数据存储技术经历了从磁带到磁盘，再到阵列存储，最后到网络存储的演变。如今，得益于集群、网格、分布式及虚拟化存储技术的发展，我们步入了云存储的新纪元。

在早期，磁带是数据存储的主要工具，但由于其顺序访问的特性，检索和读写速度较慢。随后，磁盘的出现使磁带在多数场景下被迅速替代。然而，单个磁盘的容量和速度受限，难以支撑现代大数据应用的庞大需求。于是，人们引入了独立磁盘冗余阵列技术，该技术通过组合多个磁盘并行工作，显著提高了数据吞吐率，并且提高了系统的容错与冗余能力。

互联网和网络技术的突飞猛进推动了数据存储向网络化发展。磁盘阵列得以通过光纤通道、互联网小型计算机系统接口、网络文件系统、通用互联网文件系统等协议，以多种方式实现联网。

计算机及网络技术的持续进步，尤其是移动互联网的广泛普及，让每个人都成为大数据的贡献者，从而引发了全球数据量的剧烈膨胀。传统的网络存储技术已经难以应对如此巨大的存储需求。随着中小企业规模的扩张，存储服务器购置、部署和维护成本越来越高，迫切需要大容量、易扩展且价格合理的云存储解决方案。

云存储的兴起为用户提供了经济高效的存储服务选择。用户可以根据实际需求灵活获取存储资源，云服务提供商则负责存储设备的采购、部署和维护工作，大幅减轻了用户的数据存储压力。目前，云存储已经成为大型云计算平台的核心服务之一[8]。

在如今云存储和电子存储方式越来越普及的情况下，光盘作为一种存储介质，在某些特定场景下仍然具有不可替代的作用。2024 年 2 月 22 日，由中国科学院上海光学精密机械研究所研发的存储容量为普通光盘的上万倍、普通硬盘的上百倍的“超级光盘”问世。可见，数据存储的未来不可估量。

2. 云存储的定义和优势

对于个体用户，云存储通常体现为网络硬盘服务，如百度网盘和腾讯微盘。这些服务允许用户将文件上传到远端的云环境，利用外部托管来实现内容存储、整理和备份功能，但这仅代表了云存储众多形式中的一种。在云服务提供商的视角下，云存储涉及使用集群技术和分布式文件系统等手段，整合大量的存储资源，共同作业以构建一个提供数据存储及业务接入的完善平台。

由云计算衍生出来的云存储通过互联网集聚了众多虚拟化计算资源，为用户带来了灵活且可伸缩的运算能力和存储空间，并支撑应用程序的运行。它通过集群系统、虚拟化技术和分布式文件系统等方式，统筹管理网络内的大量存储设备，形成了一个复杂的存储池系统，既提供数据存取，也支持业务处理。

云存储不只是存储技术的革新，更是一种服务的转型，它通过软件系统与硬件设备的结合，使传统的存储解决方案向服务型模式转变[9]。在云存储环境下，底层的存储硬件和架构对用户而言是隐藏不见的，而且云存储提供的接口通常能兼容多种不同的终端设备，授权用户无论身处何地，都能通过网络连接到云存储环境，按需访问数据。云存储平台还会根据用户的具体需求自动分配相应大小的存储容量[10]。

云存储系统相较于其他存储系统具有许多优势，主要体现在成本效益、高安全性、灵活性、多样的接口选项、数据同步支持和灾难恢复等方面。

（1）成本效益。通过使用云存储服务，用户无须投资购买存储硬件或软件，也无须承担运行、维护和灾难恢复的费用，从而大幅降低了数据存储的总成本。

（2）高安全性。专业云服务提供商的数据存储服务通常包括多重数据副本和备份机制，确保了数据存储的安全性和可靠性。同时，在数据传输过程中，可以采用有效的保护措施确保传输过程的稳定性和安全性。

（3）灵活性。用户无须预先预测存储需求，可以根据实际需要动态地扩展存储空间，而云服务提供商通常按照用户实际使用的存储量来收费。此外，云存储系统本身可以灵活地扩展资源池，随着新节点的加入自动扩充资源。

（4）多样的接口选项。现代商业云存储系统通常提供一系列应用程序编程接口（Application Programming Interface，API），为用户和应用开发者提供了便利的开发与运行环境。

（5）数据同步支持。云存储平台使用户可以在多种设备（如笔记本电脑、平板电脑、智能手机、智能手表等）之间实现数据、应用和状态的同步，这为多设备之间的协同工作提供了有力的支持。

（6）灾难恢复。云存储利用跨数据中心的平台进行网络备份，将数据副本存放在不同地区的云计算中心，即使遭遇地震、洪水等重大灾害，也能迅速进行灾难恢复。

3. 云存储的体系架构

云存储的体系架构从顶层到底层可以细分为 4 个主要层次，分别是访问层、应用接口层、管理调度层和存储层。

（1）访问层。用户通过访问层接入云存储系统，获取所需的各种云存储应用服务。用户可以选择租赁云存储空间、执行数据备份和归档等数据管理服务，也可以选择视频监控等实时数据服务。这一层提供了用户与云存储系统之间的直接交互界面。

（2）应用接口层。应用接口层位于管理调度层和访问层之间，是用户获取云存储资源和使用基础功能的桥梁。它通过提供不同的应用接口支持各式各样的业务服务。

（3）管理调度层。在管理调度层，通过运用集群系统和分布式文件系统，云存储系统协调了大量存储设备的工作，以提供针对用户的特定服务。此外，该层采用了内容分发、去重、数据压缩等技术来优化内容传输的速度和稳定性，同时利用数据加密、备份和灾难恢复技术来确保数据的安全性、可靠性及服务的连续性。这些技术的实施有效降低了存储成本并提高了能源效率。

（4）存储层。存储层包含网络附属存储、光纤通道、互联网小型计算机系统等不同类型的存储设备，并实现了这些存储设备的虚拟化。通过集中管理存储设备，存储层不仅可以提高设备的使用效率，还可以通过状态监测和日志分析等手段及时发现并处理故障与性能问题，确保底层存储系统的高度可用性。用户可以借助多样化的客户端软件及网络连接手段，便捷地接入云存储系统。在系统的网络结构中，负责数据文件储存任务的是存储节点，控制节点则负责保存元数据信息，并管理存储节点之间的负载均衡。对用户而言，云存储系统无缝兼容 HTTP、NFS、FTP、WebDav 及其他多种网络客户端协议，这种透明性使系统能够被轻松集成到各种应用环境中，从而为用户提供灵活的数据存储和共享解决方案。

4. 云存储关键技术

云存储关键技术涵盖从硬件到软件、从存储管理到用户体验的多个方面，具体包括虚拟化技术、分布式数据存储技术、负载均衡技术、数据备份与恢复技术、数据一致性技术等，它们共同构成了一个高效、可靠、安全且易于拓展的云存储服务体系。下面重点介绍分布式数据存储技术和数据备份与恢复技术。

（1）分布式数据存储技术。分布式数据存储技术可以将数据分散存储在多台服务器上，以实现数据的可靠、高效和便捷访问。分布式数据存储结构如图 2-2 所示。分布式数据存储技术主要采用对象存储和文档存储两种方式。

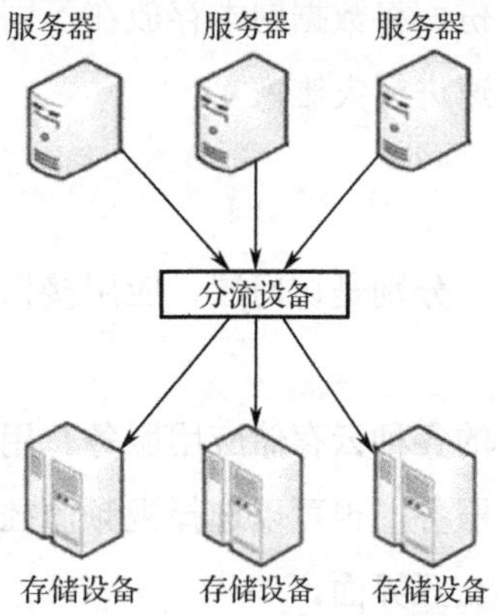

图 2-2　分布式数据存储结构

① 对象存储。对象存储是一种设计用于存储和分发大量非结构化数据的分布式数据存储系统。它可以轻松扩展以支持大量数据和并发访问，并支持各种数据类型，如文档、图片、视频、音频等。对象存储具有以下几个特征。

a．低延迟。对象存储具有较低的访问延迟，可提高读取性能。

b．安全性。对象存储提供了加密、访问控制和管理策略等安全功能。

c．跨云服务。对象存储通常支持多台云服务器的协同工作，实现数据的跨云访问。

对象存储广泛应用于各种场景中，如大数据处理、机器学习、电子商务、社交媒体等。一些常见的对象存储服务有 Amazon S3、Google Cloud Storage、Azure Blob Storage 等。这些服务在提供对象存储功能的同时，还提供丰富的 API 和开发者工具，方便用户构建高度定制化的应用进程。

② 文档存储。文档存储是一种以文档为基本单位的分布式数据存储系统，它通常适用于需要对文档进行搜索、版本控制或其他需要关注文档内部信息的场景。与对象存储相比，文档存储具有以下几个特点。

a．文档级存储。文档存储以文档为基本单位进行存储和管理，便于进行文档级别的操作。

b．版本控制。文档存储支持文档的版本控制，便于回滚、比较和恢复数据。

c．搜索能力。文档存储通常具有较强的搜索能力，支持基于关键词、文档内容或其他属性的搜索。

d．适用于非结构化数据。文档存储更适用于非结构化数据，如文档、图片、电子表格等。

e．较低的可扩展性。由于文档存储关注文档内部信息，其扩展性通常不如对象存储。

一些常见的文档存储服务有 Amazon S3、Microsoft OneDrive、Google Drive 等。

云存储中的分布式数据存储技术不仅提高了数据的可用性和可靠性，还降低了单台服务器的存储和性能限制。同时，分布式数据存储技术有助于实现成本的集约化，降低企业或个人的存储成本。

（2）数据备份与恢复技术。数据备份的根本目标是确保在原始数据遭遇丢失、损坏或安全威胁时，能够借助备份数据进行恢复。若源数据不可用，备份数据须由特定的软件复原为可用状态，以便数据处理系统正常访问。

尽管数据备份能在很大程度上维护数据的完整性，但在打造灾难恢复系统时，依然面临众多挑战。

① 备份窗口。这是指系统可以用于执行数据备份操作的时间窗口。由于备份过程可能影响主机性能，甚至导致其服务水平下降，因此通常需要在系统负载较低时进行备份。解决方案包括提高备份速度和实施在线备份。

② 恢复时间。从备份中恢复数据所需的时间至关重要，它直接影响系统能够承受的业务中断时长。在数据量大或备份策略复杂的情况下，恢复时间可能会延长。

③ 备份频率。考虑到备份对主机性能的影响，备份操作不能过于频繁。然而，备份间隔也不能过长，否则在两次备份之间发生的数据丢失可能是某些关键系统无法承受的。

④ 数据可恢复性。虽然备份的目的是在需要时恢复数据，但有时由于存储介质故障、人为错误或在备份过程中出现问题，备份数据可能无法恢复。

⑤ 备份成本。通过数据冗余来提升系统稳定性的备份行为往往伴随着较高的成本，特别是在需要高频次、高稳定性备份的环境下。

对于要求极高的灾难恢复系统，通常需要采用跨多个数据中心的远程数据备份方案，以确保数据的最大安全性。

2.3 云计算赋能数字经济

2.3.1 云计算与数字经济

云计算作为数字经济的关键技术之一，为各行各业提供了弹性、可扩展的计算资源，提高了数据的存储、处理和分析能力，从而加速了数字化转型。下面是一个云计算赋能数字经济的实际案例——阿里巴巴云助力“双十一”购物节。

“双十一”是一场大型在线购物活动，由阿里巴巴集团创办。这一天，数亿名消费者会在阿里巴巴旗下的电商平台（如淘宝、天猫）上进行大规模的购物。这一活动产生的交易量巨大，对计算资源、数据处理和实时分析提出了极高的要求。为了应对这一挑战，阿里云采用了一系列云计算服务和技术来保证平台的稳定运行与消费者体验。以下是一些关键点。

（1）弹性计算。通过使用阿里云的弹性计算服务，阿里巴巴可以在需求激增时迅速增加服务器资源，并在活动结束后相应减少资源，从而实现成本效益的优化。

（2）大数据处理。阿里云的大数据处理服务支持对海量的交易数据进行实时处理和分析，为商家提供即时的销售反馈，同时为消费者推荐个性化的商品。

（3）内容分发网络。利用阿里云的内容分发网络（Content Delivery Network，CDN）服务，可以将内容缓存至全球各地的边缘节点，加快网页加载速度，提升消费者的访问体验。

（4）安全与合规。在“双十一”这样的大规模活动中，网络安全尤为重要。阿里云提供了一系列安全服务，包括防DDoS攻击、数据加密和访问控制等，确保交易的安全。

（5）人工智能。阿里云的人工智能服务被用于聊天机器人、智能客服、商品推荐等场景，提高了服务效率，优化了消费者的购物体验。

借助云计算的能力，在“双十一”期间，阿里巴巴成功处理了数千亿次交易，实现了令人瞩目的销售记录。这不仅展示了云计算在处理极大规模事件中的关键作用，也体现了数字经济的强大动力。该案例在极大程度上展示了如何通过云计算技术支撑起一场数字经济的重要活动。对阿里巴巴、整个电商行业和广大消费者来说，云计算已经成为数字经济不可或缺的一部分。

由上述案例不难看出，云计算与数字经济之间有着千丝万缕的联系，主要体现在以下几个方面。一是云计算作为一种计算和存储资源交付的模式，为数字经济提供了重要的基础设施和支持，使中小企业更容易开展创新活动，因为它们可以轻松地获得计算资源和实验环境。这有助于催生新的商业模式和行业，从而推动数字经济的繁荣发展。二是数据在数字经济中发挥着越来越重要的作用。云计算为数据的存储、处理和分析提供了强大的支持，帮助企业和个人更好地挖掘数据价值，从而推动决策和战略制定。三是云计算使企业和个人能够跨越地理障碍，实现全球范围内的资源调配、合作和创新。这有助于打破国界限制，促进全球市场的融合，推动数字经济的全球化发展。

2.3.2 虚拟化技术与数字经济

1. 虚拟化技术在数字经济中的应用场景

虚拟化技术与数字经济之间存在紧密的联系。虚拟化技术是数字经济发展中的关键技术之一，它为数字经济提供了强大的技术支持和推动力。以下是虚拟化技术在数字经济中的一些应用场景。

（1）AR与VR。虚拟化技术使AR和VR成为可能，AR和VR技术正在改变我们的工作与娱乐方式。例如，VR全景技术能够将真实场景以1:1的比例搬到互联网上进行展示，为消费者提供沉浸式体验。

（2）3D产品展示。在电子商务领域，虚拟化技术使3D产品展示成为可能，消费者可以在不接触实物的情况下，从各个角度查看产品的细节，这极大地提升了消费者的购物体验和满意度。

（3）远程工作与协作。虚拟化技术促进了远程工作和全球协作的发展。通过虚拟化平台，团队成员可以在不同的地点高效地协作，共享资源和数据，这对于提高生产效率和降低成本具有重要意义。

（4）整合营销技术。虚拟化技术用于整合营销领域，可以帮助企业构建更加个性化和更具互动性的营销策略，提升客户体验和客户参与度。

（5）医疗保健。在医疗行业，虚拟化技术被用于远程诊断、手术模拟和患者教育等场景，提高了医疗服务的质量和可及性。

（6）金融服务。金融服务（如金融科技）利用虚拟化技术提供在线银行服务、虚拟货币交易等创新金融产品和服务。

（7）智能制造。制造业可以通过虚拟化技术实现产品设计、仿真测试和生产流程的数字化，提高生产效率和产品质量。

2. 虚拟化技术在技术赋能方面的优势

虚拟化技术在数字经济中的应用场景十分广阔，且相关研究仍在不断突破。虚拟化技术为数字经济提供了重要的基础设施，在技术赋能方面具有以下几个优势。

（1）提高资源利用率。虚拟化技术可以将计算资源、存储资源、网络资源进行虚拟和划分，从而提高资源利用率。这对于缓解数字经济中的资源紧张、提高生产力具有重要意义。

（2）降低成本。虚拟化技术可以降低硬件采购和维护成本。在同一个物理平台上运行多台虚拟机可以减少对硬件资源的需求，从而降低单位资源的成本。

（3）提高灵活性。虚拟化技术可以让企业在不更换硬件的情况下方便地调整、添加和删除服务器。这使企业能够更好地适应快速变化的市场需求，提高业务的灵活性。

（4）安全性和可用性。虚拟化技术可以提供更好的安全性和可用性。各虚拟机之间具有较高的独立性，使病毒、木马和其他安全威胁被更好地隔离。此外，虚拟化技术可以提高服务器的高可用性，使系统即使在出现故障时也能继续运行。

（5）自动化和可扩展性。虚拟化技术可以简化基础设施的管理和维护工作，实现自动化和可扩展性。通过将资源虚拟化，企业可以更容易地实现资源的调配、扩展和收缩，从而降低管理成本。

虚拟化技术是数字经济发展的基石，其不仅推动了各行各业的创新和发展，还为个人和企业提供了更高效、更安全、更可持续的解决方案。随着技术的不断进步，可以预见虚拟化技术将在数字经济中扮演更加重要的角色。

2.3.3 云存储技术与数字经济

云存储技术作为云计算的一项关键技术，通过保障数据的安全存储、提供强大的计算能力及促进技术创新，为数字经济的稳健增长提供了强有力的支持。随着技术的不断进步，云存储将在未来的数字经济中发挥更加重要的作用。云存储技术与数字经济之间的关系体现在以下几个方面。

（1）数据安全存储。在数字经济时代，数据是最宝贵的资源之一。云存储技术通过提供稳定安全的存储环境，确保数据的安全性和可靠性，这是数字经济健康发展的基础。

（2）层次化存储体系。为了应对数据存储的挑战，需要构建层次化存储体系，包括光存储、电存储、磁存储等，以适应不同类型的数据存储需求。

（3）基础设施云化。随着数字经济的发展，传统的 IT 基础设施正在向云端迁移。云计算不仅提供了数据存储服务，还提供了数据处理和应用服务，这些都是数字经济不可或缺的组成部分。

（4）释放数字价值。云计算作为数字经济时代的基础设施，能够有效地释放数字价值，驱动数字创新。它为企业和个人提供了灵活、可扩展的资源，促进了新产品和新服务的开发。

（5）经济增长的新动力。数字经济以数据为核心，通过高水平的融合和创新驱动数字化转型。智能技术引领数字经济高质量发展，成为推动经济增长的新动力。云存储技术在这一过程中扮演着关键角色，它不仅支撑了大数据的分析和应用，还促进了产业链、价值链的深度耦合。

（6）数字化转型。"十四五"时期，我国数字经济迈入高质量发展阶段。在这一过程中，云存储技术作为数字化转型的基础设施，对于提高产业链的效率和创新能力具有重要作用。

2.4 云计算带来的伦理道德和社会问题

云计算作为一种提供计算资源和数据存储服务的技术，已经在企业和个人用户中得到了广泛的应用。尽管它给人们带来了便利，提高了工作效率，但也引发了一系列科技伦理问题。以下是一些主要的考虑点。

（1）数据隐私和安全。云计算的核心特点之一是数据集中存储在远程服务器上，这引发了人们对数据隐私和安全的担忧。用户的敏感信息可能会被未经授权的第三方访问，尤其是在云服务提供商未能采取充分的安全措施的情况下。此外，由于数据存储在云端，用户对自己的数据的控制权减弱，这可能导致个人隐私权被侵犯。

（2）数据所有权和控制权。在云计算环境中，数据的所有权和控制权变得模糊。用户上传到云服务的数据归谁所有？是用户、云服务提供商还是其他第三方？这一问题的答案并不总是清晰的。用户可能失去对自己数据的完全控制权，这可能导致数据被滥用或未经同意就被用于商业目的。

（3）法律和管辖权。云计算服务的全球性引发了法律和管辖权问题。数据可能存储在世界任何地方，而云服务提供商可能位于不同的司法管辖区。这导致了法律适用的不确定性，以及在发生数据泄露或其他问题时追究责任的复杂性。

（4）透明度和问责制。云服务提供商通常不会公开其数据中心的运作细节，包括它们的安全措施、数据处理政策和应急计划。这种透明度的缺乏使用户难以了解其数据的真实情况，也难以确保云服务提供商对其行为负责。

（5）环境影响。云计算基础设施的建设和运营需要大量的电力资源与其他资源，这可能对环境产生负面影响。虽然云服务可以通过资源共享提高效率，但其数据中心的碳足迹仍然是一个重要的伦理考量。

（6）工作权益和外包。云计算服务的增长往往伴随着工作的外包，尤其是在技术支持和数据中心运营方面。这可能导致工人权益方面的问题，如工资、工作条件和就业稳定性等。

（7）数字鸿沟。虽然云计算为许多用户提供了便捷的服务，但它也可能加深数字鸿沟，即导致技术获取和使用方面的不平等。那些无法负担云服务费用或缺乏必要技能的用户可能被边缘化。

（8）依赖性和锁定效应。用户对特定云服务提供商的依赖可能导致市场集中度提高，从而减少竞争并增加用户被锁定的风险。这种依赖性可能限制用户的选择，并使他们对云服务提供商的政策和定价变化更加敏感。

为了解决这些伦理问题，需要制定相应的政策和法规，加强行业标准的制定，提高透明度，鼓励创新。同时，云服务提供商、政府、用户和其他利益相关方必须共同努力，以确保云计算技术的发展既能带来经济效益，又能保护个人和社会的利益。

案例：Netflix 的云迁移之旅

在数字化转型的浪潮中，企业需要灵活、可扩展且成本效益高的 IT 基础设施来支持业务增长。云计算作为一种服务交付模式，提供了这些必需的特征，并已成为现代企业技术策略的核心。Netflix 作为全球最大的流媒体服务提供商之一，其对云计算的运用是一个典型的成功案例。

Netflix 成立于 1997 年，最初是一家 DVD 邮寄租赁服务公司。2007 年，Netflix 开始提供在线流媒体服务，并逐步发展成为全球领先的视频点播平台。随着用户数量的增长和内容的扩充，Netflix 面临巨大的数据存储和处理需求。为了满足数百万名用户同时在线观看视频的需求，Netflix 需要强大的计算能力、高可用性和出色的灾难恢复能力。尤其是在流量高峰期间，Netflix 需要在保持服务质量的同时控制成本。传统的数据中心已经无法满足这些要求。

Netflix 于 2008 年开始使用亚马逊的 AWS，标志着其全面转向云计算。通过采用云服务，Netflix 能够按需增减资源，无须投资昂贵的硬件设施。

下面列举 Netflix 在整个云计算迁移过程中采用的部分方式。

（1）弹性计算和自动扩展。Netflix 利用了云计算的弹性计算特点，具体使用了 AWS 的弹性计算云，可以根据用户的请求量动态调整计算资源。此外，系统可以自动检测负载增加并相应地启动新实例以实现自动扩展功能。

（2）云存储与内容分发。Netflix 利用简单存储服务存储大量视频内容，并通过亚马逊的 CloudFront CDN 服务进行高效的内容分发。

（3）微服务架构。Netflix 开发了基于微服务的架构，允许独立部署和扩展各个服务组件，提高了系统的灵活性和可靠性。

（4）大数据处理。为了分析用户行为、优化推荐算法和提升用户体验，Netflix 使用 AWS 的大数据服务进行数据处理和分析。

（5）成本优化。为了优化成本，Netflix 利用 AWS 的成本管理工具，实现了对其云资源的精细管理和优化。具体包括根据需求自动调整资源规模、选择成本效益最高的服务类型。

Netflix 的云迁移取得了巨大的成功。它不仅支撑了业务的快速增长，还实现了成本效率和运营效率的双重提高。借助云计算，Netflix 可以在不中断服务的情况下平滑地处理流量高峰，同时能不断快速推出新功能和新服务。如今，Netflix 运行在 AWS 上，能够轻松应对数亿名用户的并发请求，提供无缝的视频流服务。

通过使用云计算，Netflix 不仅实现了技术飞跃，更引领了娱乐行业向数字化和个性化的转变。云计算赋予了 Netflix 必要的弹性和可扩展性，使其能够以较低的成本为用户提供连续不断的高质量服务。云计算成为 Netflix 转型和创新的强大推动力。

参考资料

[1] 徐小龙. 云计算与大数据[M]. 北京：电子工业出版社，2021.

[2] 王良明. 云计算通俗讲义（第 4 版）[M]. 北京：电子工业出版社，2022.

[3] 孙宇熙. 云计算与大数据[M]. 北京：人民邮电出版社，2017.

[4] 拱长青，肖芸，李梦飞，等. 云计算安全研究综述[J]. 沈阳航空航天大学学报，2017, 34（4）：1-17.

[5] 贾冉. 基于 IDC 技术的机房建设研究[D]. 北京：北京邮电大学，2012.

[6] 徐小龙. 云计算技术及性能优化[M]. 北京：电子工业出版社，2017.

[7] 周伟林，杨芫，徐明伟. 网络功能虚拟化技术研究综述[J]. 计算机研究与发展，2018, 55（4）：675-688.

[8] 张冬. 大话存储[M]. 北京：清华大学出版社，2015.

[9] 周静岚. 云存储数据隐私保护机制的研究[D]. 南京：南京邮电大学，2014.

[10] 涂群. 云存储系统中重复数据删除机制的研究[D]. 南京：南京邮电大学，2016.

第 3 章

大数据

学习目标

- 掌握大数据的定义和特征。
- 了解大数据的结构和系统认知。
- 了解大数据关键技术。
- 掌握大数据如何赋能数字经济。
- 了解大数据带来的道德伦理和社会问题。

2013 年，微软纽约研究院的经济学家大卫·罗斯柴尔德（David Rothschild）利用大数据成功预测了第 85 届奥斯卡金像奖颁奖典礼 24 个奖项中的 19 个，成为人们津津乐道的话题。之后罗斯柴尔德再接再厉，又成功预测了第 86 届奥斯卡金像奖颁奖典礼 24 个奖项中的 21 个，继续向人们展示现代科技的神奇魔力。通过帮助企业发现隐藏的模式和趋势，大数据现在几乎被用于各个行业来规划未来的产品、服务等。事实上，截至 2022 年，大约 97%的企业投资了有关大数据的应用。下面来看大数据在零售业和通信行业的应用。

北美零售商百思买在北美的销售活动非常活跃，产品种类达到 3 万多种，产品的价格也随地区和市场条件而异。由于产品种类繁多，成本变化比较频繁，一年之中变化可达 4 次之多，每年的调价次数高达 12 万次。最让高管头疼的是定价促销策略。公司组成了一个 11 人的定价团队，希望通过分析消费者的购买记录和相关信息，提高定价的准确度和响应速度。定价团队的分析工作主要围绕 3 个关键维度展开：数量、多样性和速度。定价团队需要分析海量的信息。他们收集了上千万名消费者的购买记录，从消费者的不同维度分析，了解消费者对每种产品种类的最高接受能力，从而为产品定出最佳价格。定价团队除了分析购买记录这种结构化的数据，还利用了社交媒体发帖这种新型非结构化数据。由于消费者需要在零售商专页上点赞或留言以获得优惠券，定价团队利用情感分析公式来分析专页上消费者的情绪，从而判断他们对零售商的促销活动是否满意，并微调促销策略。为了实现价值最大化，定价团队对数据进行实时或近似实时的处理。他们成功地根据一名消费者既往的麦片购买记录，为正在超市麦片专柜浏览商品的他即时发送优惠券，为其带来了便利性和惊喜。通过这一系列活动，定价团队提高了定价的准确度和响应速度，为零售商新增销售额和利润数千万美元。

法国 Orange 集团旗下的波兰电信公司 Telekomunikacja Polska 是波兰最大的语音和宽带固网供应商，该公司希望通过有效的途径来准确预测并解决客户流失问题，因此决定进行客户细分，方法是构建一张社交图谱来分析客户数百万通电话的数据记录，特别关注“谁给谁打了电话”“打电话的频率”两个方面。社交图谱把公司客户分成“联网型”“桥梁型”“领导型”“跟随型”几大类。这样的关系数据有助于电信服务供应商深入洞悉一系列问题。例如，哪些人会对可能“弃用”公司服务的客户产生较大的影响？挽留最有价值客户的难度有多大？运用这一方法，该公司客户流失预测模型的准确率提高了 47%。

在激烈的市场竞争中，大数据的终极目标并不只是改变竞争环境，而是彻底扭转整个竞争格局，带来新机遇。企业只有认识到这一点，使用合适的数据分析产品，聪明地使用和管理数据，才能在长期竞争中成为终极赢家。

3.1 大数据概述

3.1.1 大数据的定义

进入 21 世纪以来，计算机技术的迅速发展，特别是互联网和移动技术的快速普及，引发了数据规模的爆炸性增长，从而催生了“大数据”这一概念。大数据作为信息技术领域的一项重大技术革新，紧随云计算和物联网之后，彻底改变了人们的生活方式和商业模式[1]。

大数据指的是规模巨大的数据集合，它们的规模已经超出了目前主流软件工具的处理能力。这些数据不仅难以在合理的时间内被获取、管理和处理，还难以转化为对企业经营决策有帮助的信息[2]。大数据包括结构化数据、半结构化数据和非结构化数据，非结构化数据日益成为数据的主要部分。IDC 的调查报告显示，企业中 80%的数据都是非结构化数据，这些数据每年都会增长 60%。

大数据往往包括复杂结构的数据，这类数据超出了传统数据库的管理能力，导致数据查询响应时间超出了可接受的范围。这一挑战需要使用创新的技术和方法来应对，以实现大数据的潜在价值。具体而言如下。

（1）传统数据库的局限性显而易见。尽管 Oracle 数据库是企业常用的数据库，但对小型物流公司来说，该数据库已经不能满足数据获取、存储和分析的需求。大量数据积累会导致性能问题，而使用大数据时代的数据库管理工具（如 MongoDB）能降低成本，但企业需要拥有具备这方面技能的人才。

（2）传统数据结构在大数据时代具有局限性。大数据的规模、复杂性和处理要求不同以往，为应对这些挑战，新的数据结构如谷歌的 BigTable、Apache 的 HDFS 文件结构等应运而生。

（3）传统编程语言在大数据环境下受到限制。新兴编程语言如 R、Python 和 Scala 天生适合分布式计算和机器学习，相较于传统语言如 Java 和 C#，它们更加高效。

（4）传统编程工具的数据展示能力有限。传统控件如水晶报表或 JFreeChart 无法满足展现上万个节点之间关系的需求，需要采用大数据时代的报表工具，如 ECharts 和 Three.js。

（5）传统编程思想和框架在大数据环境下受到制约。传统框架将所有存储器同等对待，假设所有存储器具有相同的访问时间，这将导致效率低下。采用大数据时代的编程思想可以显著提高查询速度，将其控制在毫秒级别。为应对这些挑战，需要使用创新的技术和方法，从而适应大数据时代的需求。

大数据需要使用特殊的技术，以有效地处理大量的超出容忍时间的数据。适用于大数据的技术包括大规模并行处理数据库、数据挖掘、分布式文件系统、分布式数据库、云计算平台、互联网和可扩展的存储系统。需要说明的是，从技术上看，大数据与云计算的关系就像一枚硬币的正反面一样密不可分。大数据无法用单台计算机进行处理，必须采用分布式架构。分布式架构的特色在于对海量数据进行分布式数据挖掘。大数据的处理必须依托云计算的分布式处理、分布式数据库和云存储、虚拟化技术。

大数据技术的战略意义不在于掌握庞大的数据信息，而在于对这些有意义的数据进行专业化处理。换言之，如果把大数据比作一种产业，那么这种产业实现盈利的关键在于提高对数据的加工能力，通过加工实现数据的增值。需要强调的是，大数据实际上是互联网发展到当前阶段的一种自然表现，无须将其神化或对其过分敬畏。随着云计算等技术创新的推动，原本难以收集和利用的庞大数据开始变得容易获取。各行各业通过不断创新逐渐找到了方法，将大数据转化为能够创造更多价值的工具[3]。

3.1.2　大数据的特征

早在 20 世纪 90 年代，“数据仓库之父”比尔·恩门（Bill Inmon）就经常提及大数据：BigData[4]。自 2011 年以来，大数据已经渗透到每个行业、每项业务，逐渐成为重要的生产要素。IBM 认为，大数据有 5V 特征，这些特征描述了大数据的规模、复杂性和处理要求。以下是对大数据 5V 特征的详细解释。

1. 数据量

数据量（Volume）是大数据最显著的特征之一。它指的是大数据集合中包含的数据量极大，通常远远超过传统数据处理工具能够轻松处理的范围。这意味着大数据集合可能包含数十亿个、数百亿个甚至更多的数据点。这种大规模数据的积累可能来自各种途径，如传感器、社交媒体、移动设备、传统企业数据等。

2．速度

速度（Velocity）描述了数据生成和传输的速度之快。在大数据环境下，数据可能以非常快的速度产生，需要对其进行实时或近实时处理。例如，社交媒体上的实时推文、传感器数据的持续流入及在线交易数据都需要被快速处理，以便人们及时做出决策或提供实时反馈。

3．多样性

数据的多样性（Variety）是指大数据不仅包含结构化数据（如数据库表格），还包括非结构化数据（如文本、图像、音频、视频等）、半结构化数据（如 XML、JSON 等）。这些不同类型的数据需要不同的处理方法和工具，导致数据的分析和挖掘更加复杂。

4．价值

价值（Value）表示数据对组织或决策者来说有多么重要。大数据的价值密度低，存在大量不相干信息，需要对数据进行深入挖掘，以提高数据价值和数据利用率。大数据的分析和挖掘旨在从数据中提取有价值的信息、见解和洞察力，以支持决策制定、问题解决和业务发展。因此，数据的价值是衡量大数据成功应用的重要标准。

5．真实性

真实性（Veracity）是指数据的质量和可信度必须足够高。在大数据环境下，数据可能存在错误、不一致或异常值。因此，确保数据的真实性成为一个挑战，需要进行数据质量控制和验证。健全的数据管理和清洗流程对于大数据的成功应用至关重要。

除了上述 5V 特征，有些文献还提到了第 6 个特征，即变化性（Variability）。数据的变化性表示数据的性质和结构可能不断变化，而且这种变化可能是不可预测的。大数据集合中的数据可能随时间、地点、事件等因素而发生变化。这需要数据处理系统具有灵活性，能够适应数据的变化，并进行实时调整和更新。

除了业内主流的大数据 5V 特征，还有使用 3S 或 3I 来描述大数据特征的。3S 分别是大小（Size）、速度（Speed）和结构（Structure）。实际上，这个维度的特征与 3V（Volume、Velocity、Variety）异曲同工，除了用词不同，并没有太大的差别。关于大数据的 3I 特征，简单介绍如下。

（1）定义不明确的（Ill-defined）。多个主流的大数据定义都强调了数据的规模要求数据处理工具具备超过传统方法的处理能力。随着技术的进步，数据分析的效率不断提高，符合大数据定义的数据规模也会相应地不断扩大，因此关于大数据的定义并没有一个明确的标准。

（2）令人生畏的（Intimidating）。从管理大数据到使用正确的工具获取大数据的价值，在利用大数据的过程中充满了各种挑战。

（3）即时的（Immediate）。数据的价值会随着时间快速衰减。因此，为了保证大数据的可控性，需要缩短从数据收集到获得数据洞察的时间，使大数据成为真正的即时大数据。因此，尽快地分析数据对获得竞争优势至关重要。

3.1.3　大数据的结构和系统认知

大数据涵盖多种数据形式，从高度结构化的财务数据到文本文件、多媒体文件和基因定位图等都可以被归类为大数据。其中，数据量庞大是所有大数据的共同特点。由于数据本身的复杂性，为了高效地处理大数据，首选方法是利用大规模并行处理（Massively Parallel Processing，MPP）的计算环境，这使同时进行并行摄取、并行数据装载及分析成为可能。实际上，大多数大数据都是非结构化或半结构化的，因此需要采用不同的技术和工具来处理与分析这些大数据。

大数据最显著的特点之一是数据类型的多样性。如图 3-1 所示，各种类型的数据都在不断增长，未来 80%～90%的数据增长将来自结构化数据之外的数据类型，包括半结构化数据、准结构化数据和非结构化数据。尽管图 3-1 展示了 4 种不同且看似各自独立的数据类型，但实际上它们有时会混合在一起。例如，一个传统的关系数据库管理系统可能会存储支持呼叫中心的通话日志，其中包含了典型的结构化数据，如日期/时间戳、机器类型、问题类型和操作系统等，这些信息由在线支持人员通过图形用户界面输入。同时，该系统也包含非结构化数据或半结构化数据，如自由形式的通话日志信息。此类数据可能来自包含问题的电子邮件、实际通话中的技术问题或关于解决方案的描述。该系统还可能包含与结构化数据相关的实际通话的语音日志或音频文字记录。如今大多数分析人员仍然无法轻松地处理通话日志历史数据库中最普通和高度结构化的数据，因为挖掘文本信息是一项复杂且工作量巨大的任务，难以简单地实现自动化处理。通常，人们更熟悉结构化数据的分析，半结构化数据（如 XML）、准结构化数据（如网站地址字符串）和非结构化数据给人们带来了不同的挑战，需要采用不同的技术来进行分析和处理。

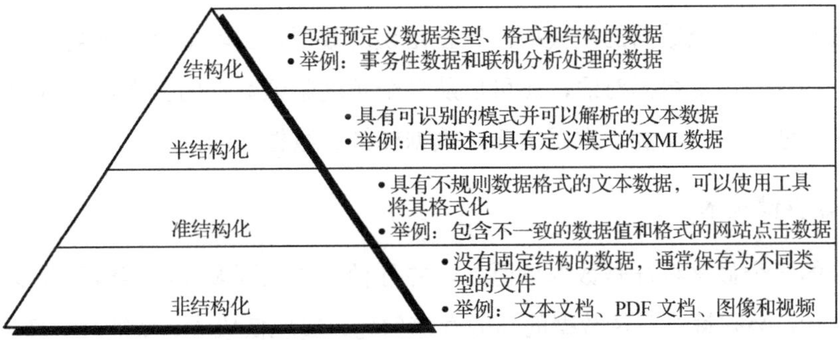

图 3-1　数据类型日益趋向非结构化

要想系统地认识大数据，必须全面而细致地分解它，可以从以下 3 个层面展开。

（1）理论层面。理论是形成认知的必要工具。可以根据大数据的特征来理解行业对大数据的整体描绘和定性；在对大数据价值的探讨中深入解析大数据的珍贵之处；洞悉大数据的发展趋势；从大数据隐私这个特别而重要的视角审视人和数据之间的长久博弈。

（2）技术层面。技术是体现大数据价值的手段和发展大数据的基石。可以分别从云计算、分布式处理技术、存储技术和感知技术发展的角度理解大数据从采集、处理、存储到形成结果的整个过程。

（3）实践层面。实践是大数据的最终价值体现。可以分别从互联网的大数据、政府的大数据、企业的大数据和个人的大数据 4 个方面来描绘大数据已经展现的美好景象及即将实现的蓝图。

3.1.4　大数据生命周期中的技术

大数据生命周期中的 5 个阶段对应的技术分别是数据采集技术、数据预处理技术、数据存储技术、数据处理技术和数据查询技术。

1. 数据采集技术

数据采集是指从传感器、智能设备、企业信息化系统、社交网络和互联网平台等获取数据的过程。在大数据系统中，不但数据源的种类多，数据的类型繁杂，数据量大，而且数据产生的速度快，传统的数据采集方法难以胜任。要尽可能全面收集来自物联网和互联网等各类信息系统中的异源甚至异构数据。例如，大数据分布式定向抓取技术可以利用主题抓取算法分布式，并行地抓取异构数据源中的所需数据，成为后续联机分析处理、数据挖掘的基础。还可以将实时采集的数据作为流计算系统的输入，进行实时处理分析。

2. 数据预处理技术

大数据预处理是指在数据挖掘分析前对数据进行一些必要的清洗、去噪、去重，以达到去伪存真的目的[5]。在数据采集环节获取的数据通常包含很多“脏数据”。“脏数据”是指对实际业务毫无意义、格式非法、数值错误、超出给定范围或存在逻辑混乱的数据。通过数据预处理可以补全数据的缺失值，纠正错误的数据，去除多余、重复的数据，使数据更加规范。通过与历史数据对照，还可以从多个角度验证数据的全面性和可信性。数据预处理的常见方法有数据清洗、数据集成、数据转换、数据归约。

3. 数据存储技术

大数据的一个显著特征是数据量巨大，并且种类和来源多样，存储管理复杂。因此，在大数据时代，必须解决海量数据的高效存储问题，实现低成本、低能耗、高可靠性目标，通常需要综合利用分布式文件系统、数据仓库、关系数据库、NoSQL 数据库等，对结构化、半结构化和非结构化的海量数据进行存储与管理。

4. 数据处理技术

大数据的分布式处理技术与存储形式、业务数据类型等密切相关。目前针对大数据处理的主要计算模型有 MapReduce 分布式计算框架、分布式内存计算系统、分布式流计算系统等。MapReduce 是一个批处理的分布式计算框架，可以对海量数据进行并行分析与处理。以 Spark 为代表的分布式内存计算系统可以有效减少数据读写和移动的开销，提升大数据处理性能。以 Storm 为代表的分布式流计算系统可以对数据流进行实时处理，保障大数据的时效和价值[6]。

对于大数据的处理，除了选择分布式处理与计算系统，还需要使用高效的大数据分析与挖掘算法，以提高大数据的价值、可用性、时效性和准确性。在进行大数据处理时，需要根据大数据的类型、需求选择合适的数据处理方法。目前，大数据的处理普遍采用以深度学习为代表的 AI 算法等。深度学习是机器学习领域的一个研究方向，它通过建立用于分析学习的多层次深度神经网络，组合低层特征形成更加抽象的高层属性或特征，发现数据的分布式特征表示。

5. 数据查询技术

大数据查询技术是指利用分布式计算、并行处理、数据压缩、索引技术和优化算法等手段，实现对海量数据集中信息的高效查询和检索。这些技术通常涉及分布式存储系统，如 Hadoop HDFS、Apache HBase 等，以实现数据的高可用性、容错性和扩展性。同时，大数据查询技术紧密结合数据仓库技术，如 Apache Hive。Apache Hive 提供了类似 SQL 的查询语言和数据仓库功能，可以方便地进行数据查询、汇总和分析操作。综合利用这些技术，可以帮助用户从大数据中快速地提取有价值的信息，并支持各种复杂的查询和分析需求。

3.2 大数据关键技术

3.2.1 大数据采集方法

大数据采集处于大数据生命周期中的第一个环节，是大数据分析至关重要的一个环节，也是大数据分析的入口。传统的数据采集来源单一，且存储、管理和分析的数据量相对较少，大多采用关系型数据库和并行数据仓库即可处理。在依靠并行计算提高数据处理速度方面，传统的并行数据库技术追求的是高度一致性和容错性，从而难以保证其可用性和扩展性。

大数据采集过程的主要特点和挑战是并发数高，因为可能同时有成千上万名用户进行访问和操作。例如，火车票售票网站和淘宝的并发访问量在峰值时可达到上百万人次，所以在采集端需要部署大量数据库才能对其形成支撑，在这些数据库之间进行负载均衡和分片时需要深入地思考和设计。

结合传统数据体系和新数据体系，可以将数据分为以下 5 种类型。

（1）业务数据：包括消费者数据、客户关系数据、库存数据、账目数据等。

（2）行业数据：包括车流量数据、能耗数据、PM2.5 数据等。

（3）内容数据：包括应用日志、电子文档、机器数据、语音数据、社交媒体数据等。

（4）线上行为数据：包括页面数据、交互数据、表单数据、会话数据、反馈数据等。

（5）线下行为数据：包括车辆位置和轨迹、用户位置和轨迹、动物位置和轨迹等。

数据主要来源如下。

（1）企业系统：如客户关系管理系统、企业资源计划系统、库存系统、销售系统等。

（2）机器系统：如智能仪表、工业设备传感器、智能设备、视频监控系统等。

（3）互联网系统：如电商系统、服务行业业务系统、政府监管系统等。

（4）社交系统：如微信、QQ、微博、博客、新闻网站、朋友圈等。

以上数据来源与数据类型的关系如图 3-2 所示。

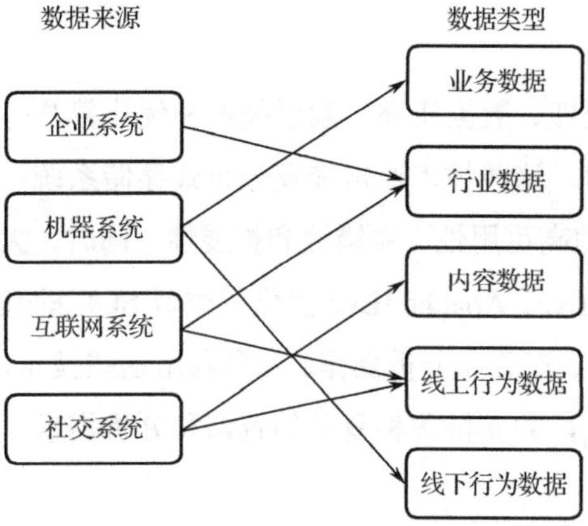

图 3-2　数据来源与数据类型的关系

根据数据来源的不同，大数据采集方法也不相同。但是，为了能够满足大数据采集的需要，大数据采集都使用了大数据处理模式，即 MapReduce 分布式并行处理模式或基于内存的流式处理模式。针对不同的数据来源，大数据采集方法有以下几类。

（1）数据库采集。传统企业会使用传统的关系型数据库 MySQL 和 Oracle 等存储数据。随着大数据时代的到来，Redis、MongoDB 和 HBase 等 NoSQL 数据库也常用于数据的采集。企业通过在采集端部署大量数据库，并在这些数据库之间进行负载均衡和分片，完成大数据采集工作。

（2）系统日志采集。系统日志采集主要是收集企业业务平台日常产生的大量日志数据，供离线和在线的大数据分析系统使用。高可用性、高可靠性、可扩展性是系统日志采集工具的基本特征。系统日志采集工具均采用分布式架构，能够满足每秒数百 MB 的日志数据采集和传输需求。

（3）网络数据采集。网络数据采集是指通过网络爬虫或网站公开 API 等方式从网站上获取数据信息。网络爬虫会从一个或若干初始网页的 URL 开始，获得各网页上的内容，并且在抓取网页内容的过程中，不断从当前页面抽取新的 URL 放入队列，直到满足设置的停止条件为止。这样可以将非结构化数据、半结构化数据从网页中提取出来，存储在本地的存储系统中。

（4）其他数据采集（感知设备数据采集等）。感知设备数据采集是指通过传感器、摄像头和其他智能终端自动采集信号、图片或录像以获取数据。大数据智能感知系统需要实现对结构化、半结构化、非结构化的海量数据的智能识别、定位、跟踪、接入、传输、信号转换、监控、初步处理和管理等。其关键技术包括针对大数据源的智能识别、感知、适配、传输、接入等。

3.2.2　大数据预处理内容

初步采集的数据大多是不完整、不一致的“脏数据”，无法直接用来存储、管理、分析、处理、挖掘等后续操作步骤。为了避免影响后续操作步骤，需要用到整个大数据关键技术中最容易被忽略却极其重要的一项——大数据预处理。

原始数据中往往存在如下几个问题。

（1）不完整：缺少属性值或仅包含聚集数据。

（2）含噪声：包含错误或存在偏离期望的离群值。

（3）不一致：数据记录的规范性和逻辑性不合规或与其他数据集合不一致。

人们在使用数据的过程中往往会对数据提出一致性、准确性、完整性、时效性、可信性、可解释性等要求。大数据预处理主要包括数据清洗、数据集成与转换、数据规约 3 项内容。

1. 数据清洗

数据清洗是保证数据质量的重要手段之一。并不是所有采集的数据都是有价值的，有些数据并不是人们所关心的内容，有些甚至是完全错误的干扰项。因此，要对数据进行过滤、去噪，从而提取出有效的数据。

数据清洗主要包含以下内容。

（1）遗漏值处理。可用全局常量、属性均值、可能值填充或直接忽略某数据等方法进行遗漏值处理。

（2）噪声数据处理。可用分箱、聚类、计算机人工检查和回归等方法去除噪声。

（3）不一致数据处理。对于不一致数据，可以进行手动更正。

2. 数据集成与转换

数据集成是指把多个数据源中的数据整合并存储到一个一致的数据库中。在这一过程中需要着重解决 3 个问题：模式匹配、数据冗余、数据值冲突。

（1）模式匹配。由于来自多个数据集合的数据在命名上存在差异，因此等价的实体常具有不同的名称。如何更好地对来自多个实体的不同数据进行匹配是处理数据集成需要解决的首要问题。

（2）数据冗余。数据冗余可能来源于数据属性命名的不一致。在解决数据冗余的过程中，可以利用皮尔逊积矩来衡量数值属性，绝对值越大，表明两个属性之间的相关性越强。对于离散型数据，可以利用卡方检验来检测两个属性之间的关联。

（3）数据值冲突。数据值冲突主要表现为来源不同的统一实体具有不同的数据值。

为了更好地挖掘数据源中的数据，数据转换是必需的。其主要过程有平滑、聚集、数据泛化（使用高层的概念替换低层数据或原始数据）、规范化及属性构造等。

3. 数据规约

假设根据业务需求，从数据仓库中获取了分析所需要的数据集，这个数据集可能非常庞大，而在海量数据上进行数据分析和数据挖掘的成本极高。使用数据规约技术可以实现数据集的规约表示，使数据集变小的同时尽可能保持原数据的完整性。在规约后的数据集上进行挖掘，依然能够得到与使用原数据集近乎相同的分析结果。现有的数据规约方法如下。

（1）数据聚合：如构造数据立方。

（2）消减维数：如通过相关分析消除多余的属性。

（3）数据压缩：如利用编码方法（如最小编码长度或小波）压缩数据。

（4）数据块消减：如利用聚类或参数模型替代原有数据。此外，利用基于概念树的泛化也可以实现对数据规模的削减。

以上这些数据预处理方法并不是相互独立的，而是相互关联的。例如，消除数据冗余既可以被视为某种形式的数据清洗，也可以被视为一种数据规约。

3.2.3 大数据存储系统的类型

大数据存储技术是一组用于有效存储和管理大规模数据集的技术。这些技术旨在应对大数据的多样性、复杂性和高容量特性，以便进行数据分析、数据挖掘和有价值信息的提取。随着结构化数据量和非结构化数据量的持续增加及数据来源的日益多样化，传统的存储系统已经不能满足大数据存储的要求。由于大数据处理带来了全新的挑战，硬件的发展需要与软件需求同步，因此大数据分析应用的需求正在塑造和推动数据存储基础设施的演进。大数据存储系统有以下几种类型。

1. 分布式文件系统

分布式文件系统，如 Hadoop HDFS、Google Cloud Storage、Amazon S3 等，将大数据分布式存储在多个物理节点上。这些文件系统具有高可用性、容错性和可扩展性等特点，适用于大规模数据的存储和处理。HDFS 是 Hadoop 框架的核心之一，因此接下来针对 HDFS 基础概念、HDFS 体系结构、HDFS 文件操作进行介绍。

1）HDFS 基础概念

数据块是 HDFS 中的基本数据单元，大文件可以被划分为多个数据块存储在不同的数据节点上。HDFS 的默认块大小通常为 128MB，但用户可以根据需要进行配置，以更好地适应不同的工作负载。更小的块适用于大量小文件，而较大的块适用于大文件的高吞吐量处理。块的大小会影响数据的存储和访问性能。较小的块可能导致存储开销增加，而较大的块可能导致数据分片不均匀。

名称节点是 HDFS 的关键组件之一，负责管理文件系统的命名空间和元数据，如文件名、权限和数据块位置。名称节点记录文件和数据块的层次结构，但不存储实际的文件数据。

数据节点是 HDFS 的另一个关键组件，它存储实际的数据块，负责数据的读取和写入操作。数据节点定期向名称节点报告其存储的数据块列表。

这些基础概念和组件对于理解 HDFS 的工作原理及如何有效地使用它非常重要。接下来探讨 HDFS 的体系结构和文件操作。

2）HDFS 体系结构

在 Hadoop 1.0 生态系统中，HDFS 采用了主从结构，一个 HDFS 集群由一个元数据节点和多个数据节点组成。其中，元数据节点充当主服务器的角色，负责管理文件系统的命名空间，处理客户端对文件的访问请求；集群中的数据节点则负责存储数据。HDFS 允许用户以文件的形式存储数据，实际上，文件被划分为多个数据块，这些数据块被存储在一组数据节点上。HDFS 1.0 体系结构如图 3-3 所示。

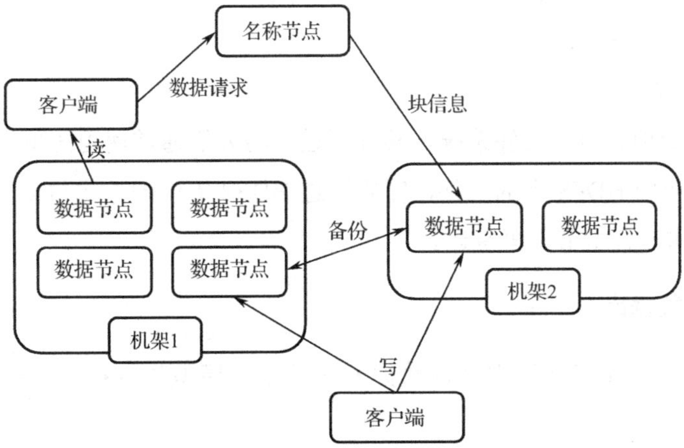

图 3-3　HDFS1.0 体系结构

在 Hadoop 2.0 生态系统中，HDFS 在 HDFS 1.0 的基础上引入了两个重要的特性：高可用性（High Availability，HA）和联邦机制（Federation）。HDFS 2.0 体系结构如图 3-4 所示。

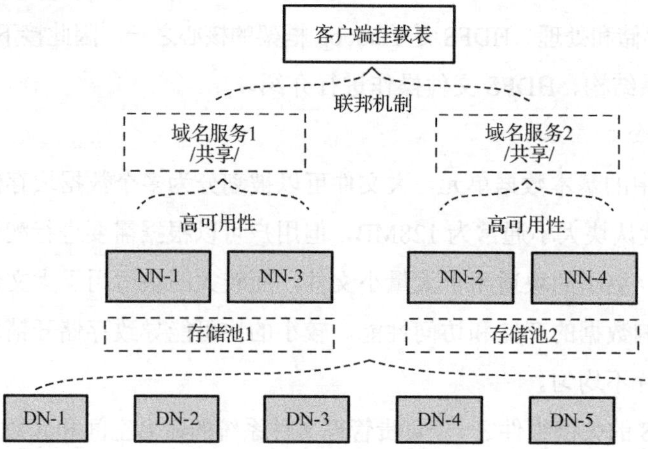

图 3-4　HDFS 2.0 体系结构

在 Hadoop 1.0 中，HDFS 存在一个关键问题，即元数据节点的单点故障问题。辅助元数据节点只能提供冷备份功能，无法提供热备份功能。也就是说，当元数据节点发生故障时，无法立即切换到辅助元数据节点并继续提供服务，需要停机进行恢复。高可用性机制的引入旨在解决元数据节点的单点故障问题。

高可用性机制通过配置活跃元数据节点和待命元数据节点解决单点故障问题。待命元数据节点实时同步活跃元数据节点的信息，实现快速切换，并通过 ZooKeeper 组件监测元数据节点的状态，确保拥有唯一活跃元数据节点。集群管理包括监控和控制，协助节点注册和运行状态监控。此外，Hadoop 1.0 中的 HDFS 在可扩展性、系统性和隔离性上存在一些问题，因此在 Hadoop 2.0 中引入了联邦机制来解决这些问题。在 HDFS 联邦机制中，多元数据节点水平扩展，各自管理命名空间和数据块。元数据节点定期发送处理命令，实现独立服务并共享存储资源。

3）HDFS 文件操作

HDFS 作为一种分布式文件系统，其读写过程与人们通常使用的单机文件系统有着显著的差异。为了访问 HDFS 上的文件，需要通过 HDFS 提供的方式与文件进行交互。关于 HDFS 的读写操作流程本节不再赘述。

2．NoSQL 数据库

传统关系型数据库在处理大规模数据和复杂数据模型时存在一些明显的限制，具体如下。

- 数据模型与应用不匹配。传统关系型数据库需要严格的表结构定义，与应用程序的数据模型并不总是一致的。这种不一致导致了数据模型的复杂性，限制了数据模型开发和维护的灵活性。
- 固定模式的限制。关系型数据库使用固定的模式（表和列）来存储数据，难以适应数据模型的变化。新增字段或更改表结构的工作量通常很大，导致开发周期延长。

- 扩展性问题。传统关系型数据库在大规模数据存储和高并发访问方面存在限制。随着数据量的增加，传统关系型数据库的性能可能会下降，从而无法满足高扩展性的需求。

为了克服传统关系型数据库的限制，NoSQL 这一概念应运而生。NoSQL 数据库是一种灵活的数据库管理系统，它不要求使用固定的表结构，能够有效处理大规模数据和半结构化数据，并具有较高的扩展性和性能。

1）NoSQL 数据库的特点

NoSQL 数据库具有以下几个特点，这些特点使其在大数据环境下具备独特的优势。

（1）非关系型数据模型。NoSQL 数据库不同于传统关系型数据库的数据模型，主要包括以下几种。①键值存储：数据以键值对的形式存储，适用于快速读写操作。②列族存储：数据以列族和列的方式组织，适用于大规模数据集。③文档存储：数据以文档（如 JSON 或 XML）的形式存储，适用于半结构化数据。④图形数据库：数据以图形结构存储，适用于处理复杂的关系。

（2）分布式和高可扩展性。NoSQL 数据库具有分布式特性，支持高可扩展性。分布式体系结构将数据存储在多个节点上，实现数据的分布式管理，提供容错性和高可用性。

（3）高性能和低延迟。NoSQL 数据库注重高性能和低延迟，以满足实时数据处理需求。NoSQL 数据库具备高效的数据存取操作、较快的写入和读取速度，适用于高吞吐量和低延迟的应用。

（4）灵活的数据模型。NoSQL 数据库提供了灵活的数据模型，以适应不同类型的数据和应用需求。动态模型无须事先定义表结构，允许动态添加和删除字段，以适应数据模型的变化。半结构化数据模型能够处理半结构化，如 JSON 数据、XML 数据等，适用于多样化的数据格式。一些 NoSQL 数据库引入了非 SQL 的查询语言，以适应特定的数据模型，能够简化数据查询和分析。

关系型数据库与非关系型数据库的比较如表 3-1 所示。

表 3-1　关系型数据库与非关系型数据库的比较

对　比　项	非关系型数据库	关系型数据库
定义	（1）无标准定义 （2）数据模型主要包括键值存储、列族存储和文档存储等	（1）创建在关系模型基础之上，借助集合代数的概念与方法来处理数据库中的问题 （2）关系模型由关系数据结构、关系操作集合、关系完整性约束 3 部分组成
接口语言	（1）无统一标准 （2）包括各自定义的 API、类 SQL、MR 等	利用 SQL 对数据库中的数据进行查询、操作与管理
典型案例	HBase、MongoDB、Redis 等	Oracle、DB2、Sybase、SQL Server 等

2）NoSQL 数据库的主要存储方式

NoSQL 数据库采用多种不同的数据存储方式，每种方式都具有独特的特点和适用场景。

（1）键值存储。键值存储是一种基本的数据存储方式，数据以键值对的形式存储，其中键是唯一标识数据的值。键值存储适用于需要进行快速读写操作和简单的数据结构。一个键值对与地址、地址内容一一对应。

键值存储通过对键的一致性查询获取数据，其主要特点如下。

① 通过键直接访问数据，具有快速的读写性能。

② 数据以简单的键值对形式存储，适用于基本数据结构，能够有效减少读写磁盘的次数，比 SQL 数据库存储拥有更高的读写性能，依赖客户端对值进行解释和管理。

③ 键值对可以被创建或删除，键的值可以被更新。

④ 对不同的编程语言而言，键值存储与哈希表类似。

⑤ 键值存储的值中可以存储大量信息。值可以是一个 XML 文档，也可以是其他任何序列化形式。

键值存储有多种应用场景：分布式会话管理用于存储用户会话信息；计数器用于跟踪计数和统计信息。常见的键值存储数据库包括 Redis、Amazon DynamoDB、Apache Cassandra 等。

（2）列族存储。列族存储是一种面向列的数据存储方式，数据以列族和列的形式组织。列族存储适用于大规模数据集和需要高可扩展性的场景。

列族存储能够高效地存储数据，只在存在列值时进行存储，有效地避免了空间浪费，可以减少冗余。列族存储中有 3 个关键概念：列族、超列和列。与传统数据库不同，列族和超列在数据库中不占据实际存储空间，也就是说，如果它们为空，则它们的存储开销为零字节。列族类似传统数据库中的表，但在列族中，唯一的定义是名称和键排序选项。

① 列族：一个列族中的所有数据都将保存在相同的文件中，一个列族可以容纳多个超列或列。

② 超列：一个字典，是一个包含其他列的列，但不能包含另一个超列。

③ 列：由名称、值和时间戳组成，可以忽略时间戳，将列当作一个键值对。

与传统关系型数据库不同，列族数据库的唯一定义仅包括名称和键排序选项，没有固定的模式。由于数据根据列族的排序顺序存储，排序方式只能是升序或降序，而键决定了数据的物理存储位置。列族数据库的排序顺序不受列值的影响，而受列名的影响。在实际存储中，物理上一条数据的列族并不相互隔离，同一行键的所有数据存储在一起。列族代表成员列的键，行键则代表整条数据的键。

传统关系型数据库主要采用行存储模式，大数据的高效存储与访问要求引发了从行存储模式向列存储模式的转变。行存储模式与列存储模式的比较如表 3-2 所示。

表 3-2 行存储模式与列存储模式的比较

对 比 项	行存储模式	列存储模式
存储	一行中各列一起存放，单行集中存储	一行中各列独立存放，单列集中存储
索引效率	海量数据索引占用大量空间，索引效率随着数据量的增长越来越低	基于列自动索引，大数据查询效率高，不产生额外存储
空间效率	同一行不同列的数据类型不同，压缩效率低，空置列依然占据空间	列如同数据类型，压缩效率高，空置列不占据空间
I/O	查某列时必须读出整行，I/O 负荷高、速度慢	只需读出某列数据，I/O 负荷低、速度快
结构	表结构改变后影响很大	可以随时动态增加列
适用场景	数据写入后需要修改和删除，基于行的反复查询，多用于 OLTP 数据库	批量数据一次写入和基于少量列的反复查询，多用于 OLAP 数据库

（3）文档存储。文档存储是一种以文档为基本存储单元的存储方式，文档通常采用半结构化格式（如 JSON 或 XML）存储。文档存储适用于复杂数据模型和半结构化数据。

在文档存储中，以文档为基本单位，数据以文档的形式存储，每个文档中包含字段和值。并且文档存储支持半结构化数据，适应不同的数据格式。

（4）图形数据库。图形数据库存储顶点和边的信息，有的还支持添加注释。这种存储方式常用于建模各种事物，如社交图谱或真实世界中的对象关系。

在图领域，存在多种不同类型的图模型。根据这些图模型，属性图用节点（也称为顶点）、关系（也称为边，具有方向和类型标签）、节点和关系上的属性（也称为特性）3 种构造单元来建模。

常见的图形数据库包括 Neo4j、InfoGrid 和 Infinite Graph 等。它们通常用于构建关系图谱，在社交网络和推荐系统等领域有广泛的应用。图形数据库使图相关算法更加高效，但它的不足之处在于需要对整个图进行计算才能得出结果，分布式集群方案相对复杂。

3.2.4 MapReduce 处理框架

大数据处理技术是一系列用于有效处理和分析大规模数据集的方法、工具和框架。大数据处理技术的发展是为了应对传统数据库和数据处理工具在处理大数据时所面临的挑战，如数据量庞大、高速生成、多样性和复杂性。

1. MapReduce 概述

面对大数据挑战，谷歌于 2004 年提出了 MapReduce 模型，用于处理大规模的分布式数据。MapReduce 是一种编程模型和计算框架，旨在实现可伸缩的、高效的数据处理。谷歌开发的应用，如 Web 搜索、日志分析等，需要处理大量的数据，MapReduce 成为执行这一任务的关键工具[7]。

MapReduce 采用分布式计算的方式，可以在多个计算节点并行执行任务，大幅提高了数据处理速度。分布式计算还提供了容错性，即使某个节点失败，系统也能继续运行。

1）MapReduce 基本概念

MapReduce 是一种编程模型，它采用了两个核心函数：Map 函数和 Reduce 函数。

（1）Map 函数（映射函数）。Map 函数接收输入数据，将其转换成一系列键值对。这个函数的主要任务是将输入的数据切分成小块，并为每个块生成一组中间键值对，其中键表示数据的特定属性，值则包含相关信息。Map 函数的输出通常是无序的。

Map 函数负责将输入数据转化为中间键值对。Map 函数的输入通常是一条记录或一段数据，输出是多个中间键值对。

（2）Reduce 函数（归约函数）。Reduce 函数接收 Map 函数输出的中间键值对，并将其按照键进行分组和排序。然后，Reduce 函数对每个键值对执行特定的操作，以生成最终的结果。Reduce 函数的输出通常是有序的。

Reduce 函数负责对中间键值对进行最终的处理，生成最终的输出结果。Reduce 函数的输入是一个键及其相关的值列表，输出通常是一个或多个最终结果。

2）MapReduce 的数据处理过程

MapReduce 的数据处理过程可以分为以下 4 个阶段。

（1）数据输入。初始数据集被划分成多个数据块，每个数据块由一个 Map 任务处理。这些数据块可以来自不同的数据源，如文件系统、数据库或分布式存储系统。

（2）Map 阶段。在 Map 阶段，每个 Map 任务接收一个数据块，并将其分解成若干键值对。然后，Map 函数对每个键值对执行操作，生成中间键值对。这一阶段的 Map 任务可以并行执行，每个 Map 任务独立处理自己的数据块。

（3）Shuffle 和 Sort 阶段。中间键值对会经过 Shuffle 和 Sort 阶段，其中 Shuffle 负责将相同键的数据合并在一起，Sort 则对键进行排序。这一阶段的目的是将相同键的数据分组在一起，以便进入后续的 Reduce 阶段。

（4）Reduce 阶段。在 Reduce 阶段，每个 Reduce 任务接收一个或多个组中的中间键值对，并对它们执行 Reduce 函数定义的操作。每个 Reduce 任务独立处理自己的数据组，生成最终的输出结果。

MapReduce 作为一种分布式数据处理框架，在实际的大数据处理中拥有广泛的应用案例，如日志分析、文本处理、数据聚合、图形处理等，也可以和机器学习相结合，用于大规模的模型训练和数据分析，可以实现并行的特征提取、模型训练和预测等任务，如大规模数据挖掘、模型训练、图像识别、自然语言处理等。

2. 分布式内存处理框架 Apache Spark

在大数据领域，分布式计算框架是必不可少的工具，它们允许处理大规模数据集，并且可以在多台计算机上并行执行任务，其中一个强大的分布式计算框架就是 Apache Spark。

Apache Spark 是一个快速、通用的分布式内存处理框架，它提供了用于处理大规模数据的强大工具和库。Apache Spark 的出现革命性地改变了大数据处理的方式，使开发人员能够更容易地处理和分析大数据集，而无须关心底层的分布式计算细节。

3. 实时大数据处理框架

实时大数据处理框架是设计用于实时或准实时处理和分析大数据量的软件系统。这些框架提供了对数据流进行摄取、处理和分析的能力，具有低延迟和高吞吐量的特点。以下是一些知名的实时大数据处理框架。

（1）Apache Spark Streaming（Spark 流式处理）。Apache Spark Streaming 是 Apache Spark 处理引擎的扩展，它能够对数据流进行可扩展、高吞吐量、容错的流式处理。它提供了一个简单而统一的编程模型，适用于批处理和流处理任务，适用于各种实时分析用例。

（2）Apache Flink。Apache Flink 是一个开源的流处理框架，为流式数据提供高吞吐量、低延迟和精确一次处理语义能力。Apache Flink 支持事件驱动、有状态计算，并提供丰富的 API 和库，用于构建复杂的流处理应用[8]。

（3）Kafka Streams（Kafka 流处理）。Kafka Streams 是建立在 Apache Kafka 分布式消息系统之上的流处理库。Kafka Streams 可以让开发人员直接在 Kafka 生态系统中进行实时流处理，使用 Kafka 的可伸缩性、容错性和消息队列功能。

3.2.5 分布式数据查询技术

分布式数据查询是一种在分布式系统中进行数据检索和查询的技术。随着大数据技术的发展，传统的单机数据库系统往往无法满足海量数据的存储和查询需求，因此分布式数据查询技术应运而生。在分布式数据查询中，数据通常存储在多个节点上，查询操作在这些节点上并行进行，以提高查询效率和处理能力。随着分布式数据查询技术的不断发展，大数据应用中涌现出了越来越多的相关组件。

例如，Hive 作为分布式数据库，与 HDFS 紧密集成，可以提供庞大的存储容量，并支持大规模数据处理和查询；Druid 专注于时序数据仓储，提供支持低延迟数据写入和快速交互式查询的分布式联机分析处理数据库，具备出色的数据聚合和实时查询能力；Drill 是一个分布式实时查询引擎，以大规模并行处理为基础，能够实现低延迟的分布式海量数据交互式查询。这些组件共同构建了强大的分布式数据查询生态系统，为大数据应用的实现和运行提供了关键支持。

1. Hive

Hive 是一个建立在 Hadoop 之上的数据仓库工具，用于对大规模数据进行查询和分析。它提供了类似 SQL 的查询语言 HiveQL，使用户可以使用熟悉的 SQL 语法来查询和操作数据。Hive 将数据存储在 HDFS 上，并利用 MapReduce 等分布式计算框架来执行查询任务。Hive 能够处理大规模数据集，并支持分区、索引、压缩等功能，使用户可以高效地进行数据处理和查询操作。

2．Druid

Druid 是一种专门用于处理时序数据的开源分布式 OLAP 数据库。它主要用于实时数据分析和查询，提供低延迟数据写入和快速交互式查询功能。Druid 能够处理大量的实时数据，并支持对数据进行快速的聚合和分析。它采用列存储和索引技术来提高查询性能，同时支持灵活的数据切片和分区，使用户可以方便地进行复杂的数据分析和查询操作[9]。

Druid 适用于各种实时数据分析和查询场景，包括但不限于实时监控、日志分析、传感器数据分析、业务智能等。

3．Drill

Drill 是一个开源的分布式实时查询引擎，核心是 DrillBit 服务。它主要负责接收客户端请求，处理查询，并将结果返回客户端。DrillBit 能够被安装和运行在 Hadoop 集群中有需要的节点上并形成一个分布式环境。当 DrillBit 运行在集群的每个节点上时，能够最大限度地实现数据的本地化执行，并能够最大化地执行查询而不需要在网络和节点之间移动数据。

3.3 大数据赋能数字经济

对数字经济而言，大数据技术具备且不限于如下重要意义。

（1）促进个性化服务和产品创新。大数据技术能够帮助企业更好地理解客户需求和行为模式，进而提供个性化的服务和产品。这种个性化体验提高了客户满意度和忠诚度，对企业品牌建设和市场竞争力的提升至关重要。

（2）优化供应链管理。通过分析大数据，企业能够实时监控和预测供应链中的各个环节，如原材料供应、生产进度、库存水平和物流配送等，从而实现供应链的优化管理，提高效率，降低成本。

（3）提高营销效率。大数据技术让企业能够精准识别目标客户群体，了解他们的喜好和需求，进而实施更加精准的市场营销策略。通过数据分析，企业可以评估不同营销渠道和营销手段的效果，优化营销资源配置，提高投资回报率。

（4）强化风险管理和决策支持。大数据技术通过对历史数据的深入分析，帮助企业预测未来趋势，识别潜在风险，从而在决策过程中降低不确定性。此外，实时数据分析还能支持企业快速响应市场变化，把握时机。

（5）推动创新和新业态的发展。大数据技术本身及其应用推动了新技术和新业态的发展，如云计算、人工智能、区块链等。这些新技术的融合应用进一步拓展了数字经济的边界，促进了经济增长模式的创新。

3.3.1 大数据技术支持产品推荐

大数据技术使企业能够为客户提供个性化的产品和服务，提高客户满意度。在企业的推荐系统场景中，大数据平台能够帮助企业快速识别用户特征，通过批处理、流处理、交互式查询等大数据技术，实时获取用户行为数据并进行产品推荐。

应用案例如下。

手淘推荐的快速发展源于 2014 年阿里巴巴“All in 无线”战略的提出。在无线时代，手机屏幕变小，用户无法同时浏览多个视窗，交互变得困难。在这种情况下，手淘借助个性化推荐来提高用户在无线端的浏览效率。经过近几年的发展，手淘推荐已经成为手淘 App 上最大的流量入口，每天服务数亿名用户，成交量仅次于手淘搜索，成为手淘 App 成交量的第二大入口。

手淘 App 的推荐数据主要包括描述型数据（如用户画像）、关系型数据（如二部图或稀疏矩阵）、行为序列和图数据等。基于用户行为序列的推荐模型在手淘商品推荐中的应用最为广泛，图模型则是近两年发展较快的模型，因为序列通常只适用于同构的数据，而在手淘 App 中，用户的行为有很多种，如看视频、搜索关键词等，通过 Graph Embedding 等技术可以将异构图数据对齐或进行特征融合。

数据样本主要包含两部分元素：标签和特征。在手淘推荐中，标签一般有曝光、点击、成交和加购等；特征则比较多，如用户自己的特征、用户上下文特征、商品本身的特征及两两组合特征等。将用户的特征和行为日志做连接，就形成了样本表，将这些样本表按照稀疏矩阵的方式进行存储，一般按天或时间片段形成表格。样本生成需要占用很大一部分离线计算资源。样本生成、预测、分析流程如图 3-5 所示。

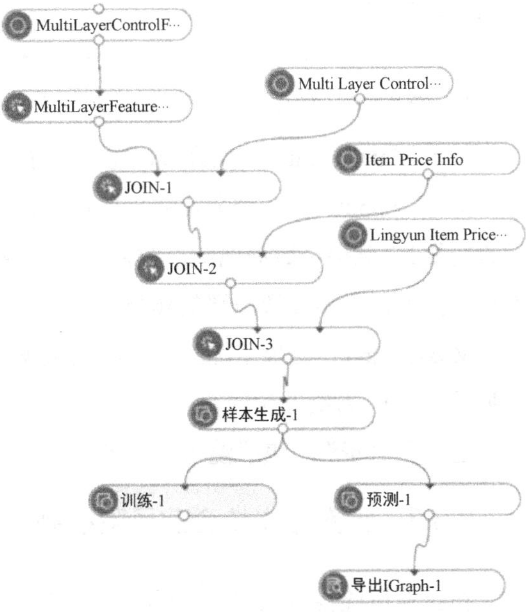

图 3-5 样本生成、预测、分析流程

基于不同大数据技术应用的模式，可以大幅减少这部分离线计算占用的资源。离线计算主要有 3 种模式，即批处理、流处理和交互式查询。批处理中比较典型的是 MapReduce，其特点是数据延迟高但并行能力强，适合进行数据离线处理，如小时/天级别特征计算、样本处理和离线报表等。流处理的特点是数据延迟低，因此非常适合进行事件处理，如用户实时点击、实时偏好预测、在线学习的实时样本处理和实时报表等。交互式查询则主要用于数据可视化和报表分析。

3.3.2 大数据技术支持企业降本增效

在企业的存储场景中，大数据处理技术能够在极大程度上降低计算消耗和存储消耗。针对大数据时代日益增加和复杂的数据存储需求，大数据技术的发展可以帮助企业降本增效，迎合时代需求。

应用案例如下。

优酷平台在发展过程中，用户数和表数据呈指数级增长。2017 年 5 月，当优酷完成整个 Hadoop 向 MaxCompute 的迁移后，其计算和储存的消耗实际上呈下降趋势，整个迁移获得了非常大的收益。

优酷平台的业务具备以下几个特点。

（1）用户复杂。不只数据人员和技术人员使用大数据平台，商业智能（Business Intelligence，BI）、测试人员甚至产品运营人员也可能使用大数据平台。

（2）业务复杂。优酷是一个视频网站，它有非常复杂的业务场景，从日志分类上看，除了页面浏览，还有一些与播放相关的数据、与性能相关的数据。从整个业务模式上看，有直播、会员、广告、大屏等不同的场景。

（3）数据量巨大。一天的日志量达到千亿级别，这是一个非常庞大的数据量，平台会对这些数据做非常复杂的计算。

（4）平台成本高。优酷有非常严格的预算系统，但是在一些特殊的时间节点，如“双十一”、世界杯、春节等期间，会有更多的计算资源需求，对计算资源的弹性要求非常高。

经过 MaxCompute 框架升级，能够很好地解决上述业务特点带来的大数据平台的问题。

MaxCompute 有一个非常完整的链路，从数据开发、数据运维（包括数据集成、数据质量管控），到整个数据地图、数据安全、数据产出及一些基础的业务需求，MaxCompute 都可以满足，不需要数据端的额外协同。

MaxCompute 支撑了优酷 EB 级的数据存储、千亿级的数据样本分析，包括千亿级的数据报表、10 万级实例的并发任务，能够支持优酷平台庞大的数据量计算。

通过分时资源、集群混布等技术，MaxCompute 能够很好地支持弹性的计算资源需求。

3.3.3 大数据支持企业风险控制

在企业风险控制（以下简称“风控”）场景中，大数据技术发挥着至关重要的作用，尤其是在金融、网络安全和供应链管理等方面。通过利用大量的数据分析，机构能够更精确地识别、评估和预测潜在风险，从而采取更有效的预防措施来降低损失。

应用案例如下。

2019 年“双十一”期间，阿里风控保护了约 388 亿人次消费者的操作行为，同时挡住了约 22 亿次恶意攻击。阿里巴巴使用 Apache Flink 作为其近线处理引擎的底层核心，体现了该公司在大数据处理技术上的前沿布局和创新能力。Apache Flink 是一个高性能、可扩展的流处理和批处理框架，支持事件驱动、精确的状态管理和容错机制。以下是一些与阿里巴巴使用 Apache Flink 相关的技术细节。

1. 实时数据处理与分析

Apache Flink 的强大之处在于其对实时数据流的处理能力。阿里巴巴将其用于支持高吞吐量和低延迟的数据处理需求，如实时推荐系统、实时监控和异常检测系统。Apache Flink 能够处理数据流中的每个事件，支持复杂的事件时间处理和窗口操作，这对需要快速决策和响应的应用场景来说至关重要。

2. 状态管理和容错

Apache Flink 提供了领先的状态管理能力，允许开发者在分布式环境中处理大规模状态数据，同时确保状态的一致性和容错性。阿里巴巴利用 Apache Flink 的这一特性，保证即使出现网络延迟或机器故障，数据处理任务也能够正常运行，且不会丢失重要的状态信息。Apache Flink 的检查点机制和精确一次处理语义保证了数据处理的准确性与可靠性。

3. 动态调整和优化

Apache Flink 支持动态调整并行度和资源分配，这使阿里巴巴能够根据实际负载情况优化资源使用，提高系统的整体效率。此外，Apache Flink 的流式 SQL 和 Table API 为开发者提供了灵活而强大的数据查询和分析工具，简化了复杂数据处理逻辑的实现步骤。

在这个令人印象深刻的案例中，阿里巴巴利用先进的大数据分析技术，不仅成功保护了消费者的交易安全，也显著提高了其电商平台的信任度和用户满意度。这一成就体现了大数据技术在风险管理和网络安全领域的巨大潜力。通过实时监控和分析用户行为数据，阿里巴巴能够及时识别异常行为，有效防范了各种网络诈骗和恶意攻击，确保了平台的稳定运行和用户资金的安全。

随着大数据技术的不断进步，风控的重要性日益突出，风控成为大数据领域不可或缺的一环。企业和组织必须建立有效的风险管理框架，识别和评估与大数据使用相关的潜在风险，如数据泄露、数据误用和安全攻击等。实施严格的数据治理和风险控制措施不仅可以保护个人隐私与数据安全，还可以促进大数据技术的健康发展，最终实现数据价值最大化。

大数据技术已经成为数字经济不可或缺的驱动力量。通过对大量数据的分析和应用，企业能够更好地满足用户需求，提高运营效率，增强竞争力。随着技术的不断进步和应用领域的不断扩展，大数据将继续在数字经济发展中发挥关键作用，推动经济向更加智能化、个性化的方向发展。

3.4 大数据带来的道德伦理和社会问题

3.4.1 个人隐私保护

大数据技术已经成为现代社会不可或缺的一部分，它通过分析海量数据集合，帮助企业和组织做出更加精准的决策，为经济发展和社会进步带来了巨大的推动力。然而，在享受大数据带来的便利的同时，我们必须面对隐私保护的挑战。在数据收集、存储和分析过程中可能涉及敏感的个人信息，若处理不当，可能导致隐私泄露甚至滥用，给个人和社会带来严重的后果。

AT&T 公司是美国最大的电信运营商之一，其市值最高接近 3000 亿美元。该公司由电话发明人亚历山大·贝尔（Alexander Bell）创建于 1877 年，总部曾经位于美国得克萨斯州圣安东尼奥市，2008 年搬到了得克萨斯州北部大城市达拉斯。该公司曾长期垄断美国长途和本地电话市场。目前，AT&T 公司的无线 5G 网络覆盖全美约 2.9 亿人口，是美国最大的移动和互联网服务提供商之一。在 2023 年《财富》世界 500 强中，AT&T 公司位居第 78 位，营收超过 1200 亿美元，净利润超过 140 亿美元。目前，AT&T 市值为 1252 亿美元。

2024 年 3 月，AT&T 公司宣布其正在调查一起持续多周的数据泄露事件，该事件涉及数千万名客户，他们的数据被发布到“暗网”上。

所谓“暗网”，是指隐藏的网络，普通网民无法通过常规手段搜索访问，需要使用一些特定的软件、配置或授权等才能登录。“暗网”具有匿名性等特点，容易滋生以网络为勾连工具的各类违法犯罪活动。

AT&T 公司在一份声明中表示，此次数据泄露涉及该公司约 760 万名当前客户和约 6540 万名前客户，总计约 7300 万个账户的信息。泄露的内容可能涉及客户姓名、邮箱地址、社会安全号码、登录账号和密码等个人信息。

AT&T 公司表示，此次数据泄露并未对公司运营产生重大影响。公司已重置 760 万名受影响的当前客户的密码，并且正在积极联系这些客户及数据遭到泄露的 6540 万名前客户。

AT&T 公司经过初步调查后发现，被泄露的数据大约来自 2019 年或更早。AT&T 公司表示，其内部调查尚未发现“对其系统的未经授权访问导致数据集泄露”的证据。该调查尚处于早期阶段，且得到了内部和外部网络安全专家的支持。目前，AT&T 公司尚未确定泄露源头，无法确认这些数据来自第三方供应商还是其自身系统。

而早在 2023 年 1 月，AT&T 公司就发生了一起数据泄露事件，涉及约 900 万名客户的账户，此次事件泄露了客户专有网络信息，包括账户上的线路数量或无线套餐等数据。此外，客户的个人身份信息如名字、无线账号、无线电话号码和电子邮件地址也被泄露。在某些情况下，黑客还获取了客户的其他信息，如每月支付金额、往期金额、套餐名称及每月收费或使用分钟数。不过这次数据泄露事件没有涉及信用卡信息、社会安全号码或账户密码，AT&T 公司的系统也没有被入侵。

由此可见，建立健全的数据保护机制和隐私保护政策非常重要。这不仅能够保障个人信息安全，也有助于提升公众对使用大数据技术的信心。

3.4.2 “大数据杀熟”

大数据时代，我们可以更快、更精准地找到自己想要的信息，同时越来越难以躲开暗藏的算法陷阱。大数据的发展带来的其中一个伦理道德和社会问题，就是“大数据杀熟”。

“大数据杀熟”是指对于同样的商品或服务，不同客户看到的价格不同。2018 年 3 月，“大数据杀熟”这个词进入公众视野，不过这一现象或已持续多年。有数据显示，国外一些网站早就有之。2020 年 9 月 15 日，央视二套财经频道点名在线旅游平台的“大数据杀熟”现象，报道中提到在线旅游平台针对不同消费特征的旅游者，对同一产品或服务在相同条件下设置差异化的价格。2020 年 12 月，有网友发布了一篇题为“我被美团会员割了韭菜”的文章。该文章指出，美团外卖存在会员与非会员位于同一送餐地址，从同一外卖商户处订餐，但会员的配送费高于非会员的配送费的情况。同年 12 月 17 日，针对网友反馈的“会员和非会员配送费差异”问题，美团外卖回应称，文章中提到的配送费差异与会员身份无关，是定位缓存偏差导致的。2021 年 1 月，新华社发布《中消协：“大数据杀熟”如何影响消费者权益？》，指出网络消费领域算法应用中存在一些问题，其结果直接或间接影响消费者的消费决策和消费行为，消费者应提高警惕。2021 年 3 月 3 日，复旦大学教授孙金云在“手机打车软件打车”调研中，称使用不同系统（iOS 和 Android）的手机打车的价格不一样，从而将“大数据杀熟”这一话题推上风口浪尖。在上海 12345 市民服务热线中，“大数据杀熟”现象仍是市民的投诉热点。“饿了么”外卖平台暗藏的“区别对待”饱受市民吐槽。2021 年 3 月 15 日，“新华视点”记者发现一些互联网平台依然普遍存在不同程度的“杀熟”行为，涉及出行、餐饮等多个生活领域。

2020 年 8 月 20 日，文化和旅游部发布了《在线旅游经营服务管理暂行规定》，该规定自 2020 年 10 月 1 日起施行。该规定明确了在线旅游经营者不得滥用大数据分析等技术手段侵犯旅游者的合法权益。同年 11 月 10 日，国家市场监督管理总局发布《关于平台经济领域的反垄断指南（征求意见稿）》。2021 年 2 月 7 日，国务院反垄断委员会发布《关于平台经济领域的反垄断指南》，对消费者反映较多的“大数据杀熟”等问题做出了专门规定。2021 年 4 月 13 日，国家市场监督管理总局会同中共中央网络安全和信息化委员会办公室、国家税务总局召开互联网平台企业行政指导会。会议指出，必须严肃整治“大数据杀熟”问题。2021 年 8 月 17 日，《中华人民共和国个人信息保护法（草案）》提请全国人民代表大会常务委员会会议三审，对禁止“大数据杀熟”等内容做出了规定。2021 年 11 月 1 日，我国第一部个人信息保护方面的专门法律——《中华人民共和国个人信息保护法》正式实施，为保障个人信息保护提供了有力的法律依据。

“大数据杀熟”是指商家利用消费者的信任和信息不对称套取超额利益，侵害了消费者的权益，背离了公平诚信的价值原则，也违反了相关法律规定。“大数据杀熟”的实质是经营者对算法的滥用。要想真正解决这一问题，归根到底还是要做好对平台的监管，切实优化监管举措，多管齐下，改变“人人喊打又办法不多”的局面。

案例：阿里巴巴的“双十一”购物节

大数据技术广泛应用于数字经济的各个领域，其中一个典型案例是阿里巴巴的“双十一”购物节。

阿里巴巴利用大数据分析技术，能够在“双十一”期间实时处理数以亿计的订单。这不仅包括订单的生成、支付处理、物流调度，还涉及用户行为分析、商品推荐、价格动态调整等。通过对海量数据的分析和应用，阿里巴巴能够优化供应链管理，提高物流效率，精准预测市场需求，从而大幅提升用户体验，提高销售业绩。具体来说，阿里巴巴的大数据系统可以实时跟踪和分析用户的搜索、浏览、购买行为，通过复杂的算法模型对用户兴趣进行预测，推荐个性化的商品，提高转化率。同时，大数据还能帮助商家分析销售数据、优化库存和物流、降低成本。在物流方面，阿里巴巴的菜鸟网络利用大数据技术，通过分析历史物流数据预测不同地区的包裹量，提前布局物流资源，确保在高峰期能够快速、准确地完成配送。此外，大数据技术还在防范交易欺诈、提升支付安全性等方面发挥了重要作用。通过分析交易模式和用户行为，大数据系统能够及时识别异常交易，保障交易安全。

阿里巴巴的“双十一”购物节是大数据技术在数字经济中应用的杰出代表。每年的“双十一”都会创造惊人的交易量，这背后有阿里巴巴强大的大数据处理能力和智能算法的支持。从用户行为分析、商品推荐到物流调度，每个环节都充分利用了大数据技术。大数据技术的核心在于其对海量数据的收集、存储、分析和应用能力。这些数据来自互联网、物联网、社交媒体、企业内部系统等各种渠道，内容丰富多样，形式多变。通过高效的数据处理技术，企业可以从中提取有价值的信息，支撑决策制定、产品开发、市场营销等关键业务环节。而这一切，都离不开阿里巴巴的大数据分析系统。

阿里巴巴的大数据分析是指阿里巴巴基于其平台收集的大规模、多元化数据，通过科学的方法和技术手段进行分析，获得有价值的商业洞察和决策支持。通过对用户行为、商户数据、销售数据、物流数据等进行深入挖掘和解析，阿里巴巴能够更好地理解市场趋势、消费者需求，从而优化产品和服务，提升企业竞争力。

阿里巴巴的大数据分析系统的架构从下至上依次为数据采集层、数据计算层、数据服务层和数据应用层。

- 数据采集层：以 DataX 为代表的数据同步工具和同步中心。
- 数据计算层：以 MaxCompute 为代表的离线数据存储和计算平台。
- 数据服务层：以 RDS 为代表的数据库服务（接口或视图形式的数据服务）。
- 数据应用层：包含流量分析平台等数据应用工具。

数据采集主要分为日志采集和数据库采集。阿里巴巴主要运用数据库采集（数据库同步）。数据库同步主要分为三大类：直连同步、数据文件同步、数据库日志解析同步。

阿里巴巴的数据仓库采取批量数据同步、实时数据同步两种方式。

1. 批量数据同步

批量数据同步可以实现数据格式的统一。DataX 是阿里巴巴的一款批量数据同步工具，也是一款多方向高自由度异构数据交换服务产品，其解决的主要问题是跨平台、跨数据库、跨系统的数据同步及交互。

2. 实时数据同步

实时数据同步强调的是实时性，其基本原理是通过数据库的日志（如 MySQL 的 bin-log、Oracle 的归档日志等）实现数据的增量同步传输。实时技术主要有数据采集、数据处理、数据存储和数据服务。

（1）数据采集。实时数据的处理需要进行数据的实时采集，采集源一般为数据库变更日志、引擎访问日志等。实时采集不是一条一条地采集，而是根据一些限制条件［一般是数据大小限制（如满 512KB 采集）、时间阈值限制（如每 30 秒）］进行数据采集。采集的数据需要利用一个数据交换平台（中间件）分发给下游，一般选择 Kafka 等平台。

（2）数据处理。数据处理主要有 Strom、Spark Streaming 及新兴的 Apache Flink 几种方式，阿里巴巴内部使用的是 Stream Compute。

（3）数据存储。存储数据库主要分为关系型数据库、列数据库、文档数据库等，实时的存储需要支持高并发的读写。

（4）数据服务。数据服务有 OneService 等。

大数据分析系统在阿里巴巴的业务运营中有着广泛的应用，主要涉及以下领域。

- 市场分析。通过对市场数据的深度研究和分析，阿里巴巴能够发现潜在的商机和市场需求，为企业的产品策划、营销推广和新品开发提供有力的支持。
- 用户行为分析。通过对用户行为数据的采集和分析，阿里巴巴能够洞察用户的购物习惯、偏好和需求，为用户提供个性化的产品推荐和购物体验。
- 供应链管理。通过对物流数据和供应链信息的分析，阿里巴巴能够优化商品配送和库存管理，提高供应链效率和服务质量。

- 风险控制。通过数据分析，阿里巴巴能够实时监控和预警潜在的交易风险，保障交易的安全性和可靠性。

大数据分析主要依托以下核心技术。

- 人工智能。阿里巴巴利用人工智能技术，通过机器学习和深度学习算法，对大数据进行模式识别和数据挖掘，从而提取有价值的信息和规律。
- 云计算。阿里巴巴的大数据分析依托阿里云平台，利用强大的云计算能力实现大规模数据的存储、计算和分析，保证数据的安全性和可扩展性。

大数据分析技术为阿里巴巴带来了巨大的价值和意义。

- 提升用户体验。通过大数据分析，阿里巴巴能够为用户提供个性化、精准的产品推荐和购物体验，提高用户满意度和忠诚度。
- 支持战略决策。大数据分析能够为阿里巴巴提供全面、精准的市场信息和商业洞察，为阿里巴巴的战略决策提供科学依据。
- 优化运营效率。通过对供应链和物流数据的分析，阿里巴巴能够优化商品配送和库存管理，提高运营效率和成本控制水平。

大数据分析是阿里巴巴在数据化时代的核心竞争力之一。利用科学的数据分析方法和技术手段，阿里巴巴能够深入地洞察市场和用户需求，并据此调整策略，提供更好的产品和服务，在激烈的市场竞争中保持领先地位。

参考资料

[1] 鄂海红，宋美娜，欧中洪. 大数据技术基础[M]. 北京：北京邮电大学出版社，2019.

[2] 周苏，冯婵璟，王硕苹，等. 大数据技术与应用[M]. 北京：机械工业出版社，2016.

[3] 许云峰，徐华，张妍，等. 大数据技术及行业应用[M]. 北京：北京邮电大学出版社，2016.

[4] 徐小龙. 云计算与大数据[M]. 北京：电子工业出版社，2021.

[5] 陈明. 大数据基础与应用[M]. 北京：北京师范大学出版社，2016.

[6] 陈敏敏，王新春，黄奉线. Storm 技术内幕与大数据实践[M]. 北京：人民邮电出版社，2015.

[7] 李建江，崔健，王聃，等. MapReduce 并行编程模型研究综述[J]. 电子学报，2011, 39（11）: 2635-2643.

[8] 弗里德曼，宙马斯. Flink 基础教程[M]. 王绍翾，译. 北京：人民邮电出版社，2018.

[9] 欧阳辰，刘麒赟，张海雷，等. Druid 实时大数据分析原理与实践[M]. 北京：电子工业出版社，2017.

第4章

人工智能

学习目标

- 掌握什么是人工智能，对人工智能有一个全面、清晰的认知。
- 理解人工智能的三大核心要素。
- 了解人工智能的三大学派及其区别。
- 了解人工智能的关键技术。
- 掌握人工智能如何赋能数字经济。
- 了解人工智能带来的伦理道德和社会问题。

AlphaGo是第一个击败人类职业围棋选手、第一个战胜围棋世界冠军的围棋人工智能程序，由谷歌旗下DeepMind公司戴密斯·哈萨比斯（Demis Hassabis）团队开发。

2016年3月，AlphaGo与围棋世界冠军、职业九段棋手李世石进行了围棋人机大战，以4:1的总比分获胜。2016年年末至2017年年初，AlphaGo在中国棋类网站上以“大师”（Master）为注册账号，与中、日、韩数十位围棋高手进行快棋对决，连续60局无一败绩。2017年5月，在中国乌镇围棋峰会上，AlphaGo与当时的世界围棋冠军柯洁对战，以3:0的总比分获胜。围棋界公认AlphaGo的棋力已经超过人类职业围棋顶尖选手的水平，在GoRatings网站公布的世界职业围棋排名中，其等级分曾超过排名第一的人类棋手柯洁。

2017年10月18日，DeepMind公司的AlphaGo开发团队公布了最强版AlphaGo，代号AlphaGo Zero。AlphaGo Zero在完全摒弃人类棋谱、从零开始的情况下自学围棋，仅学习3天便以100:0的战绩横扫了击败李世石的AlphaGo版本，学习40天后又战胜了在人类高手看来不可企及的击败柯洁的AlphaGo版本。

在柯洁与AlphaGo的围棋人机大战结束后，AlphaGo开发团队宣布AlphaGo将不再参加围棋比赛。哈萨比斯宣布将AlphaGo和医疗、机器人等进行结合。例如，哈萨比斯于2016年年初在英国初创公司巴比伦公司投资了2500万美元。巴比伦公司正在开发一款应用程序（Application，App），医生或患者说出症状后，该App可以在互联网上搜索医疗信息，寻找诊断方法和处方。AlphaGo 与该 App 结合，会使诊断的准确度大幅提高，利用人工智能技术攻克现代医学中的种种难题。在医疗领域，人工智能的深度学习已经展现出潜力，可以为医生提供辅助诊断和治疗工具。

4.1 人工智能概述

1956 年夏季，达特茅斯学院的约翰·麦卡锡（John McCarthy）、哈佛大学的马文·明斯基（Marvin Minsky）、IBM 公司的纳撒尼尔·罗切斯特（Nathaniel Rochester）、贝尔实验室的克劳德·香农（Claude Shannon）等一批年轻科学家在达特茅斯会议上首次提出了“人工智能”（Artificial Intelligence，AI）这一术语，标志着人工智能这一新兴学科的正式诞生。

4.1.1 人工智能的定义

关于人工智能的定义，学术界目前尚没有统一的认识和公认的阐述。约翰·麦卡锡认为，人工智能行为像人一样的智能机器。1950 年，艾伦·图灵预言了创造出具有真正智能的机器的可能性。由于“智能”这一概念难以被确切地定义，于是他提出了著名的图灵测试：如果一台机器能够与人类展开对话（通过电传设备）而不能被辨别出其机器身份，那么称这台机器具有智能。一直以来，人们把图灵测试作为衡量机器智能的重要准则，但后来该准则遭到了质疑。1980 年，哲学家约翰·塞尔（John Searle）设计了一个实验来反驳图灵测试的准确性，该实验被称为“中文房间思想实验”，因为该实验的主要测试手段是使用中文。该实验要求人们想象一个完全不懂中文的人身处一个密闭的房间中，给他一本中文处理规则方面的书籍。房间外的实验人员会不间断地在纸条上写一些中文语句并通过门缝传给他。他虽然不认识中文，但是可以对照中文处理规则书籍，把这些语句通过符号匹配等查找并抄写在小纸条上，再把小纸条从门缝中递出去。通过这种机械地模仿计算机程序的处理方式和操作过程，双方可以进行正常的对话，因此计算机虽然可以利用这种方式进行交流，并且通过了图灵测试，但是并不能说明计算机能和人一样思考。尽管如此，图灵测试仍然对人工智能的发展产生了深远的影响。

人工智能的含义比较广泛，不同学科背景的学者对其有不同的理解，并给出了不同的定义。综合各位学者对人工智能的不同理解，可以从能力和学科两个角度对人工智能下定义。

从能力角度来看，人工智能是指用人工的方法在智能机器上实现类似人类智能的行为，包括感知识别、学习思考、判断证明、推理设计、规划行动等，按照其智能程度可以分为弱人工智能、强人工智能和超人工智能 3 个层次。弱人工智能又称限制领域人工智能或应用型人工智能；强人工智能又称通用人工智能或完全人工智能，它不受领域的限制，能够胜任人类所有的工作；超人工智能将是超越人类的存在，它比最聪明的人还要聪明能干。

从学科角度来看，人工智能是一门综合性交叉学科和边缘学科，是一门研究如何构造智能机器或智能系统，以模拟、延伸和扩展人类智能的学科。

作为一门专业学科，人工智能是研究如何使用计算机来模拟人的某些思维过程和智能行为（如学习、推理、思考、规划等）的学科，主要包括计算机实现智能的原理、制造类似人脑智能的计算机，使计算机能实现更高层次的应用。早期人们认为人工智能是计算机科学的一个分支，但实际上它的研究内容远远超出了计算机科学的范畴，几乎涵盖自然科学和社会科学中的所有学科，还涉及哲学和认知科学、数学、神经生理学、心理学、语言学、逻辑学、信息论、控制论、仿生学、社会结构学等。[1]

4.1.2 人工智能的核心要素

人工智能的快速发展依赖算法、数据、算力 3 个核心要素，如图 4-1 所示。如果没有合适的算法，则理论上不能解决问题；如果没有大量的数据，则无法训练算法；如果没有高性能的算力，则算法训练过程会极度缓慢甚至无法进行。算法、数据、算力 3 个要素在人工智能中缺一不可，只有这 3 个要素同时被满足，才能加速人工智能的大发展。

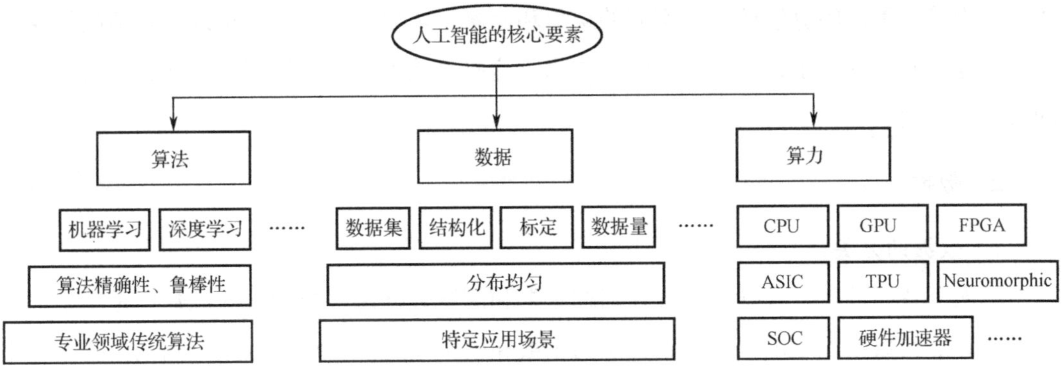

图 4-1　人工智能的核心要素

1. 算法

算法是一组指导计算机进行数据处理的步骤和规则。在人工智能领域，算法负责对数据进行分析、学习、优化，并执行特定的任务，从而实现智能化。算法的突破主要归根于深度学习相关算法的突破，是借鉴人类的思考方式，通过多层次的神经网络算法实现的。

人工智能算法的种类繁多，一些常见的算法如下。

（1）机器学习算法。机器学习算法是人工智能中最常用的算法之一，它使计算机系统能够从数据中学习和改进。常见的机器学习算法包括决策树、支持向量机、朴素贝叶斯、逻辑回归、随机森林、神经网络等。

（2）深度学习算法。深度学习是机器学习的一个分支，它利用人工神经网络模拟人脑神经元之间的连接和信号传递。深度学习算法在处理大规模数据和复杂任务上表现出色，如图像识别、语音识别、自然语言处理等。常见的深度学习算法包括卷积神经网络（Convolutional Neural Network，CNN）、循环神经网络（Recurrent Neural Network，RNN）、长短期记忆（Long Short-Term Memory，LSTM）网络等。

（3）强化学习算法。强化学习算法是一种通过观察环境和采取行动来学习最优策略的算法。它通过与环境交互，根据行动的结果获得奖励或受到惩罚，从而学习如何做出最佳决策。著名的强化学习算法有学习（Q-learning）、深度 Q 网络（Deep Q-Network，DQN）、策略梯度等。

（4）生成对抗网络。生成对抗网络是一种深度学习框架，由两个对抗的神经网络组成，分别是生成器网络和判别器网络。生成器网络通过学习从随机噪声中生成与训练数据相似的新样本，判别器网络则尝试区分生成器网络生成的样本和真实的训练数据。生成器网络和判别器网络通过对抗学习的方式不断改进，最终生成器网络可以生成更逼真的样本，而判别器网络也变得更加准确。生成对抗网络常用于生成图像、语音、文本等内容，也可以应用于数据增强、生成对抗攻击等领域。

除了上述算法，还有许多其他人工智能算法，如遗传算法、支持向量回归、马尔可夫决策过程等，不同的算法适用于不同的场景和问题，需要根据实际需求选择合适的算法。人工智能的发展催生了许多新的算法和技术，这些算法和技术反过来又不断推动人工智能的进步与应用。

2．数据

1）数据的分类

在人工智能领域，数据可以分为训练数据和测试数据两种类型。训练数据是用来训练和优化算法的数据，通过它来调整算法的参数和模型以提高算法的性能。测试数据则是用来评估算法性能和泛化能力的数据，通过它来验证算法的准确性和稳定性。为了获得更好的性能和效果，人工智能需要大规模、高质量的数据作为基础。因此，数据的收集、清洗、标注和处理都是人工智能工作的关键环节。

2）数据的价值

数据的价值体现在以下几个方面。

（1）训练模型。数据是训练模型的基础，利用大量的数据训练模型可以提高模型的准确性和性能。高质量、多样化的数据可以帮助机器学习算法发现数据中的模式和规律，从而更好地执行预测、分类、决策等任务。

（2）支持决策和洞察。数据可以提供对现实世界的深入了解和洞察，帮助人们做出更明智的决策。通过分析和挖掘数据，人们可以发现潜在的趋势、关联和模式，为企业和组织提供业务决策的依据。

（3）创新和发现。数据可以促进创新和发现。通过对数据进行分析和挖掘，人们可以得出新的见解、发现新的关系，并从中获得新的想法和创新。

3）获取数据的常见途径

获取数据的一些常见途径如下。

（1）开放数据集。许多政府机构、研究机构和组织提供了开放数据集，人们可以免费获取和使用。这些数据集包括各个领域的数据，如经济统计数据、社会数据、气象数据等。

（2）数据共享和合作。一个组织可以与其他组织、研究机构或合作伙伴建立合作关系，共享数据资源。这可以通过数据共享协议、合作项目或数据交换平台实现。

（3）爬取和抓取。利用网络爬虫和数据抓取技术，人们可以从公开的网站、社交媒体平台或其他在线资源中收集数据。需要注意的是，在进行数据爬取时，要遵守相关法律和道德规范，确保数据采集的合法性和合规性。

（4）采购和购买。用户可以从数据供应商或数据市场购买特定的数据集，数据供应商可以提供各种类型的数据，如市场调查数据、用户行为数据、地理位置数据等。

（5）数据生成和标注。在某些情况下，可能需要人工生成或标注数据，如通过实验、调查或专家判断生成数据，或者人工标注现有数据集的某些特征或标签。

3．算力

算力是指设备根据内部状态的改变，每秒可处理的信息数据量，通俗来说就是计算能力，也是对数据的处理能力。算力包含软件系统和硬件系统的开发，通过计算机、芯片等载体提供基本运算能力，算力的大小代表对数字化信息处理能力的强弱。

人工智能中常用的算力如下。

（1）中央处理器（Central Processing Unit，CPU）。CPU 负责执行计算机程序发出的指令和逻辑运算。在人工智能中，CPU 常用于处理一般的计算任务和控制计算机系统的运行。

（2）图形处理器（Graphics Processing Unit，GPU）。GPU 是专门用于图形处理的处理器，具有高度并行的计算能力。在人工智能中，GPU 广泛应用于深度学习任务，因为深度学习模型中的矩阵运算和神经网络计算可以并行地在 GPU 上进行，可以大幅提高计算速度。

（3）张量处理器（Tensor Processing Unit，TPU）。TPU 是由谷歌开发的专门用于加速机器学习任务的处理器。TPU 针对机器学习任务的需求进行了优化，特别适用于大规模和高效的张量计算，如神经网络的前向和反向传播。

（4）分布式计算。在一些需要处理大规模数据和复杂任务的场景中，人工智能系统可以利用分布式计算资源，将计算任务分配给多个计算节点进行并行处理。分布式计算可以提高计算效率和处理能力，加快训练和推理速度。

（5）云计算。云计算平台提供了弹性和可扩展的计算资源，使用户可以按需获取所需的算力。通过云计算，人工智能开发者可以根据需求动态调整计算资源的规模和配置，以适应不同的任务和工作负载。

随着人工智能的快速发展，人们对更高的算力和更高效的计算技术的需求不断增长。因此，不断提高算力、优化计算资源的利用、开发新的计算加速技术是人工智能研究和应用的重要方向。

4.1.3 人工智能的三大学派

从学术的观点来看，人工智能主要分为三大学派，分别是符号主义学派、连接主义学派和行为主义学派。人们在研究人工智能时，可能会按照某一理论或方法展开探讨分析，但实际落地的项目或产品可能综合应用了多个学派的知识。例如，商业银行使用的智能客服系统，其中的语音识别、语音合成和语义理解等属于连接主义学派的成果，知识库等属于符号主义学派的成果。

1. 符号主义学派

符号主义学派又称逻辑主义学派、心理学派或计算机学派，其主张基于逻辑推理进行智能模拟，其主要原理为物理符号系统（符号操作系统）假说和有限合理性原理。符号主义学派认为智能的基础是知识，核心是知识表示和知识推理。知识可以用符号表示，也可以用符号进行推理，因此可以建立统一的基于知识的人类智能和机器智能理论体系。

1）基本内容

符号主义学派的代表、人工智能的创始人之一——约翰·麦卡锡阐明了他对人工智能的理解：人工智能是关于如何制造智能机器，特别是如何制造智能计算机程序的科学和工程。它与使用机器来理解人类智能密切相关，但对人工智能的研究并不需要局限于生物学上可观察到的那些方法。麦卡锡特意强调人工智能研究并不一定局限于模拟真实的生物智能行为，而更强调它的智能行为和表现，如在国际象棋比赛、定理证明、诊断疾病、图灵测试等方面的行为和表现。

赫伯特·西蒙（Herbert Simon）和艾伦·纽厄尔（Allen Newell）两人提出了物理符号系统假说，并成为符号主义学派的创始人和代表人物。物理符号系统假说鼓励着人们对人工智能进行伟大的探索。

什么是物理符号系统呢？符号，就是模式，按照西蒙和纽厄尔 1976 年给出的定义，物理符号系统就是由一组被称为符号的实体组成的系统。这个系统具备处理符号的 6 种基本功能，包括输入、输出、存储、复制、建立符号结构、条件性迁移。物理符号系统假说的具体内容是，任意物理符号系统如果是智能的，则其必能执行这 6 种功能；反过来，能执行这 6 种功能的任何系统，也一定能够表现出智能。根据这个假说得到的推论就是，人是一个物理符号系统，计算机也是一个物理符号系统，因此能够用计算机来模拟人的智能行为。

在物理符号系统假说的支持下，符号主义学派把焦点集中在人类智能中逻辑推理的智能模拟上，如推理、规划、知识表示等，因此符号主义学派认为人工智能源于数理逻辑。

2）代表成果

符号主义学派的代表性成果有逻辑理论机，它是一个数学定理证明程序，证明了 38 条数学定理，表明了可以应用计算机研究人类的思维过程，模拟人类的智能活动。类似逻辑理论机，几何定理证明机、通用问题求解系统等都是符号主义学派的代表机器定理证明程序。1956 年，符号主义学派首次采用“人工智能”这一术语，后来又发展了启发式算法——专家系统和知识工程理论与技术，并在 20 世纪 80 年代取得了很大的成就。符号主义学派曾长期一枝独秀，为人工智能的发展做出了重要贡献，尤其是专家系统的成功开发与应用为人工智能走向工程应用奠定了基础。在人工智能的其他学派出现后，符号主义学派仍然是人工智能的主流派别。该学派的代表人物有西蒙、纽厄尔等。

2. 连接主义学派

连接主义学派又称仿生学派或生理学派，其主张基于神经网络及网络间的连接机制与学习算法进行智能模拟。

1）基本内容

连接主义学派从神经生理学和认知科学的研究成果出发，把人的智能归结为人脑高层活动的结果，强调智能活动是由大量简单的单元通过复杂的相互连接后并行运行的结果。人工神经网络就是连接主义学派的代表性成果，其结构如图 4-2 所示。

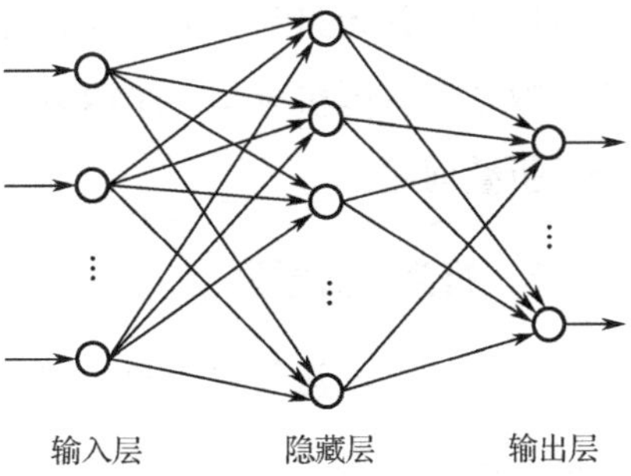

图 4-2 人工神经网络的结构

连接主义学派认为任何思维和认知功能都不是由少数神经元决定的，而是通过大量突触相互动态联系着的众多神经元协同作用完成的。实质上，这种基于神经网络的智能模拟方法以工程技术手段模拟人脑神经系统的结构和功能为特征，通过大量的非线性并行处理器模拟人脑中众多的神经元，用处理器的复杂连接关系来模拟人脑中众多神经元之间的突触行为。这种方法在一定程度上实现了人脑形象思维的功能，即实现了对人的右脑形象抽象思维功能的模拟。

2）代表成果

连接主义学派认为人工智能源于仿生学，特别是对人脑模型的研究。该学派的代表成果是 1943 年由生理学家沃伦·麦卡洛克（Warren McCulloch）和数理逻辑学家沃尔特·皮茨（Walter Pitts）提出的第一个形式化神经元模型——MP 模型。他们总结了神经元的一些基本生理特性，提出了神经元形式化的数学描述和网络的结构方法，从此开创了神经计算时代，为人工智能创造了一条用电子装置模仿人脑结构和功能的新途径。1958 年，在 MP 模型的基础上，弗兰克·罗森布拉特（Frank Rosenblatt）提出了感知机模型，掀起了神经网络研究的第一次高潮。由于受到当时的理论模型、生物原型和技术条件的限制，人脑模型研究在 20 世纪 70 年代后期至 80 年代初期进入低谷期，直到约翰·霍普菲尔德（John Hopfield）在 1982 年和 1984 年发表了两篇重要论文，提出用硬件模拟神经网络后，连接主义才重新受到众多科学家的重视。1986 年，大卫·鲁梅尔哈特（David Rumelhart）等提出多层网络中的反向传播算法，解决了多层前向神经网络的学习问题，目前它依然是被广泛使用的神经网络训练算法。1989 年，反向传播和神经网络被用于识别银行手写支票上的数字，首次实现了人工神经网络的商业化应用。

连接主义学派可谓生逢其时，在其深度学习理论取得了系列突破后，人类进入互联网和大数据时代。互联网产生了大量的数据，包括海量行为数据、图像数据、内容文本数据等。这些数据分别为智能推荐、图像处理、自然语言处理等技术的发展做出了卓越的贡献。当然，仅有数据还不够，2004 年之后，大数据技术框架的形成和 GPU 的发展使深度学习所需要的算力得到满足。

在人工智能的算法、数据、算力三要素齐备后，连接主义学派开始大放异彩。2009 年，多层神经网络在语音识别方面取得重大突破。2011 年苹果公司将 Siri 整合到 iPhone 4 中。2012 年第一个深度神经网络 AlexNet 在 ImageNet 竞赛中获得冠军。同年，谷歌研发的无人驾驶汽车开始路测。2016 年，谷歌旗下的 DeepMind 公司宣布其研发的 AlphaGo 围棋程序击败了世界围棋冠军。2018 年，DeepMind 的 Alphafold 破解了存在 50 年之久的蛋白质分子折叠问题。

3. 行为主义学派

行为主义学派又称进化主义学派或控制论学派，其主张基于“感知-行动”进行行为智能模拟。行为主义学派认为人工智能源于进化论和控制论，其原理为控制论和感知-行动控制系统。

1）基本内容

行为主义学派认为智能取决于感知和行为，并提出了智能行为的“感知-行动”模型，认为人工智能可以像人类智能那样逐步进化。行为主义学派起源于 20 世纪初的一个心理学流派，该流派认为行为是有机体用以适应环境变化的各种身体反应的组合，它的理论目标在于预见和控制行为。诺伯特·维纳（Norbert Wiener）和沃伦·麦卡洛克等提出的控制论、自组织系统及钱学森等提出的工程控制论、生物控制论影响了许多领域。控制论把神经系统的工作原理与信息理论、控制理论及计算机联系起来。早期的研究重点是模拟人在控制过程中的智能行为和作用，如对自寻优、自适应、自校正、自镇定、自组织和自学习等控制论系统的研究，并进行了“控制论动物”的研制。20 世纪 60—70 年代，这些控制论系统的研究取得了一定进展，并在 20 世纪 80 年代诞生了智能系统，其构造原理如图 4-3 所示。

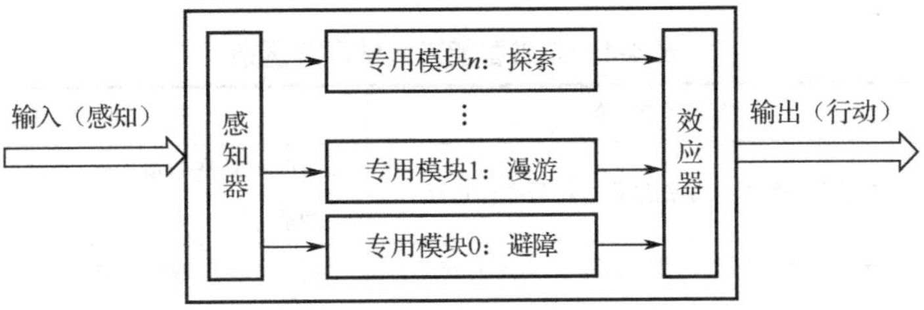

图 4-3　智能系统的构造原理

行为主义学派对传统人工智能进行了批评和否定，提出了无须知识表示和推理的智能行为观点。相比智能是什么，行为主义学派对如何实现智能行为更感兴趣。在行为主义学派眼中，只要机器具有和智能生物相同的表现，它就是智能的。

2）代表成果

目前行为主义学派的研究已经迅速发展起来，并取得了许多令人瞩目的成果。它所采用的结构上的动作分解方法、分布并行处理方法及自底向上的求解方法已经成为人工智能领域新的研究热点。

行为主义学派的代表成果首推罗德尼·布鲁克斯（Rodney Brooks）的六足机器虫，它被看作新一代的"控制论动物"，是一个基于"感知-行动"模型的、模拟昆虫行为的控制系统。布鲁克斯认为要求机器人像人一样去思考太困难了，在做一个像样的机器人之前，不如先做一个像样的机器虫，由机器虫开始慢慢进化，或许可以制造出机器人。于是他在麻省理工学院的人工智能实验室研制成功了一个由 150 个传感器和 23 个执行器构成的像蝗虫一样能做六足行走的机器虫实验系统（见图 4-4）。这个机器虫应对复杂环境的能力远远超过了原有的机器人，在自然（非结构化）环境下具有灵活的防碰撞和漫游行为。此外，著名的研究成果还有波士顿动力的机器人和机器狗，它们的智能并非来源于自上而下的大脑控制中枢，而是来源于自下而上的肢体与环境的互动。

图 4-4　六足机器虫

4. 三大学派的区别

人工智能的三大学派发展至今，由于基本理念不同，产生了许多争论。三大学派的区别主要体现在基础理论和研究方法上，如表 4-1 所示。

表 4-1　人工智能三大学派的区别

学　派	基础理论	研究方法
符号主义	认知基元是符号，认知过程即符号操作过程	着眼于功能模拟方法，通过数学逻辑方法实现人工智能
连接主义	思维基元是神经元，提出连接主义的大脑工作模式	着眼于结构模拟方法，模拟人的生理神经网络结构
行为主义	智能不需要知识、表示及推理，提出了智能行为的“感知-行动”模型	强调对生物智能行为的模拟，不同行为表现出不同的功能和不同的控制结构

1）基础理论上的区别

符号主义学派认为人的认知基元是符号，认知过程即符号操作过程。该学派认为人工智能的核心问题在于知识表示、知识推理和知识运用。连接主义学派认为人的思维基元是神经元，而不是符号处理过程，认为人脑不同于计算机，并提出连接主义的大脑工作模式取代符号操作的计算机工作模式。行为主义学派认为智能取决于感知和行动（因而被称为行为主义），并提出了智能行为的“感知-行动”模型。该学派认为智能不需要知识、表示和推理，人工智能可以像人类智能一样逐步进化，而智能行为只能在现实世界中与周围环境交互时才表现出来。

2）研究方法上的区别

符号主义学派着眼于功能模拟方法，模拟人类认知系统所具备的功能，通过数学逻辑方法实现人工智能。连接主义学派着眼于结构模拟方法，模拟人的生理神经网络结构，不同的结构表现出不同的功能和行为。行为主义学派认为人工智能在于对生物智能行为的模拟，不同的行为表现出不同的功能和不同的控制结构[2]。

4.2　人工智能关键技术

人工智能的关键技术主要有机器学习、人工神经网络、知识图谱、模式识别、自然语言处理、计算机视觉等。

4.2.1　机器学习

机器学习（Machine Learning，ML）是一门多领域交叉学科，涉及概率论、统计学、逼近论、凸分析、算法复杂度理论等，专门研究计算机如何模拟或实现人类的学习行为，以获取新的知识或技能，重新组织已有的知识结构，使之不断改善自身的性能。机器学习是人工智能的核心，是使计算机具有智能的根本途径。

在机器学习中，计算机通过对训练数据的分析和学习，可以自动发现数据中的规律和模式，并根据这些规律和模式进行预测与决策。机器学习的目标是让计算机具有类似人类智能的能力，能够自主地学习和适应新的任务与环境。

根据学习方式的不同，机器学习可以分为监督学习、无监督学习和强化学习3种类型。

（1）监督学习。在监督学习中，训练数据包括输入和输出两个部分。输入是待学习的数据，输出是对应的标签或目标值。计算机通过对输入和输出之间的映射关系进行学习，实现对新数据的预测和决策。常见的监督学习算法包括线性回归、逻辑回归、支持向量机等。

（2）无监督学习。在无监督学习中，训练数据只有输入部分，没有输出标签或目标值。计算机通过对输入数据进行聚类、降维等操作，发现数据中的结构和模式。常见的无监督学习算法包括 k 均值聚类、主成分分析等。

（3）强化学习。在强化学习中，计算机需要通过与环境的交互获得奖励或惩罚。计算机通过对环境的观察和响应，不断调整自己的行为策略，从而实现最大化奖励的目标。常见的强化学习算法包括Q学习、策略梯度等。

机器学习的过程相当复杂，首先需要对数据进行采集，选择适当的模型进行优化、明确目标，将采集的数据进行清洗，得出需要用的准确数据，将清洗后的数据进行预处理，即提取特征工程（对解决问题有用的信息），将数据与模型融合以验证模型，最后得出模型的学术意义和实际意义。虽然机器学习的步骤简单，但其中涉及的工作量相对较大，如通过爬虫获取数据、清洗数据时，要注意缺失值的合理化处理和异常值处理。

机器学习技术已经成为人工智能领域的核心技术之一，被广泛应用于图像识别、语音识别、自然语言处理、推荐系统、金融风控、医疗诊断等领域。

4.2.2 人工神经网络

人工神经网络（Artificial Neural Network，ANN）是20世纪80年代以来人工智能领域兴起的研究热点，是一门涉及神经科学、数学、思维科学、人工智能、统计学、计算机科学及工程科学等多个领域的交叉学科。人工神经网络是在现代神经科学研究成果的基础上提出的，试图通过模拟人类大脑神经网络处理、记忆信息的方式进行信息处理，在工程界与学术界常简称为神经网络或类神经网络。

人工神经网络是一种运算模型，由大量的节点（或称神经元）相互连接构成。每个节点代表一种特定的输出函数，称为激活函数。每两个节点之间的连接代表一个对于通过该连接信号的加权值，称为权重，神经网络就是通过这种方式模拟人类记忆的。网络的输出取决于网络的结构、连接方式、权重和激活函数。而网络自身通常是对自然界某种算法或函数的逼近，也可能是对一种逻辑策略的表达。神经网络的构建理念受到了生物神经网络运作的启发。人工神经网络则把对生物神经网络的认识与数学统计模型相结合，借助数学统计工具来实现。在人工智能学的人工感知领域，通过数学统计学的方法，使神经网络能够具备类似人的决定能力和简单的判断能力，这种方法是对传统逻辑学演算的进一步延伸。

人工神经网络是并行分布式系统，采用了与传统人工智能和信息处理技术完全不同的机理，克服了传统的基于逻辑符号的人工智能在处理直觉、非结构化信息方面的缺陷，具有自适应、自组织和实时学习的特点。

按照信息输入有无反馈，人工神经网络模型的基本结构可以分为两种：前馈神经网络和反馈神经网络。

（1）前馈神经网络。在前馈神经网络中，信息从输入层开始输入，每层的神经元接收前一级的输入，并输出到下一级，直至输出层。在整个网络信息输入传输中无反馈（循环）。即任何层的输出都不会影响同级层。常见的前馈神经网络有 CNN、BP 神经网络、全卷积神经网络（Fully Convolutional Network，FCN）、生成对抗神经网络（Generative Adversarial Network，GAN）等。

（2）反馈神经网络。在反馈神经网络中，神经元不但可以接收其他神经元的信号，而且可以接收自己的反馈信号。和前馈神经网络相比，反馈神经网络中的神经元具有记忆功能，在不同时刻具有不同的状态。反馈神经网络中的信息传播可以是单向传播，也可以是双向传播。常见的反馈神经网络有 RNN、LSTM 网络、Hopfield 网络和玻尔兹曼机。

经过几十年的发展，人工神经网络的研究工作不断深入，取得了很大进展，其在模式识别、智能机器人、自动控制、信号处理、预测估计、生物、医学、经济等领域成功地解决了许多现代计算机难以解决的实际问题，表现出了良好的智能特性。

4.2.3 知识图谱

知识图谱本质上是结构化的语义知识库，是一种由节点和边组成的图数据结构，以符号形式描述物理世界的概念及其相互关系。知识图谱通过三元组表示，即“实体-关系-另一实体”或“实体-属性-属性值”，它从人类对世界认知的角度阐述世间万物之间的关系。不同实体之间通过关系相互联结，构成网状知识结构。在知识图谱中，每个节点表示现实世界的实体，每条边表示实体之间的关系。知识图谱将非线性世界的知识信息结构化，以便机器计算、存储和查询，起到赋予机器人类知识的作用，是人工智能技术走向认知智能的必要基础。

知识图谱从逻辑上可以分为数据层和概念层（也叫模式层）。数据层是以三元组为表现形式的客观事实集合，概念层是它的“上层建筑”，是经过沉淀和积累的知识集合。在工程实践中，数据层体现为实体数据库，概念层体现为知识本体库。本体是对概念体系明确的、形式化的、可共享的规范，可以看作结构化知识库的概念模板，通过本体形成的实体数据库层次结构清晰，冗余度较小。根据数据层和概念层的建设顺序，知识图谱又可分为先定义本体和数据规范、再抽取数据的自顶向下型，以及先抽取实体数据、再逐层构建本体的自底向上型两种模式。前者适用于场景较为固定、存在可量化行业逻辑的领域，如金融、医疗、法律等领域；后者适用于新拓展的、有大量数据积累、行业逻辑难以直接展现的领域。

知识图谱可以简单地分为通用知识图谱和领域知识图谱两类。

（1）通用知识图谱。通用知识图谱面向通用领域，以常识性知识为主，其形态通常为结构化的百科知识，使用者一般是普通用户，强调的是知识的广度。通用知识图谱主要应用于面向互联网的搜索、推荐、问答等业务场景。常见的通用知识图谱有谷歌、百度、DBpedia、YAGO、Wikidata 等。

（2）领域知识图谱。领域知识图谱是面向特定领域的知识图谱，其目标用户需要考虑行业中各种级别的人员。不同人员对应的操作和业务场景不同，因此领域知识图谱需要一定的深度与完备性。领域知识图谱对准确度要求非常高，通常用于辅助各种复杂的分析应用或决策支持，有严格且丰富的数据模式，实体通常属性较多且具有行业意义。目前领域知识图谱已经在金融、医疗等多个领域得到了很好的应用。

通用知识图谱与领域知识图谱并不是相互对立的，而是相互补充的，利用通用知识图谱的广度和领域知识图谱的深度，可以形成更加完善的知识图谱。通用知识图谱中的知识可以作为构建特定领域知识图谱的基础；而构建的特定领域知识图谱也可以融入通用知识图谱中。两者是相辅相成、可以结合使用的。两者的比较如表 4-2 所示。

表 4-2　通用知识图谱与领域知识图谱的比较

比较项目	通用知识图谱	领域知识图谱
知识来源与规模化	以互联网开放数据源（如维基百科）或社区众包为主要来源，规模越来越大	以特定领域或企业内部数据为主要来源，规模扩大难度高
对知识表示的要求	主要以三元组事实型知识为主，通常采用自底向上型本体构建方法	知识结构更加复杂，通常包含较为复杂的本体工程和规则型知识
对知识质量的要求	较多地采用面向开放域的 Web 抽取，对知识抽取质量有一定的容忍度	知识抽取的质量要求更高，较多地依靠企业内部的结构化数据和非结构化数据进行联合抽取，并依靠人工进行审核校验，保障质量
对知识融合的要求	融合主要起到提高质量的作用	融合多源的领域数据是扩大构建规模的有效手段
知识的应用形式	以搜索和问答为主要应用形式，对推理要求较低	应用形式更加全面，除搜索和问答外，通常还包括决策分析、业务管理等，对推理的要求更高，并有较高的可解释性要求
实例	谷歌、百度、DBpedia、YAGO 等	金融、医疗、电商、农业、安全等专业知识图谱

4.2.4　模式识别

模式识别（Pattern Recognition）是指对表征事物或现象的各种形式（如数值形式、文字形式和逻辑关系形式）的信息进行处理和分析，以对事物或现象进行描述、辨认、分类和解释的过程。人们为了掌握客观的事物，往往会按照事物的相似程度将它们划分为不同的类别，而模式识别的作用和目的就是把某个具体的事物正确地归入某个类别。

模式可以分成抽象的和具体的两种形式。前者如意识、思想、议论等，属于概念识别研究的范畴，是人工智能的一个研究分支。这里所指的模式识别是具体的，主要对图片、照片、文字、符号、语音波形、地震波、心电图、脑电图、生物传感器等对象的具体模式进行辨识和分类。

模式识别是信息科学和人工智能的重要组成部分。从处理问题的性质和解决问题的方法等角度，可以将模式识别分为监督模式识别和非监督模式识别两种。两者的主要区别在于各实验样本所属的类别是否预先已知。两者的流程如图 4-5 所示。

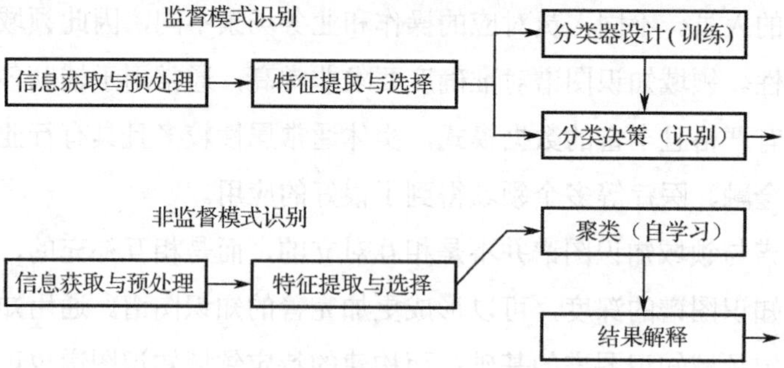

图 4-5　监督模式识别和非监督模式识别的流程

监督模式识别中有一个基本假定，就是在要解决的模式识别问题中，已知要划分的类别，并且能够获得一定数量的类别已知的训练样本。在这种情况下，建立分类器的问题属于监督学习问题，因为有部分训练样本扮演学习过程中的“老师”。

当面对一堆未知的对象时，我们试图通过考查这些对象之间的相似性把它们区分开，但是事先并不知道要划分的是什么类别，更没有类别已知的样本用作训练，甚至不知道有多少类别。我们要做的是根据样本特征将样本聚成几个类，使属于同一类的样本在一定意义上是相似的，而不同类之间的样本有较大差异。这一学习过程称为非监督模式识别，在统计中通常称为聚类，所得到的类别也称为聚类。

在非监督模式识别问题中，答案并不一定是唯一的。由于没有类别已知的训练样本，在没有其他额外信息的情况下，采用不同的方法和不同的假定可能会导致不同的结果。要评价哪种结果更可取或更符合实际情况，除了遵循一些衡量聚类性质的一般准则，往往还需要对照研究的意图和在聚类结果基础上进行的后续研究。此外，用一种方法在一个样本集上完成了聚类分析，得到了若干聚类，这种聚类结果只是数学上的一种划分，至于它对要解决的实际问题是否有意义、有什么意义，需要结合更多的专业知识进行解释。

模式识别可用于语音识别、文字识别、遥感图像和医学诊断等。语音识别是模式识别技术最成功的应用之一。近年来，在生物识别领域，声纹识别技术以其独特的方便性、经济性和准确性等优势受到世人的瞩目，并日益成为人们日常生活和工作中重要且普及的安全验证方式。利用基因算法训练连续隐马尔可夫模型的语音识别方法识别速度较快，识别率较高，已经成为语音识别的主流方法。各种形式的字符与文字识别是模式识别的另一个典型应用，包括印刷体的光学字符识别（Optical Character Recognition，OCR）、手写体数字识别、手写体文字识别等。遥感图像识别广泛应用于农作物估产、资源勘察、气象预报和军事侦察等。在癌细胞检测、X 射线图像分析、血液化验、染色体分析、心电图诊断和脑电图诊断等方面，模式识别也取得了不错的成效[3]。

4.2.5　自然语言处理

自然语言处理（Natural Language Processing，NLP）是计算机科学领域与人工智能领域的一个重要研究方向，主要研究能实现人与计算机之间用自然语言进行有效通信的各种理论和方法。自然语言处理是典型的边缘交叉学科，涉及语言学、计算机科学、数学、认知学、逻辑学等。

自然语言处理是以语言为对象，利用计算机技术分析、理解和处理自然语言的一门学科，即把计算机作为语言研究的强大工具，在计算机的支持下对语言信息进行定量研究，并提供可供人与计算机共同使用的语言描写，包括自然语言理解（Natural Language Understanding，NLU）和自然语言生成（Natural Language Generation，NLG）两部分。自然语言理解是为了让计算机理解自然语言文本的意义，而自然语言生成是为了让计算机以自然语言文本表达给定的意图、思想等。

无论是实现自然语言理解还是实现自然语言生成，都远不如人们原来想象得那么简单，而是十分困难的，根本原因是自然语言文本和对话的各个层次广泛存在各种各样的歧义性或多义性。从现有的理论和技术现状看，通用的、高质量的自然语言处理系统仍然是一个需要长期努力的目标，但是针对一定的应用，具有一定的自然语言处理能力的实用系统已经出现，有些已经商品化，甚至开始产业化。典型的例子有多语种数据库和专家系统的自然语言接口、各种机器翻译系统、全文信息检索系统、自动文摘系统等。

自然语言处理的过程一般包括语料预处理、特征工程、模型训练和指标评价 4 部分。语料预处理是指先将语料进行清洗，再进行文本分词，同时标注词性等。特征工程主要是把分词之后的词语表达成计算机可以计算的类型。模型训练需要使用 *k* 近邻、决策树等算法。指标评价是指需要依据相关指标对模型进行评价，相关指标包括错误率、精度、准确率和召回率等。

自然语言处理主要应用于机器翻译、舆情监测、自动摘要、观点提取、文本分类、问题回答、文本语义对比、语音识别、中文 OCR 等领域。

4.2.6　计算机视觉

计算机视觉是使用计算机模仿人类视觉系统的科学，让计算机拥有类似人类提取、处理、理解和分析图像及图像序列的能力。计算机视觉是一个典型的交叉学科研究领域，涉及计算机科学（如图形、算法、理论、系统、体系结构）、数学（如信息检索、机器学习）、工程学（如机器人、语音处理、自然语言处理、图像处理）、物理学（如光学）、生物学（如神经科学）和心理学（如认知科学）等。

计算机视觉的内涵非常丰富，需要完成的任务众多，主要有以下几个方面。

（1）目标检测、跟踪和定位。目标检测、跟踪和定位是指在图像视频中发现与跟踪某个或多个特定的目标，并给出其位置和区域。目标检测、跟踪和定位的任务是在给定某视频序列初始帧的目标大小与位置的情况下，预测后续帧中该目标的大小与位置。例如，要用算法判断图像中是否有一辆汽车，首先要在图像中标记出汽车的位置，然后用边框或红色方框把它框起来，这是目标检测。然后判断汽车下一时刻的位置，这是目标跟踪。最后判断汽车在图像中的具体位置，这是目标定位。目标跟踪在无人驾驶领域具有重要作用，如优步（Uber）和特斯拉（Tesla）等公司的无人驾驶。

（2）前景/背景分割和物体分割。前景/背景分割和物体分割是指将图像视频中前景物体所占据的区域或轮廓勾勒出来。如果有一张没有游客的房间或没有车辆的道路的背景图，那么很简单，只需要将新图和背景图做减法，就可以得到前景图；但在大多数情况下没有这样的背景图，所以需要使用相关技术以保证在任何情况下都可以提取背景图。

（3）目标分类和识别。目标分类和识别是指将图像视频中出现的一个特殊目标（或某种类型的目标）从其他目标（或其他类型的目标）中区分出来的过程，包括两个非常相似的目标的识别和一种类型的目标同其他类型的目标的识别。这里类别的内涵非常丰富，如图像中人的性别、老少、种族，视野内车辆的款式、型号，甚至对面走来的人是谁（或自己认识与否）等。

（4）场景分类与识别。场景分类是指从多幅图像中区分出具有相似场景特征的图像，并正确地对这些图像进行分类。场景识别是指从给定的图像中识别出预先定义的场景，识别的结果既可以是具体的地理位置，也可以是该场景的名称，还可以是数据库中某个同样的场景。

（5）场景文字检测与识别。场景文字检测与识别在场景识别、信息检索和商业等领域具有很重要的作用。在互联网中，图像是传递信息的重要媒介，特别是在电子商务、社交、搜索等领域，每天都有几亿兆字节的图像在传播。自然场景中的文字面临背景复杂、光照条件和视角变化、模糊等多种因素的影响，因此场景文字检测与识别一直是研究热点。

（6）事件检测与识别。事件检测与识别是指对视频中的人、物和场景等进行分析，识别人的行为或正在发生的事件（特别是异常事件）。例如，公共安全监控系统中出现的拥堵、踩踏、打架斗殴等突发事件，道路监控系统中出现的闯红灯、逆行等违章事件。

（7）距离估计。距离估计是指计算输入图像中的每个点与摄像机之间的物理距离。例如，在自动导盲系统中，需要知道人与障碍物之间的距离。

（8）图像自动生成标题。图像自动生成标题的目标是生成输入图像的文字描述，即人们常说的“看图说话”，这一研究方向得益于深度学习取得的重要进展。深度学习应用于该任务的代表性思路是首先使用 CNN 学习图像表示，然后采用 RNN 或 LSTM 网络学习语言模型，并以 CNN 特征输入初始化神经网络的隐层节点，组成混合网络，进行端到端的训练。采用这样的方法，有些系统在 MS COCO 数据集上得到的部分结果甚至优于人类给出的语言描述[4]。

如今，越来越多的计算机视觉系统开始进入人们的日常生活中，如车牌识别系统、指纹识别系统、人脸识别系统、视频监控系统、自动驾驶系统、人体动作视觉识别系统、工业视觉检测识别系统、生物医学影像检测和识别系统等。特别是自 2012 年以来，深度学习促进了计算机视觉的突破性发展，在图像分类、人脸识别、目标检测、医疗读图等很多任务上，计算机视觉逼近甚至超越了人类的视觉能力。

4.3 人工智能赋能数字经济

人工智能和数字经济之间存在相辅相成、互相促进的关系，人工智能是驱动数字经济发展的重要技术力量，而数字经济的快速发展又为人工智能提供了良好的发展环境和广阔的发展空间。

随着人工智能技术的不断进步，各行各业都在加速推动人工智能的应用落地。目前，人工智能的应用规模不断扩大，其在各个细分领域的场景化应用日益深入，为各行各业的应用场景赋能，推动各行各业进行数字化创新和升级。

4.3.1 人工智能+制造

“人工智能＋制造”的融合场景主要有以下几类：智能研发设计、智能工业生产制造、智能工业质检、智能工业安检、智能设备维护、智能仓储物流等。其中，智能工业质检与智能工业安检是人工智能在制造领域成熟度最高的应用，利用图像识别与深度学习技术可以解决传统质检人工成本高、无法长时间连续作业、只能抽检等痛点，从而大幅提高产品质检效率和缺陷检测准确率。智能工业生产制造与智能仓储物流广泛应用了机器人，通过人工智能算法规划生产路线，提高生产效能，节省运输成本。

1. 智能研发设计

智能研发设计是产品生产周期中的首要环节。人工智能助力智能研发设计主要体现在研发过程中的市场产品需求预测和智能设计软件两个方面。

（1）市场产品需求预测。市场产品需求预测的需求点是基于销售数据建立用户画像模型，预测产品销售情况。人工智能的解决方案包括：通过智能终端获取用户数据；通过用户数据建立用户画像；通过建模参数优化给出预测的营销支撑数据，判断用户购买意愿；针对不同客群优化销售营销策略，等等。其难点及风险主要有用户数据标准化程度低、用户行为分析难度较高、用户数据多涉及个人隐私及商业秘密、数据获取困难等。

（2）智能设计软件。智能设计软件主要是指采用智能助手，为设计师提供满足相关标准的设计参数或设计方案建议。其解决方案包括：根据国家标准和行业标准，建立标准件参数库；根据成熟产品的设计参数建立数据库，对不同类型的产品参数进行分类；以分类后的参数库作为训练样本，对深度学习算法进行训练；当用户开启智能功能时，为非标准件提供参数建议；基于知识图谱组建智能研发设计模块。具体难点及风险包括：国家标准和行业标准数据冗杂，机器学习样本分类难度大；直觉型AI的稳定性和可解释性较差，应用效果难以保证；技术推广前期市场接受度较低。

人工智能赋能后的智能研发设计能够缩短设计周期以增强产品在市场上的核心竞争力，减轻人类设计师的工作负担，发挥人类独特的优势——专业判断和审美感受。基于知识图谱的智能设计软件能够避免因设计失误而造成的设计方案反复修改，从而提高产品的市场竞争力。

2. 智能工业生产制造

随着制造业向柔性化生产转型，基于人工智能的，具备感知、规划、学习能力的各种工业机器人加速出现并在生产制造中发挥积极作用。

（1）智能定位机器人。智能定位机器人通过机器视觉系统，结合双目摄像头，引导机械手进行准确的定位和运动控制，不仅能完成对工件的抓取和放置等操作，还能完成焊缝、抛光、喷涂、外壳平整等多项作业。

（2）协作机器人。协作机器人能为柔性制造提高加工精度，为人机协同降低用工成本，为多级并联提高生产效率。协作机器人的解决方案是通过加载人工智能模块，实现人机协同和多机协作，通过算法训练，对机器加工力度、精度等提供校准、纠错等辅助功能。

（3）焊接机器人。焊接机器人的用途是提高焊接效率、减小焊缝间隙、保持表面平整。人工智能可以针对焊接精度进行算法补偿，针对焊接定位误差、焊接面积误差等进行辅助修正以提高焊接精度。但其更多的是起到焊接工艺补偿的辅助功能，在控制算法、视觉算法等方面有待提升，并且焊接知识尚无法通过模块化处理，算法模型也难以进行训练。

（4）制孔机器人。制孔机器人的优势是可以提高制孔精度和制孔定位误差补偿，面板基孔能够自动预设，控制算法能实现定位精度动态补偿。其风险在于目前大多数主机厂商存在工件的数字模型不完整等问题。

在自动生产调节方面，特殊行业制造往往需要恒温、恒压、恒湿的无尘环境及洁净的压缩空气，而制造压缩空气的大型机台需要使用冷却水，但厂务站房里的空压机和冰机的耗电量占厂务系统的60%以上。对此，解决方案是根据厂务运转机理和历史运行数据对厂务系统进行建模，输入可调参数，输出厂务系统的运行状态，用深度学习算法拟合输入与输出的关系，把依靠人的观察和经验调节变为系统智能建议调节，把滞后的应激式调节变为前瞻性的预测性调节，把设备定期维护变为实时监测设备状态和预测性维护报警。

3. 智能工业质检

智能工业质检系统可以逐一检测在制品和成品，准确判别金属、人工树脂塑胶等多种材质产品的各类缺陷，被广泛应用于生产制造的工业质检工作中。应用机器视觉技术，可以让质检线拥有一双“会思考的眼睛”。引入人工智能质检员后，无论是时间成本还是人力成本都有所降低。人工智能质检适用于众多业务场景，包括但不限于 LED 芯片检测、液晶屏幕检测、光伏电致发光检测、汽车零件检测等。目前制造业产品外表检查主要有人工质检和机器视觉质检两种方式，其中人工质检占 90%，机器视觉质检只占 10%，且两者都面临许多挑战：人工质检成本高、误操作多、生产数据无法被有效留存；机器视觉质检虽然不存在人工质检的上述问题，但受传统特征工程技术的限制，其模型升级和本地化服务难度较大。

在 3C 显示屏智能质检中，显示屏表面的微小缺陷难以被察觉，人工观察难度大、成本高，并且显示屏涉及复杂的物理原理，缺陷成因难以依靠机理模型确定。人工智能的解决方案是在屏幕质检环节增加工业相机作为质检人员的辅助工具，以减轻质检人员的工作量，降低检测失误率。此外，在人工智能算法方面，还要对已有故障屏幕进行多角度拍照，以图像作为训练样本，对屏幕故障模式进行机器学习，通过机械臂机构和光学成像方案，实现对 3C 零部件外观多个表面的缺陷检测。

在钢铁行业，长期以来，钢铁产品的内部缺陷、内在质量（如强度、硬度等）只能依靠离线实验方法进行检测，在线检测方法所依赖的机理模型均存在较大偏差。基于人工智能算法，可以减弱检测结果对机理模型的依赖，提高检测的准确性。人工智能的解决方案是结合现场已有的工业仪表，增加超声或 X 射线检测设备，并通过信息技术实现检测数据的实时采集与处理，对产品取样后，还能进行材料学实验检测，并结合超声或 X 射线成像数据，对质量波动的数据进行标定。

4. 智能工业安检

智能工业安检被广泛应用于厂区管理、安全生产、环境监控、仓库等场景。它以计算机视觉技术为核心，用机器视觉代替人类肉眼的监管，能真正做到解放人力、24 小时无缝无死角监管，大幅节省了人力资源，同时使安检处置手段更加高效和多样。

智能工业安检可以应用在以下几个方面。在厂区管理方面，可借助人脸识别技术对员工进行人脸识别、人脸考勤，以及对非员工或陌生人进行识别。在车辆管理方面，能够进行车牌识别、人车匹配、车辆停留检测等。在安全生产方面，可以通过视觉识别系统检测员工的安全帽佩戴情况、工服着装情况等。针对生产机械，可以进行操作距离检测、操作区闯入检测、机器运转状态检测等。针对危险行为监测，可以识别吸烟、打斗等个人行为。在环境检测监控安全方面，能够将高清摄像头拍取的视频数据用作模型训练，识别烟火、油滴漏等安全问题。

在冶金行业的智能管网管理中，高炉煤气是高炉炼铁过程中的重要副产物，经管道回收后可输送至下游生产车间充当主要能源介质。然而，在生产过程中，高炉产气波动不可预知，且下游用户用气节拍不协同，导致产气与用气不平衡。人工智能的解决方案是实时监测管网压力及各设备产气和用气波动，利用机器学习算法建立高炉煤气产生的预测模型，对未来煤气产生量进行预测，还可以结合预测数据和煤气管道压力监测数据，保障关键用气工序节拍稳定，对异常用气操作进行监测和预警。

在电力巡检中，人们通常希望降低人力巡检成本，提高巡检效率。人工智能的解决方案是通过无人机、巡检机器人等智能装备对电力设备运行状况、运行参数进行记录存档，通过智能算法分析数据，提高巡检效率和隐患识别率。其难点及风险是巡检环境复杂多变，对巡检设备和人工智能技术要求高。

5. 智能设备维护

人工智能在降低设备维护维修工作量、提高维修响应能力、保证工业备件的供给效率和质量等方面都可以发挥作用。借助人工智能，可以实现设备维护的智能化、可视化和服务化。

1）智能化

（1）基于故障记录的维修诊断辅助。重复性故障在维修作业中的占比普遍较高，但相关维修经验往往由个别业务能手掌握，或者由于人才流失，致使相关维修经验无法被重复使用，造成维修资源的浪费和知识共享的缺乏。借助人工智能技术，根据故障描述与历史维修经验的查询匹配，可以大幅降低故障判断错误率，有效提高故障处理效率，实现维修知识共享和精准技能培训。

（2）基于预测性维修的智能诊断辅助与远程运维支持。预测性维修是在故障早期发现设备隐患和缺陷，从而主动采取干预措施的维修策略。这将大幅减少非计划性停机，提高制造效率、降低维修成本，是工业互联网重要的应用场景。例如，结合 AR 智能眼镜的应用，可以构建“现场故障监测→云计算隐患排查→远程诊断报告→AR 辅助现场故障排查与处理”的预测性智能维修闭环。

2）可视化

在智能化条件下，建立目标导向的可视化系统，将有利于构建新的运维体系。

（1）维修维护动态监控可视化系统。将设备停机时间进行科学、合理的切分，并以维修 App 为载体，实现从报修到开机验证的全过程管理，以此形成作业动态管理，包括报修延时、维修延时、人员去向动态等可视化看板系统。这有利于实现维修调度和维修作业的动态管理，确保维修维护资源的利用效率和质量。

（2）维修智能决策可视化系统。维修智能决策可视化系统可以有效地统计出工业企业整体、部门和设备的可用度指标、主动性维修和事后维修相应的比例关系、维修费用及维修分析数据，从而实现维修价值度量和全员参与性度量。

（3）维修技能可视化系统。维修技能可视化系统以维修 App 为载体，有效衡量不同维修人员的工作量（工单执行的数量和时间）、工作效率（维修平均花费的时间）、工作态度（派单响应时间）和工作业绩（维修维护责任区的可用度表现），作为评估维修工人绩效和维修技能的依据，从而促进企业整体维修能力的大幅提高。

3）服务化

服务化是指工业互联网条件下的维修模式变革。例如，IT 运维外协越来越普及，可以降低设备维护业务成本。非制造主体的运维托管业务让越来越多的工业企业将能源（水、电、气、热、冷）供给委托给第三方管理，以实现日常运作、维修维护、设备无人值守、虚拟巡检、预测性诊断等方面的全方位管理。

6. 智能仓储物流

人工智能技术在仓储物流领域的应用空间非常广阔。自动导引车（Automated Guided Vehicle，AGV）已经实现大规模应用，其他新技术也越来越受到业界重视，如无人驾驶货车、司机监督系统、无人航空运输、自动化仓库、无人叉车、智能路径规划、无人配送等。如今大量物流仓储中心都在应用 AGV 和全自助仓。AGV 可以根据订单需要和仓库信息自动驶向货架并将其抬起，送至配货站。在节点运输方面，智能路径优化、无人驾驶货车、无人机等也在研发之中，部分已投入应用。

智慧物流能满足运输路线智能规划的需求。例如，精细化工、食品饮料等产品往往具有时效性，需要保证在保质期内送至用户指定位置。与此同时，居高不下的运输成本成为各企业的痛点。智慧物流考虑将车辆启用成本、单公里成本、油价、阶梯费等综合运输成本进行优化，提供最优路径，并确保运输路线的实时最优调整[5]。

在终端配送方面，无人车、无人机也开始投入使用。无人车可以自动行驶到用户定位的位置，并发送短信通知用户取货，如菜鸟的小蛮驴、京东的智能快递车、美团的无人配送车等。2023 年 1 月 11 日，美团无人机团队城市低空物流解决方案通过中国民用航空局审定，获得《特定类无人机试运行批准函》《通用航空企业经营许可证》，并率先在外卖配送场景尝试工作。目前，美团无人机已在监管下完成超过 30 万单的外卖配送，平均订单配送时长约为 12 分钟。2023 年 12 月下旬，美团无人机在清华大学深圳国际研究生院的首条高校航线正式开航，这是美团在深圳开通的 23 条无人机送餐航线之一。学生在校内预定接入无人机配送服务的商家的外卖时，即可选择由无人机将外卖送到校内指定降落点，餐品打包后一般仅需 6 分钟即可送达。

4.3.2　人工智能+农业

智慧农业是数字中国建设的重要内容。加快发展智慧农业，推进农业、农村全方位、全过程的数字化、网络化、智能化改造，将有利于促进生产要素优化配置，有利于推动农业农村发展变革，有利于实现我国乡村振兴战略和农业农村现代化发展。目前，人工智能与农业的融合主要集中在智能化种植和智能化养殖两个领域。

1. 智能化种植

种植业可以利用人工智能、物联网、大数据等技术来提高一系列种植活动的精度和效率。例如，利用图像识别、自动驾驶、深度学习等技术，种植业可以实现农作物的播种、施肥、灌溉、除草等农业活动的自动化和智能化。

1）数据采集及病虫害预测

摄像头、风速传感器、温湿度传感器、光和辐射等设备实时采集的信息，以及农作物的产量、质量等信息，都属于种植业大数据。借助深度学习算法，可以训练出有助于农业生产管理决策的人工智能系统。该系统可以自动判断农作物的健康状况、病虫害的发生情况等。例如，为了监测西红柿的生长过程，可以在温室中安装摄影机，通过算法辨别西红柿的病虫害发生情况、生长状态，并实时通报，这比人工巡查的效率要高得多。

2）种植、喷药、施肥

将传感器、GPS 和机器视觉技术与农机结合，可以提高农机自动化水平，使农机在播种、喷药、收割等环节实现自动导航和精准定位。例如，在喷洒农肥、巡视田地方面，无人机喷药 10 分钟能覆盖 15 亩地，一天最多可喷 225 亩，是人力的 3～4 倍，并且可以节省农药。

3）农事规划、产量估算

深度学习技术可以通过遥感影像实现作物适宜种植区规划、作物长势监测、生长周期及产量估算等。例如，对卫星图片进行分析，关联区域降水、温度等天气数据，预测作物产量。

4）采摘、除草、嫁接

智能机器人依靠图像识别技术，能区分作物与杂草、成熟作物与未成熟作物，还能依据自动驾驶技术，通过路线规划完成作物的除草、采摘等具体活动。例如，摘草莓机器人可以使用机器视觉算法判断草莓成熟度，自主导航、检测和定位成熟草莓，用 3D 打印的软触手摘果，不仅速度比人工采摘提高一倍，能保证不损坏果子，还可以 24 小时运作。

5）土壤灌溉

人工神经网络具备机器学习能力，能够根据检测得到的气候指数和当地的水文气象观测数据，选择最佳灌溉规划策略，并通过对土壤湿度的实时监控，利用周期灌溉、自动灌溉等多种方式，提高灌溉精准度和水资源利用率。这样既能节约用水，又能保证作物良好的生长环境。

2. 智能化养殖

目前，智能化养殖的应用类型主要是利用图像识别、深度学习等技术，分析畜禽的健康状况，进行有效的疾病预测、科学投喂，提高畜禽存活率、产奶率、产蛋率、产肉率。

1）畜禽识别与数据采集

畜禽健康状况是畜牧业关注的焦点问题，以人工智能感知技术为切入点，对畜禽体征及行为进行监测、分析和预测成为农场实现精准养殖的可行选择。利用智能化的项圈、耳标、脚环等形式多样的动物可穿戴设备，可以实时采集畜禽体温、心率等体征数据及活动场地、运动量等行为数据，并实时上传到畜禽大数据监管云平台，实现畜禽数据全天候、全流程的记录和跟踪。

2）疾病预测与智能喂养

有了大量原始数据的积累，就可以利用深度学习算法挖掘畜禽深层次的健康信息和行为模式，将其转换为反映禽畜健康状态、繁殖预测、喂养需求的相关信息，实现对动物饲养、疫病防控、产品安全等全环节的精准质量管理。人工智能依据收集的畜禽数据进行深度学习训练，依据大数据样本预测畜禽的疾病情况、发情状况，以及进食、运动、睡眠、位置的相关数据，及时预警疾病并匹配治疗方案。人工智能依据环境数据、畜禽成长数据、历史喂养信息等，合理规划喂养投料计划，为畜禽管理者提供科学的养殖方案[5]。

4.3.3　人工智能+金融

人工智能在金融行业有七大应用场景，如图 4-6 所示。

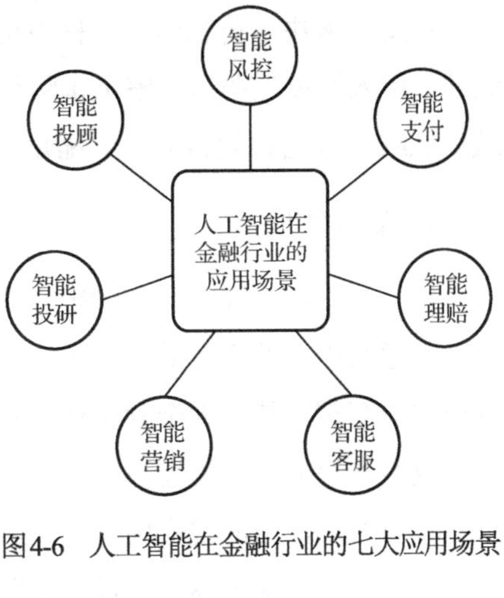

图4-6　人工智能在金融行业的七大应用场景

1. 智能风控

金融行业与风险相伴而生，对传统金融机构来说，风险防控是一个核心问题。近年来，在以人工智能技术为代表的新兴技术的支持下，智能风控在信贷、异常交易监测、反欺诈等领域得到了广泛应用。

与传统风控手段不同，智能风控变被动式管理为主动式管理。被动式管理要求满足合规监管要求，主动式管理倡导利用新技术进行监测预警。以信贷业务为例，传统信贷业务开展过程中存在一些问题，如欺诈与信用风险、流程烦琐、审批时间长等。在引入人工智能等技术后，金融机构可以从海量数据中挖掘关键信息，找到借款人与其他实体之间的联系，从贷前、贷中、贷后等各个环节提高风险识别精度。据研究，金融机构引入智能催收技术后可以减少 40%～50%的人力，降低大量人工成本。同时，在人工智能技术的支持下，小额贷款审批时效大幅缩短，由几天缩短到 3～5 分钟，进一步提升了客户体验。

2. 智能支付

随着消费数据的不断积累，消费场景越发多元化，仅凭借手机支付、近场支付、扫码支付等传统数字化支付手段，一些现实消费需求无法得到满足。因此，搭载了人脸识别、虹膜识别、指纹识别、声纹识别等技术的智能支付应运而生。科技公司为商户、企业提供了多元化的支付场景解决方案，使商家收单效率大幅提高，顾客等待时间大幅缩短。

作为连接线上服务和线下服务的有效手段，智能支付与智能终端、数据中心、物联网相结合，从多个层面让消费者享受到结算支付、场景服务、会员权益等功能，并将支付数据与消费行为实时反馈给后台，为企业管理会员营销、分析经营数据及用户核对账目等工作的开展提供有效支持。未来，在无感支付等新型技术的支持下，用户将在停车收费、休闲娱乐、超市购物等场景中获得无停顿、无操作的支付体验。

3. 智能理赔

传统理赔过程需要消耗大量人力，流程烦琐，成本较高。智能理赔用人工智能等新技术代替传统的人工作业，使理赔过程变得更加简单。例如，车险的智能理赔利用声纹识别、图像识别、机器学习等技术，将理赔流程压缩至 6 个环节——快速核实身份、精准识别、一键定损、自动定价、科学推荐、智能支付，从而极大地提高了车险理赔的处理速度，在一定程度上解决了传统理赔过程中出现的欺诈骗保、理赔时间长、赔付纠纷多等问题。据统计，引入智能理赔后，整个车险行业的运营效能将提升 40%，查勘定损人员的工作量将减少 50%，理赔时效将从 3 天缩短到 30 分钟。

4. 智能客服

银行、保险、互联网金融等行业的售前电话销售、售后客户咨询及反馈服务的频率较高，对呼叫中心的产品效率、质量把控、数据安全等提出了较高的要求。智能客服利用大规模知识管理系统，为金融企业构建了一个企业级智能化解决方案，用来解决客户接待、管理及服务等方面的问题。

在与客户沟通的过程中，智能客服系统可以构建“应用—数据—训练”闭环，形成流程指引与问题解决方案，通过运维服务层，借助文本、语音、机器人反馈工作等方式向客户传递信息。此外，智能客服系统还可以统计客户提问，抽取相关信息，进行业务分类与情感分析，了解服务动向，对客户需求做出准确的把握，辅助企业做好舆情监控与业务分析。据统计，智能客服系统可以帮助金融企业解决 85%以上的客户问题，尤其是那些高频次的问题，缓解企业的运营压力，控制企业的运营成本。

5. 智能营销

对金融行业来说，营销是其保持长期发展、不断提升自身竞争力的基础，所以金融行业做好营销非常重要。传统的金融营销主要通过实体网点、地摊沙龙、电话短信等方式向潜在客户推销金融产品，容易产生问题，如无法精准把握市场需求、会让客户产生抵触情绪、用群发方式向客户推送标准化的产品无法满足其个性化需求等。

智能营销利用新技术收集客户数据，包括交易数据、消费数据、网络浏览数据等，然后利用深度学习算法对这些数据进行分析并构建模型，帮助金融企业打通渠道、人员、产品、客户等环节，从而覆盖更多用户群体，为其提供个性化、精准化的营销服务。在智能营销模式下，金融企业可以降低经营成本，提升整体效益。未来，金融行业在应用智能营销的过程中需要注意对推送渠道进行控制，降低推送频率，优化营销体验。

6. 智能投研

智能投研以一定规模的数据为基础，围绕算法逻辑，在人工智能技术的支持下，利用机器获取投资信息，对数据进行处理与量化分析，撰写研究报告与风险提示，为金融分析师、基金经理、投资人开展投资研究提供一定的支持与辅助。

智能投研可以创建一个百万级别的研究报告知识图谱体系，为传统投研过程中的数据获取不及时、报告呈现时间长、研究稳定性差等问题提供有效的解决方案，拓展信息传播渠道，提高知识分析效率，在文本报告、信息搜索、资产管理等领域有广泛应用。智能投研的终极目标是对整个投研过程进行整合管理，这个过程涵盖了从信息收集到报告产出的各个环节，以更高效的算法模型和行业认知水平为基础，创建一个跨越不同金融细分领域的研究体系，从服务层面为金融产品的创新设计提供强有力的支持。

7. 智能投顾

智能投顾又称机器人理财，是虚拟机器人根据个人投资者提供的风险承受水平、收益目标及风格偏好等，运用一系列智能算法和投资组合优化等理论模型，为用户提供最终的投资参考，并根据市场的动态对资产配置再平衡提供建议。智能投顾将理财门槛从百万元降至千元，把以前只有高净值客户才能享受的服务扩展到中低净值客户。

智能投顾的落地应用不仅需要良好的算法平台与技术体系作为支撑，还需要收集、处理大量行业数据与用户行为数据。为推动智能投顾系统的落地应用，我国互联网科技巨头与金融机构分别从技术端、数据端着手，结合自身优势，推出了符合我国用户需求的智能投顾产品[6]。

4.3.4 人工智能+电商

受益于数字化与人工智能技术的发展，近年来电子商务领域的运营成本逐年下降，并且由于其低门槛的、人人都可为商家的销售模式，电子商务的扩展极其迅速。中国是全球规模最大、最活跃的电商市场，B2C 销售额、顾客人数均占据全球第一位。根据阿里研究院的报告，有近80%的电子商务卖家使用过人工智能相关工具，而随着盈利的增加，人工智能工具的使用频率日益增长。人工智能技术的广泛使用推动了电子商务的智能化。

1. 用户画像

用户画像是真实用户的虚拟代表，是建立在一系列真实数据之上的目标用户模型。也就是说，用户画像是根据用户的个人数据（包含社会属性、生活习惯和消费行为等）抽象出来的一个具有代表性的标签化用户虚拟模型。用户的每次点击、操作、咨询等行为都是建立用户画像的基本元素。商家以大量的用户基本元素为数据基础，以大数据、深度学习等技术为手段，以用户的个人产品喜好为目标，构建用户的个人画像虚拟模型。

用户画像是商家制定个性化营销推荐的基础，其应用主要有以下几个方面。

（1）营销决策。商家基于用户画像对人群各维度的刻画，洞察目标受众的偏好，指导媒体进行投放优化，提升营销效果。例如，对化妆品检索用户进行分析，发现用户中以25岁以上的女性居多，且大部分是北京、上海、广东等经济发达地区的上班族，从而帮助化妆品行业的广告主实现目标人群的高效投放，提升营销效果。

（2）个性化推荐。商家根据用户画像获得的用户兴趣偏好、购买行为等，向用户推荐其感兴趣的信息和商品。推荐信息的点击率和转化率反映了推荐的准确性，其核心就是用户画像。

（3）广告投放。利用用户画像，商家可以更加精准地定位目标受众，进行产品营销、广告投放等，针对不同的群体采用不同的广告策略。例如，对于母婴产品，主要针对孕妇、育儿人群进行广告投放，从而提高产品转化率。

2. 图像智能搜索

电商平台的商品展示与用户的需求描述之间是通过搜索环节产生联系的。但是，基于文字搜索行为有时很难直接引导用户找到他们想要的商品。商家利用计算机视觉和深度学习技术，可以让用户轻松搜索到他们要寻找的商品。用户只需将商品图片上传到电商平台，人工智能技术会提取图片中包含的商品款式、规格、颜色、品牌等特征，并依据这些特征进行搜索，同时为用户提供同类型商品的销售入口。图片搜索的应用建立了商品从线下到线上的联系，极大地缩短了用户搜索商品的时间，降低了时间成本，提升了用户体验。同时，商家可以通过用户的搜索行为获取用户与商品之间的数据对应关系，并将这些特征信息作为依据，针对用户制定有针对性的营销策略。

3. 智能推荐引擎

随着电子商务规模的不断扩大，商品数量和种类快速增长，用户需要花费大量时间才能找到自己想买的商品。智能推荐引擎利用深度学习算法，在海量数据集的基础上分析用户日常搜索、浏览与购买行为数据，分析、预测哪些商品可能会引起用户的购买欲望，并将得到的合理购买建议推送到用户个人页面。

智能推荐引擎可以帮助用户快速找到所需要的商品，提升用户的购物体验，同时挖掘用户的潜在需求，促成更多交易。个性化的推荐系统可以为用户节省购物时间，切实改善用户的购买体验。智能推荐引擎利用电子商务网站向用户提供商品信息和建议，帮助用户决定应该购买什么商品，模拟销售人员帮助用户完成购买过程。

4. 智能客服机器人

智能客服机器人涉及机器学习、大数据、自然语言处理、语义分析和理解等多项人工智能技术，其主要功能是自动回复用户咨询的问题，对用户发送的文本、图片、语音进行识别，对简单的语音指令进行响应。智能客服机器人可以有效减少人工成本的投入，提高对用户的服务质量，优化用户体验，最大限度地挽留夜间访客流量，同时替代人工客服回复重复性问题。据相关资料显示，目前有超过 80%的零售业顾客互动都是由人工智能完成的。

5. 动态定价

在传统模式下，企业需要依靠数据和自身的经验制定商品的价格。然而，在日趋激烈的市场竞争环境中，要随着市场的变动对商品价格做出及时调整。这种长期持续的价格调整，即便对一个只有小规模库存的线上零售商来说，也是一项很大的挑战。而这种定价问题正是人工智能擅长的。利用先进的深度学习算法，人工智能技术可以持续评估市场动态以解决商品定价问题。动态定价算法通过持续的数据输入和机器学习训练，使商品的净利润和销售额目标达到一个平衡的状态，并计算出一个科学合理的价格，从而促进交易效率的大幅提高。与此同时，动态定价算法通过对各个要素的综合建模进行判断，可以制定出最优的促销策略。

动态定价是指随着渠道、商品、客户和时间的变化频繁调整价格的商业策略。动态定价策略利用互联网赋予的强大优势，根据供应情况和库存水平的变化，迅速、频繁地实施价格调整，为用户提供不同的商品、各种促销优惠、多种交货方式及差异化的商品定价。在此策略下，网络商家无须以牺牲价格和潜在收益为代价，便可及时清理多余的库存。例如，Uber 使用动态定价策略来平衡车辆供给和用户需求之间的关系。某一时段，当 Uber 平台上的车辆无法满足用户需求时，Uber 通过提高费率确保用户的用车需求。提高费率不是简单的提价，而是利用算法制定智能的动态定价策略，当在某个时间或某个地点，用户需求有比较陡峭的上升趋势时，便会触发这个算法，由系统自动加价。这种加价一方面可以吸引更多的车主上线服务，提高车辆供给量；另一方面可以过滤一部分用户，使其选择其他出行方式，这样一来就达到了需求和供给之间的平衡[7]。

4.4 人工智能带来的伦理道德和社会问题

人工智能可以模拟人类智能，未来甚至可能实现对人脑的替代和超越。因此，在每一波人工智能发展浪潮中，尤其是当技术被颠覆时，人们都非常关注人工智能的安全与伦理问题，以及由此引发的社会治理问题。从 1942 年艾萨克·阿西莫夫（Isaac Asimov）提出的“机器人三大定律”，到 2017 年斯蒂芬·霍金（Stephen Hawking）、埃隆·马斯克（Elon Musk）参与发布的“阿西洛马人工智能 23 原则”，如何促使人工智能更加安全和道德一直是人类关注、思考并不断深化的命题。

4.4.1 算法相关的伦理问题

1. 算法安全

首先，算法存在泄露风险。算法需要使用模型参数并在训练数据中运行该参数，如果模型参数被泄露，第三方可以在不支付获取数据所需成本的情况下为用户提供价格更低的产品，这将给算法的所有者造成商业损失。同时，训练数据在很多情况下包含用户的个人数据，如果丢失可能会造成用户个人隐私泄露。

其次，算法的训练数据不能完全覆盖应用场景中的所有情况，并且具有一定的错误率。在许多关键场景中，如医疗诊断、自动驾驶，人工智能算法与人身安全息息相关，一旦出现漏洞，将直接侵害人身权益，造成难以挽回的后果。

2. 算法可解释性

算法可解释性是指“给人类做出解释的过程”，具体来说就是以人类能理解的描述给出解释，让人类能看懂。算法之所以难以解释，是因为深度学习存在“黑箱”现象。

算法可解释性和透明性是一个重要的人工智能伦理命题，因为其涉及人类的知情利益和主体地位。人类对算法的安全感、信赖感、认同度取决于算法的透明性和可理解性。算法的复杂性和专业性使信息不对称更加严重，且这种信息不对称的加重不只发生在算法消费者与算法设计者、使用者之间，更发生在人类与机器之间，所以算法应用下的“人类知情利益保障”是一个比较棘手的问题。

此外，人工智能算法具有两个复杂的特质——涌现性和自主性，其比较难以理解和解释，这将给社会带来伦理上的难题。例如，在智能信贷领域，智能算法可能会产生“降低弱势群体的信贷得分”“拒绝向有色人种贷款”等歧视政策。由于这些决策对用户而言意义重大，因此受算法决策影响的用户应该得到有关“解释”，包括算法的功能和通用的逻辑、算法的目的和意义、设想的后果、做出具体决定的逻辑和个人数据的权重等，否则将产生严重的伦理问题。

3．算法决策困境

算法决策困境主要表现为算法结果的不可预见性。随着计算能力的不断攀升，人工智能可以计算大量的可能性，其选择空间往往大于人类，它们能够轻易地尝试人类以前从未考虑过的解决方案。也就是说，尽管研发者设计了某款人工智能产品，但受限于人类自身的认知能力，研发者无法预见自己研发的智能产品所做出的决策及产生的后果。

人工智能最大的威胁是当前人类难以理解其决策行为存在的可能失控的风险，一旦失控，后果将十分严重。参照所有生命体中都有的衰老机制，人工智能也应该嵌入自我毁灭机制。谷歌旗下的 DeepMind 公司在 2016 年曾提出给机器人安装“切断开关”的想法，目的是阻止人工智能学会如何阻止人类对某项活动（如发射核武器）的干预，这被称为“安全可中断性”。安全可中断性可用于控制机器人的不端行为及可能导致不可逆后果的行为，相当于在其内部强制加入某种自我终结机制。一旦常规监管手段失效，该机制便被触发，从而使机器人始终处于人类的监管范围之内。

4．算法歧视

人工智能的核心是大数据和算法，通过基于算法的大数据分析，发现隐藏在数据背后的结构或模式，实现数据驱动的人工智能决策。算法歧视是指在看似没有恶意的程序设计中，由于算法的设计者或开发人员对事物的认知存在某种偏见，或者在执行算法时使用了带有偏见的数据集等，造成该算法产生带有歧视性的结果。按照产生的过程，算法歧视可以分为人为造成的算法歧视、数据驱动造成的算法歧视和机器自我学习造成的算法歧视 3 种类型。

1）人为造成的算法歧视

人为造成的算法歧视主要分为由算法设计者造成的算法歧视和由用户造成的算法歧视两种。

由算法设计者造成的算法歧视是指算法设计者为了获得某些利益，或者为了表达自己的一些主观观点而设计出存在歧视性的算法。算法设计者是否能不偏不倚地将社会、国家、行业既有的法律法规和道德规范编写进程序指令中，这本身就值得怀疑，因为算法的设计目的、数据运用、结果表征等都是设计者、开发者主观上的价值偏好选择。例如，算法设计者可能会利用地理位置、浏览记录、消费记录等信息设计智能算法或机器学习模型，将同样的商品或服务对不同的用户或群体显示不同的价格，即所谓的价格歧视（也称“差别定价”），这是典型的由算法设计者造成的算法歧视。

由用户造成的算法歧视主要出现在需要从与用户互动的过程中进行学习的算法中。由于用户自身与算法的交互方式不同，算法的执行结果可能产生偏见。这是因为在运行过程中，当算法向周围环境学习时，它不能决定保留或丢弃哪些数据，也不能判断数据的对错，而只能使用用户提供的数据。无论这些数据是好是坏，它都只能据此做出判断。

2）数据驱动造成的算法歧视

数据驱动造成的算法歧视是指原始训练数据中存在偏见，导致算法的结果带有歧视性。人工智能系统的核心是基于智能算法的决策过程，这一过程依赖大量的数据输入。对复杂的机器学习算法来说，数据的多样性、分布性与最终算法结果的准确度密切相关。在运行过程中，决定使用某些数据而不使用另一些数据，将可能导致算法的输出结果带有不同的偏见或歧视性。例如，算法的设计者草率选择的数据会产生运行结果的偏差；使用过期的、不正确的数据会产生偏差，等等。

3）机器自我学习造成的算法歧视

机器自我学习造成的算法歧视是指机器在学习的过程中自我学习到数据的多维特征或趋向，从而导致算法结果带有歧视性。机器学习算法的核心是从初始提供的数据中学习特定的模式，从而在新的数据中识别类似的模式。但在实际应用中并非每次都能达到预期，有时甚至会产生非常糟糕的结果。这是因为计算机的决策并非事先编写好的程序，从输入数据到做出决策的中间过程是难以解释的机器学习过程。在这一过程中，人工智能目前的学习算法存在技术“黑箱”，导致人们无法控制和预测算法的结果，这会在实际应用中产生某种不公平的倾向[8]。

5. 算法滥用

算法滥用是指人们在利用算法进行分析、决策、协调、组织等一系列活动时，其使用目的、使用方式、使用范围等出现偏差并引发不良影响的情况。例如，人脸识别算法能够用于提高治安水平、加快发现犯罪嫌疑人的速度等，但若将其应用于发现潜在犯罪者，或者根据脸型判别某人是否存在犯罪倾向，就属于算法滥用。

算法滥用风险体现在以下3个方面。

一是算法设计者为了自身利益，利用算法对用户进行不良诱导，可能隐蔽地产生对人类不利的行为。例如，娱乐平台为了自身的商业利益，利用算法诱导用户进行娱乐或信息消费，导致用户沉迷。

二是过度依赖算法本身，由算法缺陷导致的算法滥用。在一些极端场景中，如果盲目相信算法、过度依赖人工智能，可能因为算法的缺陷而产生严重后果，如由医疗误诊导致的医疗事故。

三是盲目扩大算法的应用范围所导致的算法滥用。任何人工智能算法都有其特定的应用场景和应用范围，超出原定应用场景和应用范围的使用有可能导致算法滥用。例如，在校园中应用人工智能技术可以帮助学校和教师提高教学效率，但如果将该技术盲目扩大到对特定学生行为的全面监控上，则属于算法滥用。

4.4.2　社会安全问题

1. 经济安全

人工智能技术的发展正在深刻地改变维系国民经济运行和社会生产经营活动的各项基本生产要素的意义。在人工智能技术的影响下，资本与技术在经济活动中的地位得到全面提高，劳动力要素的价值则被严重削弱。在传统的工业化时代，重要的人口红利很可能在新时代成为新型经济模式下的“不良资产”。

1）结构性失业风险

从历史上看，任何围绕自动化生产的科技创新都会造成劳动力需求的明显下降，人工智能技术的进步也意味着普遍的失业风险。与传统基于生产规模下行导致的周期性失业不同，由新的技术进步导致的失业现象从本质上说是一种结构性失业，即资本以全新的方式和手段替代了其对劳动力的需求。结构性失业的人们在短期内很难重新获得工作，因为他们之前所适应的岗位已经彻底消失，而适应新的岗位需要较长的时间周期。

可以预见的是，主要依赖重复性劳动的劳动密集型产业和依赖信息不对称而存在的部分服务行业的工作岗位将首先被人工智能取代。随着人工智能技术在各个垂直领域的不断推进，受到威胁的工作岗位将越来越多，实际的失业规模将越来越大，失业的持续时间也将越来越长。这种趋势的演进将对社会稳定产生重大影响。

2）贫富分化与不平等

人工智能技术的应用进一步加剧了贫富分化与不平等现象。

一方面，作为资本挤压劳动力的重要进程，人工智能技术的应用所带来的劳动生产率的提高很难转化为工资收入的普遍增长。在就业人口被压缩的情况下，只有少数劳动人口能够参与分享自动化生产所创造的经济收益。新创造的社会财富将以不成比例的方式向资本方倾斜。

另一方面，人工智能技术对不同行业的参与度和推进度是不平衡的。部分拥有较好的数据积累且生产过程适宜人工智能技术介入的行业可能在相对较短的时间内获得较大的发展。在这种情况下，少数行业会吸纳巨额资本与大量人才，迅速改变国内产业结构。行业发展不平衡的鸿沟与部分行业大量超额收益的存在将对国家经济发展产生复杂的影响。

3）循环增强的垄断优势

作为一项有效的创新加速器，不断发展成熟的人工智能技术可以为技术领先国家带来经济竞争中的战略优势。人工智能技术的进步需要大量前期投入，特别是在数据收集和计算机技术方面的技术积累对人工智能产业的发展至关重要。各国在该领域的投入差距很大，不同的国家在人工智能技术方面的发展严重不平衡，而人工智能技术自身潜在的创造力特性又能使率先使用该技术的国家有更大的概率出现新一轮技术创新。如果这种逻辑确实成立，那么少数大国（或超级企业）就会利用人工智能实现有效的技术垄断，不仅使自己获得大量超额收益，使本就十分严重的全球财富分配两极分化现象进一步加剧，而且随着时间的推移，贫富差距将进一步拉大。在这种状况下，处于弱势地位的大部分发展中国家如何在不利的经济结构中维持自身的经济安全，是一个极具挑战性的课题[5]。

2. 政治安全

近年来，一些西方国家使用大数据分析部署“机器人水军”，借助网络干扰选举，或者一些别有用心的公司使用人工智能干扰选民意见，这些手段可有效地影响选举结果。

2018 年，美国《纽约时报》和英国《观察家报》报道称，剑桥公司涉嫌窃取 Facebook 用户的个人数据并利用其智能广告推荐功能，深度影响了 2016 年的美国大选。美国依隆大学数据科学家乔纳森·奥尔布赖特（Tonathan Albright）研究指出，利用行为追踪识别技术采集海量数据，可以识别出潜在的投票人，进行虚假新闻的点对点推送；利用人工智能的推理预测技术，不仅可以预测人们的所思、所想、所需，还有能力将预测结果变成现实，信息智能推荐可以有效影响民众的政治信仰和现实行为，进而干预并影响国家政治进程。

3. 军事安全

核武器始终是高悬在人类头顶的“达摩克利斯之剑”，而人工智能的触角将不可避免地伸向军事领域的这一最敏感地带。2018 年，美国著名智库兰德公司发布了研究报告《人工智能对核战争风险的影响》，专门论述了“AI+核武器”的问题。该报告摒弃了常见的那种“AI 使用核武器毁灭人类和世界”的好莱坞式耸人听闻的预测，而是详细介绍了自“冷战”延续至今的有关核武器的共同毁灭机制（指对立双方中如果有一方率先使用核武器，则另一方会立即进行核反击，最终导致冲突升级，双方都会被毁灭）的缘起和发展情况，并针对更加务实的两个人工智能应用场景（追踪/定位导弹和辅助决策）是否使用核武器，从正反两面论证了人工智能在核战争中可能起到的作用。该报告在分析的基础上指出，“在日益多极化的战略环境中，人工智能在 2040 年之前极有可能导致核武器平衡局面的打破及当前核威慑手段的失效”。

此外，在人工智能技术的加持下，武器的智能化程度越来越高，人工智能技术得到了军方的密切关注。一些国家投入了大量的人力、物力于“致命性自动武器”，这种行为是个体行为，很容易引发机器自动杀人事故，其安全隐患极大。一些国家可能通过商业力量去研发工业机器人，从而得到“机器人战士”。这样做的后果是，随着智能化武器装备的增加，人工智能必定会给国家的军事安全带来越来越大的风险。

韩国科学技术院与韩国韩华集团旗下的韩华系统公司合作，于 2018 年 2 月开设了人工智能研发中心，目的是研发适用于作战指挥、目标追踪和无人水下交通等领域的人工智能技术。这一举动引起了全球超过 50 名人工智能研究人员的联名抵制，他们警告谨防“机器人杀手”。发起联名抵制的人工智能教授沃尔表示，机器人和人工智能技术实际可以在军事领域发挥有利作用，但我们不能将决定生死的权力交给机器，这越过了道德底线。

案例：南京银行人工智能应用与创新

近年来，随着人工智能技术的快速发展，智能化为推动银行业务变革与数字化转型提供了全新的动力，尤其是在优化业务流程、提高运营效率、提升客户体验、强化风险防控等方面发挥着重要作用。为顺应这一趋势，南京银行在全方位强化人工智能布局的基础上，深入开展了数字员工营业厅建设实践，最终取得了良好的成效。

1. 人工智能应用布局与落地场景

为加速推动业务线上化转型进程，南京银行以全行业务战略为指导，以数据管控、创新驱动为核心，制定了契合自身特点的数字化转型框架，并积极开展数据治理、数据平台建设、业务赋能、智能创新研究、对外数据交流、数据专业队伍培养等工作，将人工智能作为科技发展的重要内容，不断完善自身的人工智能应用布局（见图 4-7），逐步构建了以“智能客服、智能投研、智能营销、智能催收、智能识别、智能网点、智能支付、智能风控”为核心的智能化应用体系，并在网络金融、信贷审批、网点建设、客户服务等业务场景中成功落地。

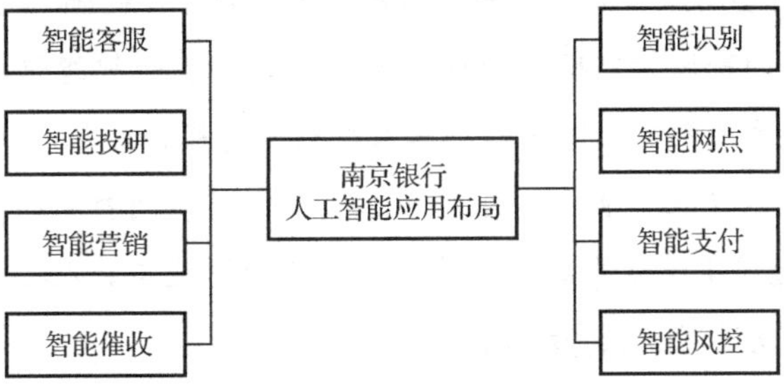

图 4-7　南京银行人工智能应用布局

1）智能客服，打造多渠道服务

为了不断丰富渠道服务手段、创新服务场景，全面实现零售业务线上化，南京银行将手机银行 App 与“你好银行”App 合并，实现传统客户与互联网客户、零售客户与小微客户的移动端“一站式”服务。同时，基于智能客服模块建设，南京银行通过加快布局生活场景，上线泛金融生活服务平台“鑫 e 商城”，以及建设线下网点体验区，实现了网点、App、场景等线上、线下渠道联动，有效地丰富了零售客户获客、活客手段。此外，南京银行依托远程视频、人脸识别技术实现了智能化外呼营销作业，加快推动远程银行中心转型。

2）智能投研，促进同业业务发展

面向同业机构，南京银行持续升级鑫同业系统、票据系统、同业大数据平台，实现鑫同业系统和票据系统的移动化。同时，南京银行基于智能投研模块建设，积极打造信用评级系统，包括升级鑫债评系统、上线鑫同信系统等，主动探索智能科技在同业领域的更多应用，提高风控能力。此外，为加速推动金融科技生态建设，南京银行不断增加科技产品数量，并扩大推广范围，目前已累计与 25 家同业机构共享 93 款科技产品。

3）智能营销，赋能网络金融业务

为了进一步提升手机银行 App 的使用体验，南京银行创新应用 OCR、人脸识别、远程视频客服等技术，推出“享富”系列互联网投资产品，并成功在支付宝、微信小程序等轻量级载体中上线运营。与此同时，南京银行基于智能营销模块，南京银行不断加快场景化金融与互联网用户数字化运营体系建设，并同步上线了精准营销系统。

4）智能催收，优化投资理财板块

南京银行以现代投资理论为指导，结合投资者的风险偏好、收益需求和个人具体情况等信息，运用人工智能、大数据和云计算等前沿技术，潜心打造了智能催收模块。基于该模块，南京银行根据投资者的不同收益目标和风险承受能力构建用户画像，并运用改良的金融投资模型配合专家策略分析，实现了对风险和收益平衡点的智能计算，覆盖基金、理财、保险、贷款等领域的多款产品。

5）智能识别，升级对客交互体验

在商业交互应用层面，南京银行全新推出了数字员工“楠楠”（男性）和“晶晶”（女性），赋能营销、咨询等场景实现智能化交互。同时，基于智能识别模块，数字员工不仅塑造了虚拟 3D 数字人形象，还支持对真人形象进行模拟仿真，以及仅需 50 句语料即可对真人语音进行保真克隆。此外，数字员工具有支持瞬间打断的高灵敏度反应，可以使智能交互更加贴近现实情景中的自然沟通，更好地增进与真人之间的情感交流。

6）智能网点，改进网点服务模式

在网点建设方面，南京银行持续推广布放智能柜台、快窗快柜等自助机具，完善了智能柜台业务功能，实现了对柜面同类业务 80%以上的替代。同时，基于智能网点模块建设，南京银行全面升级网点服务体系，加速推广预约取号、智能排队、智能客户识别等网点智能化服务模式，极大地优化了客户体验。

7）智能支付，助力信用卡业务转型

围绕“年轻化、多元化、场景化”的发展方向，南京银行以信用卡产品为抓手，以互联网平台为场景，以移动支付为媒介，携手京东金融，成功发行南京银行京东金融联名信用卡。同时，基于智能支付模块建设，南京银行依托智能终端和平板电脑，形成了“线上平台引流+消费场景获客+线下交叉营销+综合价值提升”的立体营销获客模式，确立了全新的线上化、综合化发展路线。

8）智能风控，重塑信贷业务生态

南京银行聚焦信贷领域，通过“鑫梦享”计划创建了与互联网龙头企业深入合作的互联网金融联营业务模式。同时，南京银行基于智能风控模块建设，结合多渠道征信、反欺诈、黑名单数据库等，打造了一种合作共赢的新生态。此外，通过“鑫云+”平台的人工智能和云计算技术的加持，南京银行平均每位客户的放款时间缩短为原来的 1/10，日处理订单量可达到 100 万笔，客户维护成本也降为原来的 1/10。

2. 数字员工营业厅创新实践

数字员工营业厅是南京银行融合应用多项人工智能技术重磅推出的一款人工智能产品，数字员工“楠楠”“晶晶”不仅可以保持 7×24 小时“在线上岗”，为客户提供智能化、交互式、现场感强的线上金融服务，还可以深度嵌入转账汇款、生活缴费、理财咨询等各类生活场景，充分满足客户的个性化服务需求。

1）数字员工营业厅的主要功能

数字员工营业厅作为南京银行最新的人工智能应用成果，不仅有效解决了客流高峰时段现场服务人手不足、服务标准不一等诸多现实问题，还通过人物形象模拟、语音识别合成、自然语言处理、意图识别、机器学习等前沿技术，将科技与业务、场景紧密结合，支持数字员工“楠楠”“晶晶”提供高智能、拟人化的对客服务。例如，当客户登录手机银行验证身份时，后台系统将同时整合指纹识别、人脸识别等生物认证技术，确保操作的安全性。进入数字员工营业厅后，客户通过触发数字营业厅的服务请求，即可在线享受与真实营业厅一样的产品购买服务。此外，基于实时互动与交流功能，数字员工营业厅可以高效支持迎宾咨询、账户查询、转账汇款、生活缴费、理财咨询与贵金属销售等多个业务场景，充分满足客户绝大部分业务办理需求。今后，数字员工营业厅还将探索更多的应用场景，力求在提升客户服务体验的同时，不断降低银行经营成本、拓宽服务边界，持续助力智慧银行建设。

2）数字员工营业厅的核心技术

从技术角度看，数字员工营业厅融合应用了多种语音技术和图像技术，如图 4-8 所示。例如，基于深度学习技术，数字员工可以通过文本实时自动生成语音和动画数据，实现从简单的语音助手到有形象、可交互的虚拟数字员工的转变，更自然地与客户对话；基于语音合成动画技术，数字员工可以实时合成嘴型动画、面部表情、肢体动作等，且合成的内容和语音信息高度匹配，从而使数字员工像真人一样自然流畅地与客户交流互动；基于有感情的语音合成技术，数字员工保留了类似人的音调和韵律，其声音听起来更富有感情；基于智能对话技术，数字员工可以深度理解用户的语义、意图，再匹配生成对应的回复；基于智能动作生成技术，将数字员工与基于文本实时生成虚拟人语音和三维动画技术或基于真人语音输入实时生成虚拟人三维动画技术相结合，可以根据语义生成对应的动作和表情；基于音色转换技术，数字员工可以将初始音色的声音通过算法实时转换成目标音色的音频并输出。

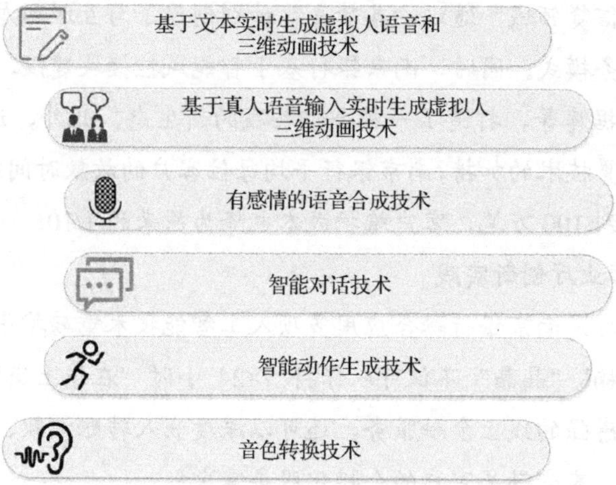

图 4-8　数字员工营业厅应用的核心技术

随着人工智能的不断发展，商业银行应紧跟科技发展的步伐，不断尝试将人工智能等新技术应用在更多的业务场景中，推进数字化转型。同时，商业银行应加速推动技术与业务的深度整合，着力提高客户服务与经营能力，打造新金融服务生态，并持续加强科技人才队伍建设，为银行业务智能化转型提供源源不断的核心动力[9]。

参考资料

[1] 彭英. 人工智能营销[M]. 北京：清华大学出版社，2022.

[2] 刘若辰，慕彩红，焦李成，等. 人工智能导论[M]. 北京：清华大学出版社，2021.

[3] 谷建阳. AI 人工智能：发展简史+技术案例+商业应用（第 2 版）[M]. 北京：清华大学出版社，2018.

[4] 王万良. 人工智能通识教程（第 2 版）[M]. 北京：清华大学出版社，2020.

[5] 闵庆飞，刘志勇. 人工智能：技术、商业与社会[M]. 北京：机械工业出版社，2021.

[6] 袁国宝. 数字经济：新基建浪潮下的经济增长新引擎[M]. 北京：中国经济出版社，2021.

[7] 马月坤，陈昊. 人工智能导论[M]. 北京：清华大学出版社，2021.

[8] 李勇坚，张丽君. 人工智能：技术与伦理的冲突与融合[M]. 北京：经济管理出版社，2019.

[9] 张银川，王桂庆. 南京银行 AI 应用探索与创新实践[J]. 中国金融电脑，2023（7）：53-55.

第5章

物联网

学习目标

- 掌握物联网的基本概念。
- 理解物联网的基本架构。
- 了解物联网的关键技术。
- 掌握物联网如何赋能数字经济。
- 了解物联网带来的伦理道德和社会问题。

“能感应”的床垫、“会说话”的净水器、“自动明灭”的路灯……盛夏时节，走进内陆小城江西省鹰潭市，一个个物联网新应用令人耳目一新。作为“新一代宽带无线移动通信网”国家科技重大专项（简称“03 专项”）成果转移转化示范核心区，鹰潭市抢抓战略机遇，正在快速勾勒一幅物联网产业新版图。

1. 43 项应用勾勒物联网产业新版图

对不少鹰潭市民而言，仅在几年前，物联网还只是一个概念，如今它已真切地进入他们的生活。家住心家泊小区的黄军是鹰潭市第一批安装智能电表的用户，他对此深有感触:“过去家里停电，只能打电话到供电公司求助。如今，发生用电故障后，电表会自动发送信息到电力部门，工作人员主动上门维修。”如今，这样的智能电表在鹰潭市已实现全覆盖。会报告水质的净水器、能监测心率的床垫……在鹰潭，各种各样的物联网应用改变了很多人的生活习惯。

鹰潭中臻铜业有限公司是一家传统铜线生产企业，通过在生产线上嫁接物联网设备，该公司实现了从人下指令到“云”下指令的转变，在产能提高 15%的同时成本下降 10%。“下一步，要通过物联网把客户也“联”上，让客户在手机 App 上就能追溯下单、生产、运输、售后全过程。”公司总经理胡超云说。

“对物联网产业来说，沿海和内陆站在同一起跑线上。”江西省“03 专项”专家指导委员会主任、中国工程院院士邬贺铨认为。单纯讲移动通信产业，相比沿海地区，鹰潭市确实没有太多机会，但在移动物联网领域，鹰潭市切入得早，一开始就抓住了机遇。

2. 以应用牵引加速物联网新技术落地

鹰潭市是内陆小城，城市体量小，这样反而更容易推进城市级应用。三川智慧科技股份有限公司是物联网技术最早的受益者之一。目前，鹰潭市安装了 13 万块三川智能物联网水表，是全国首个全域应用智能水表的城市。这种智能水表可实现用水实时计量、漏损实时报警。鹰潭市供水公司数据显示，使用智能水表后，管网漏损率从20%下降到12%，年节水240万吨。城市级应用让智能水表的优势一目了然，三川智能物联网水表不仅打开了中国市场，还在澳大利亚进行了安装测试。

截至 2019 年 6 月，鹰潭市安装智能路灯 11394 杆，完成全市 90%以上的路灯改造，实现全域城市照明资源管理精细化、运行监控智能化、节能管控精准化，相同条件下节能30%以上。“我们以应用为抓手，鼓励企业在不断试错中实现技术升级。”鹰潭市信息办副主任潘伟华说。这种能根据周围环境自动明灭的物联网路灯最初安装了几百盏，测试时很顺利，但当安装规模达到数千盏时，出现了信息上传拥堵、无法实时获取信息的情况，这些问题倒逼技术方不断升级技术标准。

鹰潭市制定了十多项物联网相关政策进行顶层规划设计，为企业提供了大量实验应用场景，鼓励企业在应用中升级技术、完善产品，形成鹰潭高新区移动物联网产业园、贵溪铜智能制造及智能家居产业园、余江电子信息和智能穿戴产业园的发展新格局。

3. 建设物联网产业服务平台最全城市

鹰潭市不仅集聚了一批物联网产业，还初步实现了物联网研发资源的聚集。2021 年，中国信息通信研究院鹰潭物联网研究中心建成，目前该中心可以为 35 款物联网产品提供测试检测服务，测试周期由常规的 2 个月缩短为 10 天。

除了中国信息通信研究院鹰潭物联网研究中心，鹰潭市还建成了北航鹰潭研究院、华为（江西）物联网云计算创新中心、5G 创新应用研究中心、智慧金融创新示范中心、菲利斯通数据存储银行、智云物联安全检测中心、鹰潭移动物联网科技成果转移转化综合服务中心等各类服务平台40多个，集研发、检测、认证、成果转化及物联网安全、信息存储于一体。

在研发平台的支持下，鹰潭市企业参与制定了物联网水表行业标准、窄带物联网净水器终端技术标准、工业互联网平台测试验证标准等多项国家标准，一些企业实现了从“卖产品”到“卖服务”的转型。

“我们要建设物联网产业服务平台配套最全城市，为企业创造从研发、产品检测到进入商用市场全产业链的优良生态环境。”鹰潭市委书记郭安说。

随着 5G 商用的推进，中国将进入万物智联新时代。全球云服务商浪潮云信息技术股份公司总经理颜亮说，鹰潭市有良好的物联网产业基础，5G时代在工业互联网、智能制造领域将迎来新机遇。

资料来源：中央网络安全和信息化委员会办公室网站。

5.1 物联网概述

物联网（Internet of Things，IoT）这一概念于 1999 年提出后，在全球范围内引起了广泛关注，发展极其迅速。在国内，随着政府对物联网产业的持续关注和大力支持，以及无线传感器等相关产业的日趋成熟，物联网逐渐从产业愿景走向现实应用。

5.1.1 物联网的发展

1995 年，比尔·盖茨（Bill Gates）在他的《未来之路》（*The Road Ahead*）一书中对未来的描述是："你不会忘记带走你遗留在办公室或教室里的网络连接用品，它将不仅仅是你随身携带的一个小物件，或是你购买的一个用具，而是你进入一个新的媒介生活方式的通行证。"这个设想在当时是一个梦想，因为当时的技术水平远远落后于现在。但是，比尔·盖茨的描述为未来信息技术的发展指引了一个崭新的方向。

1998 年，美国麻省理工学院创造性地提出了电子产品编码（Electronic Product Code，EPC）系统的物联网构想。1999 年，在物品编码、射频识别（Radio Frequency Identification，RFID）技术和互联网的基础上，美国 Auto-ID 中心首先提出了物联网概念。

2005 年 11 月 17 日，国际电信联盟在信息社会世界峰会上发布了《ITU 互联网报告 2005：物联网》。报告指出，无所不在的物联网通信时代即将来临，世界上所有的物体都可以通过互联网主动进行信息交换。RFID、传感器、无线通信、云存储平台、人工智能等技术将得到更加广泛的应用。

2009 年 1 月 28 日，时任美国总统奥巴马与美国工商业领袖举行了一次圆桌会议。IBM 时任首席执行官彭明盛首次提出"智慧地球"这一概念，认为信息产业下一阶段的任务是把新一代信息技术充分运用在各行各业之中，具体就是把传感器嵌入和装备到电网、铁路、桥梁、隧道、公路、建筑、供水系统、大坝、油气管道等各种物体中，并且被普遍连接，形成物联网。他建议政府投资新一代智慧型基础设施，并阐明其短期效益和长期效益。奥巴马对此给予了积极的回应："经济将刺激资金投入宽带网络等新兴技术中，毫无疑问，这就是美国在 21 世纪保持和夺回竞争优势的方式。"

2009 年 6 月 18 日，欧盟委员会在比利时首都布鲁塞尔向欧洲议会、欧洲理事会、欧洲经济与社会委员会及地区委员会提交了《欧盟物联网行动计划》报告。该报告包括 14 项行动计划，描绘了物联网技术的应用前景，提出要推广标准化、推广物联网应用等行动建议，其目的是希望欧洲通过构建新型物联网管理框架引领全球物联网的发展。

2009 年 8 月，日本提出"智慧泛在"构想，将传感网列为国家重要战略，致力于建设一个个性化的物联网智能服务体系。

2009 年 10 月，韩国通信委员会通过《物联网基础设施构建基本规划》，将物联网确定为新增长动力，树立了“通过构建世界最先进的物联网基础设施，打造未来广播通信融合领域超一流信息强国”的目标，致力于构建全球先进的物联网基础设施、发展物联网服务、研发物联网技术、营造物联网推广环境等。

2009 年 8 月 7 日，时任中国国务院总理温家宝在无锡视察时发表重要讲话，提出“感知中国”战略构想，加快推进传感网发展，尽快建立中国的传感信息中心（“感知中国”中心）。2009 年 11 月 3 日，温家宝总理在人民大会堂向首都科技界发表了题为“让科技引领中国可持续发展”的讲话，强调科学选择新兴战略性产业非常重要，指示要着力突破传感网、物联网关键技术，大力发展物联网产业将成为一项具有国家战略意义的重要决策。2010 年 3 月，温家宝总理在政府工作报告中将“加快物联网的研发应用”明确纳入重点产业，表明物联网已经被提升为国家战略，中国将开启物联网元年[1]。

5.1.2　物联网的定义

物联网最早的定义是 1999 年由麻省理工学院 Auto-ID 研究中心提出的：“物联网就是把所有物品通过 RFID 和条码等信息传感设备与互联网连接起来，实现智能化识别和管理。其实质就是将 RFID 技术与互联网相结合加以应用。”

2005 年，国际电信联盟在《物联网》报告中对物联网的概念进行了阐述，提出在任何时刻、任何地点，任何人都可以连接到任意物体上。为了实现无所不在的网络和无所不在的计算，物联网中广泛采用 RFID 无线技术、传感器技术、纳米技术、智能终端技术等。

欧洲智能系统集成技术平台对物联网的定义为：“物联网是由具有标识的、虚拟个性的物体/对象组成的网络，这些标识和个性等信息在智能空间使用智慧的接口与用户、社会和环境进行通信。”

欧盟第 7 框架下 RFID 和物联网研究项目组对物联网的定义为：“物联网是未来互联网的一个组成部分，可以定义为基于标准的和可互操作的通信协议，具有自配置能力的、动态的全球网络基础架构。物联网中的‘物’都具有标识、物理属性和实质上的个性，使用智能接口实现与信息网络的无缝整合。”

中国《2010 年政府工作报告》所附的注解中对物联网有如下说明：物联网是通过传感设备按照约定的协议，把各种网络连接起来，进行信息交换和通信，以实现智能化识别、定位、跟踪、监控和管理的一种网络。

从上述几个定义可以看出，物联网的概念起源于由 RFID 对物体进行标识并利用网络进行信息传输的应用，是在不断扩充、完善中逐步形成的。最初物联网架构主要由 RFID 标签、阅读器、信息处理系统和互联网等组成，其通过对全球唯一编码的物品的标识实现对物品的跟踪、溯源、防伪、定位、监控及自动化管理等功能[2]。

根据国内外专家与机构对物联网的定义，可以简单地认为：物联网是一个物物相连的网络，它通过前端的感知设备，如 RFID 系统、红外感应器、全球定位系统、激光扫描器等，按照既定的标准化协议将物理实体连接在一起，并利用信息智能处理和策略化控制方法实现对物理环境与物体的识别、定位、跟踪、监控、管理。

5.1.3　物联网的基本架构

物联网的基本架构由感知层、网络层和应用层组成，如图 5-1 所示[3]。

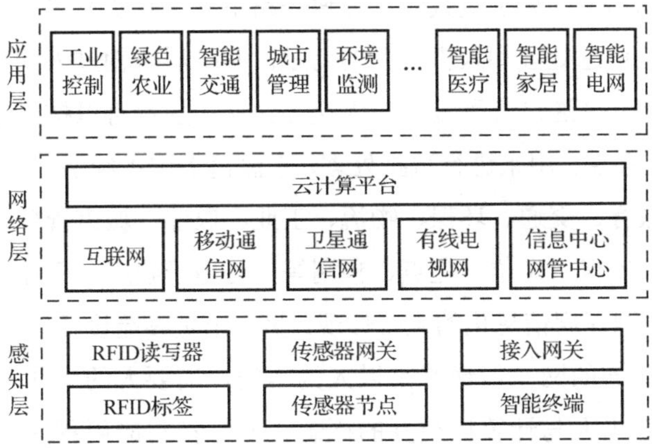

图 5-1　物联网的基本架构

1. 感知层

感知层包括二维码标签和识读器、RFID 标签和读写器、摄像头、全球定位系统、传感器、机器对机器终端、传感器网关等，主要功能是识别物体、采集信息。感知层解决的是人类世界和物理世界的数据获取问题。它首先通过传感器、数码相机等设备采集外部物理世界的数据，然后通过 RFID、条码、工业现场总线、蓝牙、红外等短距离传输技术传递数据。感知层所需要的关键技术包括检测技术、近距离无线通信技术等。

2. 网络层

网络层包括通信网与互联网的融合网络、网络管理中心、网络信息中心和智能处理中心等。网络层解决的是传输和预处理感知层所获取的数据的问题。这些数据可以通过互联网、移动通信网、企业内部网、各类专网、小型局域网等进行传输。特别是在三网融合后，有线电视网也能承担物联网网络层的功能，有利于物联网的加速推进。网络层所需要的关键技术包括远距离有线和无线通信技术、网络技术等。

网络层中的感知数据管理与处理技术是实现以数据为中心的物联网的核心，包括传感网数据的存储、查询、分析、挖掘和理解，以及基于感知数据决策的理论与技术。云计算平台作为海量感知数据的存储、分析平台，是物联网网络层的重要组成部分，也是应用层众多应用的基础。在产业链中，通信网络运营商和云计算平台提供商将在物联网网络层占据重要地位。

3. 应用层

应用层将物联网技术与行业专业技术进行深度融合，利用经过分析、处理的感知数据，为用户提供丰富的特定服务。应用层是使用物联网的目的。物联网的应用可分为监控型（如物流监控、污染监控）、查询型（如智能检索、远程抄表）、控制型（如智能交通、智能家居、路灯控制）和扫描型（如手机钱包、高速公路不停车收费）等。

应用层解决的是信息处理和人机交互的问题。网络层传输过来的数据在这一层进入各类信息系统进行处理，并通过各种设备与人交互。这一层也可以按形态直观地划分为两个子层。一个是应用程序层，用来进行数据处理，它涵盖了国民经济和社会生活的每个领域，包括电力、医疗、银行、交通、环保、物流、工业、农业、城市管理、家居生活等，其功能包括支付、监控、安保、定位、盘点、预测等，可用于政府、企业、社会组织、家庭、个人等。这正是物联网深度信息化的重要体现。另一个是终端设备层，用来提供人机接口。物联网虽然是物物相连的网，但最终是以人为本的，需要人的操作与控制，不过这里的人机界面已经远远超出人与计算机交互的概念，而是指与应用程序相连的各种设备与人的交互。

应用层是物联网发展的体现，软件开发、智能控制技术将为用户提供丰富多彩的物联网应用。各种行业和家庭应用软件的开发将推动物联网的普及，也将给整个物联网产业链带来丰厚的利润。

5.2 物联网关键技术

物联网的关键技术涉及感知技术、通信组网技术和应用服务技术。

5.2.1 感知技术

感知技术是构建物联网系统的基础，其包含的关键技术有 RFID 等无线通信技术、传感器技术、信息处理技术等。感知是信息采集和处理的关键部分。

1. RFID

RFID 是一种利用无线射频技术识别目标对象并获取相关信息的非接触式双向通信技术，RFID 系统由一个读写器和若干标签组成。标签分为有源标签和无源标签。其中，有源标签自身带电源；无源标签自身不带电源，能量来自读写器发射的电磁波，将电磁波转化为自己工作的能源。无源标签的工作原理是利用射频信号和空间耦合（电感或电磁耦合）实现对目标的自动识别。RFID 系统的基本模型如图 5-2 所示。

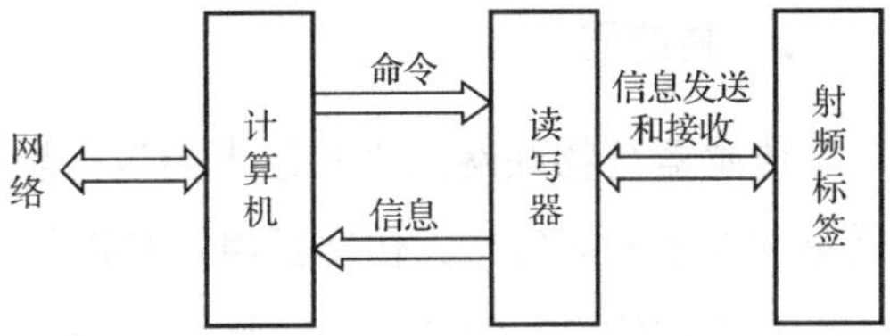

图 5-2　RFID 系统的基本模型

RFID 标签与条形码相比具有读写距离远、储存量大等特点。另外，RFID 技术还具有以下几个特点。

（1）快速扫描。RFID 读写器的防碰撞技术能够有效避免不同目标 RFID 标签之间的相互干扰，可以同时识别多个目标，颠覆了以往条码、磁卡、IC 卡等一次只能识别一个目标的技术。

（2）数据读写功能。RFID 读写器能够对支持读写功能的 RFID 标签进行数据的写入与读出；而条码只支持数据读出功能，条码信息一旦录入，便不能修改。

（3）小型化、形状多样化。RFID 标签的小型化和形状多样化使其更容易被嵌入不同的物体内，应用于不同的产品。

（4）耐环境性。RFID 标签采用非接触式读写方式，不怕水、油等物质，可以在黑暗及脏污环境中读取数据。

（5）可重复使用。RFID 标签中存储的是一定格式的电子数据，故可以通过 RFID 读写器对其进行反复读写，比传统的条码具有更高的利用率，也可以快速便捷地更新信息。

（6）穿透性和无屏蔽阅读。在被纸张、木质材料及塑料等非金属障碍物覆盖的情况下，RFID 标签可以进行穿透性通信；而条码在被覆盖或无光条件下将失去提供信息的能力。

（7）数据记忆容量大。一维条形码的容量是 30 个字符左右，二维条形码的最大容量是 3000 个字符，RFID 标签的最大容量则有数兆字符。随着记忆载体的发展，RFID 标签的数据容量将不断扩大。

（8）安全性、可靠性高。RFID 标签存储的是电子信息，可通过加密技术对数据进行保护。

RFID 标签的几种常见分类如表 5-1 所示。

表 5-1　RFID 标签的几种常见分类

分类标准	具体类别	特　点
工作模式	主动式（有源标签）、被动式（无源标签）	有源标签发射功率低、通信距离长、传输容量大、可靠性高、兼容性好；无源标签体积小、质量轻、成本低、寿命长，但通常要求与读写器之间的距离较近，且读写功率大
工作频率	低频 RFID 标签、中高频 RFID 标签、超高频 RFID 标签、微波 RFID 标签等	低频 RFID 标签典型的工作频率为 125kHz 与 133kHz；中高频 RFID 标签典型的工作频率为 13.56MHz；超高频 RFID 标签典型的工作频率为 860～960MHz；微波 RFID 标签典型的工作频率为 2.45GHz 与 5.8GHz
封装形式	粘贴式 RFID 标签、卡式 RFID 标签、扣式 RFID 标签等	灵活应用

2. 传感器

传感器是物联网的“神经末梢”，是许多装备和信息系统必备的信息获取单元，用来采集物理世界的信息。传感器用于实现最初信息的检测、交替和捕获。传感器技术的发展体现在感知信息、智能化、网络化 3 个方面。

传感器技术涉及传感信息获取、信息处理和识别的规划设计、开发、制造、测试、应用及评价改进活动等内容，是从自然信源获取信息并对获取的信息进行处理、变换、识别的一项多学科交叉技术。

传感器网络节点包括 4 个基本单元：感知单元、处理单元、通信单元和能量供应单元（电源部分），如图 5-3 所示。感知单元用于感知、获取外界的信息，并将其转换成数字信号；处理单元主要用于协调节点内各功能模块的工作；通信单元负责与外界通信；电源为传感器正常工作提供电能。此外，也可以在传感器节点中加入定位系统、运动系统及发电装置等其他功能单元。

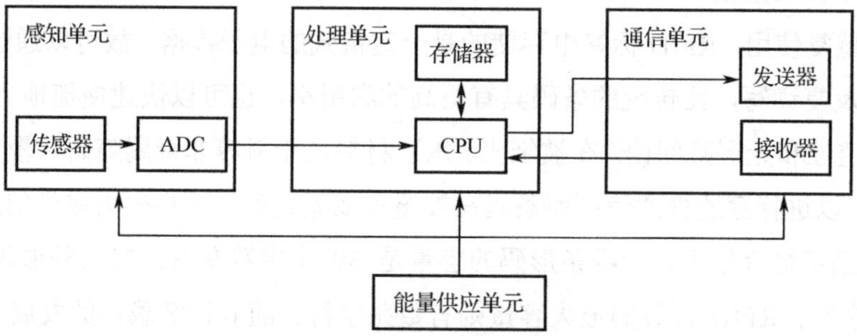

图 5-3 传感器网络节点的组成

衡量传感器性能的指标包括线性度、迟滞、重复性、灵敏度、分辨率、稳定性、寿命、多种抗干扰能力等。

（1）线性度。传感器的输入与输出之间存在非线性，传感器的线性度就是输入与输出之间关系曲线偏离直线的程度。

（2）迟滞。传感器在正（输入量增大）反（输入量减小）行程中输出曲线与输入曲线不重合时称为迟滞，如磁滞、相变。

（3）重复性。重复性是指传感器输入在按同一方向做全量程连续多次变动时所得特性曲线是否一致的程度。

（4）灵敏度。灵敏度是指传感器输出变化量与引起改变的输入变化量之比。

（5）分辨率。分辨度是指传感器能检测到的最小的输入变量。

5.2.2 通信组网技术

本节主要介绍无线通信技术。根据距离远近，无线通信技术可以分为近距离无线通信技术和远距离无线通信技术。近距离无线通信技术主要包括RFID、蓝牙（Bluetooth）、紫蜂（ZigBee）、近场通信（Near Field Communication，NFC）、IEEE802.11ah等。远距离无线通信技术一般被定义为低功耗广域网（Low-Power Wide-Area Network，LPWAN），如4G/5G、远距离无线电（Long Range Radio，LoRa）、窄带物联网（Narrow Band Internet of Things，NB-IoT）等。

1．Bluetooth

Bluetooth是由东芝、IBM、英特尔、爱立信和诺基亚于1998年5月共同提出的一种近距离无线数字通信的技术标准。Bluetooth是低功率、短距离无线连接技术，能穿透墙壁等，通过统一的无线链路在各种数字设备之间实现安全、灵活、低成本、小功率的语音和数据通信。其最高数据传输速率为1Mbit/s（有效传输速率为721kbit/s），最大传输距离为10m，采用2.4GHz的工业、科学、医学（Industrial,Scientific and Medical，ISM）免费频段，用户不必申请即可使用。在此频段上设立了79个带宽为1MHz的信道，每秒频率切换1600次，使用扩频技术实现电波的收发。

Bluetooth具有体积小、功率低的优势，被广泛应用于各种数字设备中，特别是那些对数据传输速率要求不高的移动设备和便携设备。

Bluetooth的特点如下。

（1）在全球范围内适用。Bluetooth工作在2.4GHz的ISM频段，全球大多数国家ISM频段的范围是2.4～2.4835GHz，是免费频段，使用该频段无须向政府职能部门申请许可证。

（2）可同时传输语音和数据。Bluetooth采用电路交换和分组交换技术，支持一路数据信道、三路语音信道及异步数据与同步语音同时传输的信道。每个语音信道的数据传输速率为64kbit/s，语音信号编码采用脉冲编码调制或连续可变斜率增量调制。当采用非对称信道传输数据时，数据传输速率最高为721kbit/s，反向为57.6kbit/s；当采用对称信道传输数据时，数据传输速率最高为342.6kbit/s。Bluetooth有两种链路类型：同步定向连接链路和异步无连接链路。

（3）可以建立临时对等连接。根据Bluetooth设备在网络中扮演的角色，可将其分为主设备和从设备。主设备是组网连接主动发起请求的Bluetooth设备。当几个Bluetooth设备连接成一个皮网时，其中只有一个主设备，其余的都为从设备。皮网是Bluetooth最基本的一种网络形式，最简单的皮网是由一个主设备和一个从设备组成的点对点通信网络。

（4）具有很好的抗干扰能力。在ISM频段工作的无线电设备有很多，如无线局域网、家用微波炉等产品。为了抵抗来自这些设备的干扰，Bluetooth采用跳频方式来扩展频谱。将2.402～2.48GHz频段分成79个频点，相邻频点之间的间隔为1MHz，Bluetooth设备在某个频点发送数据之后，再跳到另一个频点发送数据，而频点的排序是伪随机的，每秒频率可以改变1600次，每个频率持续约625μs。

（5）体积小，便于集成。个人移动设备的小体积决定了嵌入其内部的Bluetooth模块体积更小。

（6）低功耗。Bluetooth设备在通信连接状态下有4种工作模式，分别是呼吸模式、激活模式、保持模式和休眠模式。激活模式是正常的工作状态，另3种模式是为了节能而规定的低功耗模式。

（7）开放的接口标准。蓝牙技术联盟（Bluetooth Special Interest Group，Bluetooth SIG）为了推广Bluetooth，将Bluetooth的技术标准全部公开，全世界范围内任何单位、个人都可以进行Bluetooth产品的开发，只要产品能通过Bluetooth SIG的Bluetooth产品兼容性测试，开发者就可以将其推向市场。

（8）成本低。随着市场需求的不断增加，各个供应商纷纷推出自己的Bluetooth芯片和模块，Bluetooth产品的价格迅速下降。

2. ZigBee

ZigBee是一种短距离、低功耗的无线通信技术，它源于蜜蜂的八字舞，蜜蜂（bee）通过飞翔和"嗡嗡"（zig）地抖动翅膀来与同伴传递花粉所在的方位信息，ZigBee协议的方式特点与其类似，因此取名为ZigBee。

ZigBee采用高级加密标准（Advanced Encryption Standard，AES），加密程度相当于银行卡加密技术的12倍，安全性较高。同时，ZigBee采用蜂巢结构组网，每台设备都能通过多个方向与网关通信，从而保障了网络的稳定性。ZigBee设备还具有无线信号中继功能，可以接力传输通信信息，把无线距离扩大到1000m以外。另外，ZigBee网络容量理论节点为65300个，能够满足家庭网络覆盖需求，即使是智能小区、智能楼宇等，也只需要1个主机就能实现全面覆盖。ZigBee还具备双向通信的能力，能发送命令到设备，同时设备会把执行状态和相关数据反馈回来。ZigBee采用极低功耗设计，可以全电池供电，理论上一节电池能使用2年以上。

ZigBee具有以下几个特点。

（1）功耗低。ZigBee Alliance网站公布，和普通电池相比，ZigBee产品可以使用数月甚至数年之久。这就决定了它非常适用于那些一年甚至更长时间才需要更换电池的设备。

（2）接入设备多。ZigBee的解决方案支持每个网络协调器带有255个激活节点，多个网络协调器可以连接大型网络。2.4GHz频段可以容纳16个通道，每个网络协调器带有255个激活节点（Bluetooth只有8个），ZigBee技术允许在一个网络中包含4000多个节点。

（3）成本低。ZigBee只需要80C51之类的处理器和少量的软件即可实现，无须使用主机平台。从天线到应用实现只需1块芯片即可。Bluetooth则需要依靠较强大的主处理器（如ARM7），芯片构架也比较复杂。

（4）传输速率低。ZigBee的低功率导致了低传输速率，其原始数据吞吐速率在2.4GHz

（10 个通道）频段为 250kbit/s，在 915MHz（6 个通道）频段为 40kbit/s，在 868MHz（1 个通道）频段为 20kbit/s，传输距离为 10～20m。

（5）时延短。ZigBee 的响应速度较快，一般从睡眠状态转入工作状态只需 15ms，节点连接进入网络只需 30ms，进一步节省了电能。

（6）容量大。ZigBee 可以采用星状和网状网络结构，由一个主节点管理若干子节点，一个主节点最多可以管理 254 个子节点。同时，主节点可以由上一层网络节点管理，最多可以组成拥有 65000 个节点的大网。

（7）安全性高。ZigBee 提供了三级安全模式，包括无安全设定、使用接入控制清单防止非法获取数据及采用高级加密标准（AES128）的对称密码，以灵活确定其安全属性。

（8）免执照频段。使用 ISM 频段，即 868MHz（欧洲）、915MHz（美国）、2.4GHz（全球）。这 3 个频段除物理层不同外，其各自信道的带宽也是不同的，分别为 0.6MHz、2MHz 和 5MHz，分别有 1 个、10 个和 16 个信道。这 3 个频段的扩频和调制方式也是有区别的。扩频使用的都是直接序列扩频（Direct Sequence Spread Spectrum，DSSS），但从比特到码片的变换差别较大。调制方式都使用了调相技术，但 868MHz 频段和 915MHz 频段采用的是二进制相移键控，2.4GHz 频段采用的是偏移四相相移键控。

3．NFC

NFC 是一种短距离（小于 10cm）的电子设备之间进行非接触式点对点数据传输的高频无线通信技术。NFC 是在 RFID 和互联网技术的基础上演变而来的，向下兼容 RFID，最早由索尼公司和飞利浦公司各自开发成功，主要应用于手机等手持设备中，提供机器对机器的通信。NFC 可以让用户简单直观地交换信息、访问内容与服务。NFC 自 2003 年问世以来，就凭借出色的安全性和方便性得到了众多企业的青睐与支持。

NFC 作为一种逻辑连接器，可以在设备上迅速实现无线通信，将具备 NFC 功能的两个设备靠近，NFC 便能够进行无线配置并初始化其他无线协议，如 Bluetooth、IEEE 802.11，从而进行近距离通信或数据传输。NFC 可以用于数据交换，具有传输距离较短、传输创建速度较快、传输速率快、功耗低等特点。NFC 与 Bluetooth 的功能非常相似，两者都是短程通信技术，经常被集成到移动电话上。NFC 不需要复杂的设置程序，具有简化版 Bluetooth 的功能。NFC 的数据传输速率有 106kbit/s、212kbit/s、424kbit/s 3 种，远小于 Bluetooth V2.1 的 2.1Mbit/s。

4．IEEE 802.11ah

以 IEEE 802.11 为前缀的是无线局域网络标准，后跟用于区分各自属性的一个或两个字母。为了满足无缝互连的应用需求，电气与电子工程师协会（Institute of Electrical and Electronics Engineers，IEEE）提出了 IEEE 802.11ah 标准，可实现低功耗、远距离无线区域网络连接，需要采用 1GHz 以下频段，有效地解决了 Wi-Fi 信号易受建筑物阻挡而影响传输距离和覆盖范围的弊病。

IEEE 最初制定的一个无线局域网标准是 IEEE 802.11，这是第一个被国际上认可的无线局域网领域的协议，主要用于解决校园网和办公室局域网中用户和用户终端的无线接入，业务主要限于数据存取，数据传输速率最高只能达到 2Mbit/s。由于 IEEE 802.11 在数据传输速率和传输距离上不能满足人们的需要，IEEE 相继推出了 IEEE 802.11a、IEEE 802.11b 等许多新标准，它们与 IEEE 802.11 在技术上的主要差别在于 MAC 子层和物理层。

自 1997 年第一代 IEEE 802.11 标准发布以来，Wi-Fi 得到了大力的发展和普及。如今，Wi-Fi 已经成为用户上网的首选方式。在 Wi-Fi 系统的发展过程中，每代 IEEE 802.11 的标准都大幅提高了数据传输速率。例如，IEEE 802.11ac 的数据传输速率能达到 1Gbit/s，其运行在 5GHz 频段，与运行在 2.4GHz 频段的 IEEE 802.11n 或 802.11g 相比，数据传输速率更快。IEEE 802.11ah 标准在理想情况下传输距离可以达到 1km，从而实现更大的覆盖范围。IEEE 802.11ah 采用 900MHz 频段，数据传输速率大幅降低，仅能达到 150kbit/s～18Mbit/s，适用于短时间数据传输的低功率设备，是物联网无线通信的可选技术。

5．5G

5G 即第五代移动通信，是新一代信息通信发展方向，实现了从移动互联网向物联网的拓展。5G 诞生后，虚拟现实、增强现实、在线游戏和云桌面等设备的数据传输速率将得到极大的提高。从性能角度来说，5G 的目标是实现接近零时延、海量的设备连接，为用户提供更好的体验。

5G 网络开启了新的频带资源，使用毫米波（26.5～300GHz）以提高数据传输速率，之前的毫米波仅在卫星和雷达系统上应用。5G 网络基站是大量小型基站，功耗比当前的大型基站低。从布局来看，基站的天线规模大增，形成阵列，从而提升了移动网络容量，可以发送更多的信息。5G 采用 NFV 和 SDN，第一次真正将智慧云和云端处理的有价值的信息传输到智能设备端。手机和计算机上的应用将借力云端获得更强大的处理能力，而不再局限于设备本身的配置。

5G 采用全新的网络架构，提供峰值 10Gbit/s 以上的带宽，用户体验速率可稳定在 1～2Gbit/s。5G 还具备低时延和超高密度连接两个优势。低时延意味着不仅上行、下行传输速率更快，而且等待数据传输开始的响应时间大幅缩短。超高密度连接可以解决人员密集、流量需求大的区域的用户需求，让用户在这种环境下也能享受到高速网络。5G 支持万物互联，连接数密度可达 100 万个/km^2，有效支持海量物联网设备的接入；流量密度可达 10（Mbit/s）/m^2，支持未来千倍以上移动业务流量的增长。

6．LoRa

LoRa是美国Semtech公司采用和推广的一种基于扩频技术的超远距离无线传输方案。这一方案改变了以往关于传输距离与功耗的折中考虑方式，为用户提供了一种简单的能实现远距离传输、长电池寿命、节点容量大的系统，进而扩展了传感网络。目前，LoRa主要在全球免费频段（非授权频段）运行，包括433MHz、868MHz、915MHz等。

LoRa技术具有远距离、窄带低功耗（电池寿命长）、多节点、低成本的特点，适用于政府网、专网、个人网等各种应用的灵活部署。

LoRa网络主要由终端（内置LoRa模块）、网关（或称基站）、网络服务器及应用服务器4部分组成，应用数据可以双向传输。LoRa网络架构如图5-4所示。

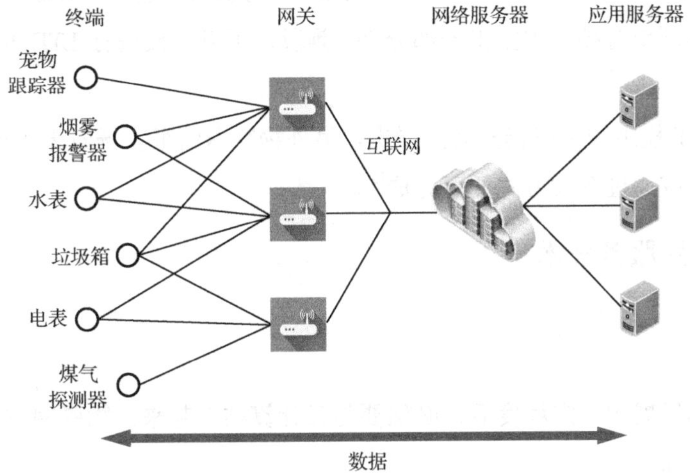

图5-4　LoRa网络架构

物联网采用LoRa技术，能够以低发射功率获得更大的传输范围和更远的传输距离。这种低功耗广域技术方向正是未来降低物联网建设成本、实现万物互联所必需的。

7．NB-IoT

NB-IoT只需要使用180kHz频段，可直接部署全球移动通信系统（Global System for Mobile Communications，GSM）网络、通用移动通信系统（Universal Mobile Telecommunications System，UMTS）网络或长期演进（Long Term Evolution，LTE）网络中。由于NB-IoT使用授权License频段，因此可以采取带内、保护带或独立载波3种部署方式。

NB-IoT的技术特点有以下几个。

（1）多链接。在同一基站的情况下，NB-IoT能提供50～100倍的2G/3G/4G接入数。一个扇区能够支持10万个连接，支持延时不敏感业务，设备成本低，设备功耗低。例如，目前运营商给家庭中的每个路由器仅开放8～16个接入口，一个家庭中通常有多台笔记本电脑、手机、联网电器等，未来要实现全屋智能，需要新的技术方案。NB-loT多连接可以轻松解决未来智慧家庭中大量设备联网的需求。

（2）广覆盖。NB-IoT 比 LTE 网络提高了 20dB 增益的室内覆盖能力，相当于提高了 100 倍的覆盖区域能力，可以满足农村的广覆盖需求及地下车库、厂区、井盖等的深度覆盖需求。例如，在井盖监测中，使用 GPRS 方式需要伸出一根天线，来往的车辆极易将天线损坏，采用 NB-IoT 可以轻松解决这个问题。

（3）低功耗。物联网得以广泛应用的一个重要特点是低功耗，尤其是对一些安置于高山荒野等偏远地区的各类传感监测设备来说，经常更换电池或充电是不现实的，在不更换电池的情况下工作几年是这些设备最基本的需求。NB-IoT 聚焦小数据量、小速率的应用，因此 NB-IoT 设备功耗小，设备续航时间可长达几年。

（4）低成本。NB-IoT 利用运营商已有的网络，无须重新建网，射频和天线基本可以复用。例如，运营商现有频带中空出一部分 2G 频段，可以直接进行 LTE 和 NB-IoT 的同时部署。

目前 NB-IoT 模组的价格仍然有点昂贵，另外物联网的很多场景无须更换 NB-IoT，仅需使用近场通信或通过有线方式便可完成[2]。

5.2.3 应用服务技术

1．云计算

物联网规模发展到一定程度后，必然要与云计算结合起来。物联网与云计算的结合体现在以下几个方面。

（1）利用 IT 虚拟化技术，为物联网提供后端支撑平台，以提高物理世界的运行效率、管理效率、资源使用效率等。采用服务器虚拟化、网络虚拟化和存储虚拟化，可以使服务器与网络之间、网络与存储之间达到资源共享的虚拟化，实现计算能力的有效利用，为各类物联网应用提供支撑。

（2）基于各类计算资源，建设绿色云计算服务中心，采用 SaaS、PaaS、IaaS 等模式为物联网提供服务。

（3）物联网、互联网的各种业务与应用逐步融合在云计算中并集成，可以实现物联网与互联网中设备、信息、应用和人的广义交互与整合。

2．大数据

物联网是在互联网的基础上发展形成的新兴技术，因此其对大数据技术有更高的要求，主要体现在以下几个方面。

（1）数据量更加丰富。在物联网这个大背景下，大数据技术应当不断扩大并丰富数据类型和数据量。数据海量性是物联网最主要的特点，基于互联网的数据技术所能达到的水平已经远远不能承载物联网带来的大规模增长的数据量。为了从根本上满足物联网的基本需求，必须改进大数据相关技术。

（2）数据传输速率更高。一方面，物联网的海量数据要求骨干网传输带宽更大；另一方面，由于物联网与真实物理世界直接关联，很多情况下需要实时访问、控制设备，只有提供更高的数据传输速率才能有效地支持相应的实时性。

（3）数据更加多元化。物联网中的数据更加多元化。物联网涉及的应用范围广泛，涉及生活中的方方面面，从智慧物流、智慧城市、智慧交通、商品溯源到智慧医疗、智能家居、安防监控等，都是物联网的应用领域。不同领域、不同行业有不同格式的数据。

（4）数据更加真实。物联网是真实物理世界与虚拟信息世界的结合，物联网对数据的处理及基于此进行的决策将直接影响物理世界，因此物联网中数据的真实性显得尤为重要。

物联网与大数据之间有着密不可分的关系，两者相互促进、相互依存，共同推动着社会的发展与进步。

首先，物联网为大数据的产生提供了基础。通过物联网连接的各类智能设备，如传感器、智能手机、智能家居等，可以不断地收集、传输和存储各类数据。这些数据来源广泛、数量庞大，包括各个领域的信息，如交通、环境、健康等领域。物联网的发展为大数据的采集提供了更加便捷和高效的手段，为大数据的形成打下了坚实的基础。

其次，大数据为物联网的应用提供了支持。大数据分析和挖掘技术能够对海量的数据进行整理、分析和提取，从中发现隐藏的规律和价值。这使物联网设备采集的数据得以应用到各个领域，如智慧交通、智慧医疗、智慧城市等领域。通过对大数据的处理，物联网设备能更好地预测、响应和适应各种情况，提高人们的生活质量和工作效率。

最后，物联网和大数据的结合为智慧决策提供了有力支撑。大数据分析的结果可以为决策者提供全面、准确的信息，帮助他们做出更明智的选择。而物联网设备的数据采集和传输能够实时地将信息反馈给决策者，使其做出的决策更具实效性、更迅速。物联网和大数据的结合还有助于优化资源配置、提高生产效率和节约成本，对个人、企业和社会都具有重要意义。

3．人工智能

在实际应用中，人工智能被视为实现物联网的关键技术之一，因为它能够处理和分析海量的数据，并提供智能化的服务和解决方案。

人工智能为物联网提供强有力的数据扩展，促进互联设备更好地协同工作。人工智能在物联网的应用中，通常通过收集、处理和分析大量的数据，对互联设备的运作和使用提供准确的指导与决策。这种数据处理技术常常需要使用深度学习、自然语言处理、计算机视觉等关键技术。同时，在处理数据的过程中，人工智能技术可以发现数据之间的联系和规律，从而给互联设备的协同工作提供更大的可能性。

人工智能让物联网变得更加智能化，帮助物联网应用进行智能检测，提高处理突发事件的准确度。人工智能技术的普及和应用改变了物联网处理复杂场景的难度与准确性。物联网应用的场景往往十分复杂，对设备的要求也很高，需要实现高精度、高可靠、高准确率的处理效果，以支持人们的日常生活应用。而在物联网应用中，物联网设备的智能闪光点通常与人工智能技术的应用密切相关。例如，在智能家居中，当人们开启电视或空调的时候，物联网设备需要利用视觉和语音识别技术来识别人们的行为并做出相应的反应，而这一过程需要人工智能技术的支持。

人工智能有助于物联网提高运营效率。随着物联网技术和应用的发展，人们面临一个新的问题，即如何控制物联网设备的运营成本。通过人工智能技术与物联网技术的融合，设备可以更高效率地处理数据和任务，从而降低运营成本。例如，在互联网工厂的应用中，由于部署的物联网设备数量众多，企业往往需要付出高昂的成本来维护和操作这些设备。在这种环境中应用人工智能技术，可以大幅提高设备运作的精度，从而减少人们在操作方面的成本。

总体来说，人工智能和物联网的互联互通关系是未来智能世界的重要组成部分。人工智能技术的应用会将物联网系统的智能化水平提升到一个全新的高度。

5.3 物联网赋能数字经济

物联网技术正在重塑全球范围内的经济发展，为数字经济注入新的活力并提供强大的支撑。充分利用物联网技术，能够推动经济高质量发展，提升国家综合竞争力。

5.3.1 物联网在工业领域的应用

具有环境感知能力的各类终端、基于泛在技术的计算模式、移动通信等不断融入工业生产的各个环节，大幅提高制造效率、改善产品质量、降低产品成本和资源消耗，将传统工业提升到智能工业的新阶段。

物联网在工业领域的应用主要集中在以下几个方面。

（1）制造业供应链管理。物联网应用于企业原材料采购、库存、销售等领域，通过完善和优化供应链管理体系，提高了供应链效率，降低了成本。例如，空中客车通过在供应链体系中应用传感网络技术，构建了全球制造业中规模最大、效率最高的供应链体系之一。

（2）生产过程工艺优化。物联网技术的应用提高了生产线过程检测、实时参数采集、生产设备监控、材料消耗检测的能力和水平，同时使生产过程中的智能监控、智能控制、智能诊断、智能决策、智能维护水平不断提高。一些钢铁企业应用各种传感器和通信网络，在生产过程中实现了对所加工产品的宽度、厚度、温度的实时监控，提高了产品质量，优化了生产流程。

（3）工业安全生产管理。把传感器嵌入和装配到矿山设备、油气管道、矿工设备中，可以感知危险环境中工作人员、机器设备、周边环境等方面的安全状态信息，将现有的网络监管平台升级为系统、开放、多元的综合网络监管平台，实现实时感知、准确辨识、快捷响应和有效控制。

（4）产品设备监控管理。各种传感技术与制造技术融合实现了对产品设备操作使用记录、设备故障诊断的远程监控。通用电气石油和天然气集团在全球建立了 13 个面向不同产品的综合服务中心，其通过传感器和网络对设备进行在线监测与实时监控，并提供设备维护和故障诊断的解决方案。

（5）环保监测和能源管理。物联网与环保设备的融合实现了对工业生产过程中产生的各种污染源和污染治理各环节关键指标的实时监控。在重点排污企业的排污口安装无线传感设备，不仅可以实时监测企业排污数据，而且可以远程关闭排污口，防止突发性环境污染事故的发生。电信运营商已经开始推广基于物联网的污染治理实时监测解决方案[4]。

5.3.2　物联网在农业领域的应用

物联网在农业领域的应用非常广泛，主要体现在以下几个方面。

（1）智能农田管理。通过在农田中部署传感器网络，可以实时监测土壤湿度、温度、养分等信息，帮助农民更准确地判断植物生长的需求，从而实现精准的灌溉和施肥，提高水资源和肥料的利用效率。

（2）精准农药施用。农民利用无人机、智能农机等设备，可以精确地将农药喷洒到需要的地方，减少农药的浪费，同时避免对环境和生态系统的影响。

（3）牲畜养殖管理。智能传感器可以监测牲畜的运动状态、健康状态等信息，帮助养殖者及时发现疾病和异常情况。智能饲喂系统可以根据牲畜的需求自动调整饲料，提高饲养效率。

（4）农产品物流与溯源。利用物联网设备可以对农产品的运输过程进行实时监测，确保产品的质量和安全。溯源系统可以帮助消费者了解农产品的生产过程和来源，提高消费者的食品安全意识。

（5）智慧农业决策。通过数据分析，农民可以了解气象、土壤、市场等多方面的信息，从而更科学地制订种植计划、销售策略等，降低农业风险，提高产量和收益。

（6）农业机械智能化。智能农业机械通常安装有卫星导航系统、自动驾驶系统、计算机设备及必要的传感器，实现对田间作物信息、土壤信息、环境信息的不间断监测，并准确执行指令。

（7）智慧农业数据展示。展示主要气象数据，为手动控制和自动控制提供参考与依据，利用数据科学技术，从用户日常管理数据中提取农业生产关键元素，实现数据的多维度、可视化展示，帮助农业生产者做出科学的决策。

此外，物联网技术还可以应用于农业环境监测、温室大棚生产控制、节水灌溉、气象监测等多个方面。

5.3.3 物联网在智能电网领域的应用

随着电网环境的日益复杂，电网中用电不均衡、蓄能电站效率低、电网电能浪费等问题不断涌现。为了保持电网的高可靠性，减少电网中断次数，需要对电网进行周全的监测和管理，智能电网应运而生。

目前，中国的智能电网注重电力系统发电、输电、变电、配电、用电和电力调度这6个环节，以通信信息技术为支撑，具有信息化、数字化、自动化特征。物联网技术可以整合通信及电力基础设施资源，使其服务于电力系统运行，提高现有电力系统基础设施的利用效率，优化电网的运行和管理。

（1）在发电方面，应用物联网技术可以对发电机、电动机等进行状态监测，对风力太阳能发电等进行发电预测。

（2）在输电方面，线路状态监测主要包括对导线温度绝缘端子污秽、杆塔倾斜、覆冰、线路舞动、微气象等的监测。应用物联网技术可以实时获取设备状态信息，对设备状态进行评估和诊断。

（3）在变电方面，通过物联网技术对电气设备状态进行监测，对变电站的周界进行安全防护。利用电力专用数据网络将信息传送至设备监测中心，可以实现输变电设备运行状态检测管理，提高输变电运行管理水平。

（4）在配电方面，将物联网技术应用在配电网现场作业管理、配电网设备的安全防护方面，可以提高电能利用效率，实现节能减排，降低生产成本。

（5）在用电方面，通过应用物联网技术，智能电网可以对用电信息采集进行管理，从而对用电需求进行更准确的预测，并在断电的情况下及时采取措施。智能电网可以在智能电表的协助下，对供电量进行调配，制订动态计费方案，以反映不同时刻的发电成本和输电成本，有助于缓解用电峰谷矛盾，使电网保持供需平衡。

（6）在电力调度方面，应用物联网技术进行监控与数据采集，通过传感器及时感知电网内部的运行情况，将电能的损耗情况反馈给调度系统，辅助调度人员控制调度系统的运行方式，在保证安全运行的前提下优化网络的运行，减少能源消耗。

5.3.4 物联网在智慧城市领域的应用

1. 智能交通

随着技术的不断发展和创新，人们对交通工具的需求不断增加。为了提高交通的效率和安全性，智能交通系统应运而生。智能交通系统将信息技术、通信技术和交通管理系统有机结合起来，为人们提供更加便捷、高效、舒适、安全的交通服务。其中，物联网技术在智能交通系统中有着重要的应用。

（1）城市交通状况监控系统。城市交通状况监控系统利用安装在城市主干道各个路口的传感器，实现了实时监测交通流量、车辆行驶速度、路面状况及车辆密度等信息，并将这些信息上报到云端服务器，使相关职能部门可以实时了解交通状况，进行交通疏导和调度，提高城市交通效率，缓解交通拥堵。同时，通过机器学习等算法，城市交通状况监控系统可以预测不同时间段的交通流量和交通状况，为城市交通管理提供决策依据。

（2）智慧公交系统。智慧公交系统是基于物联网技术的公交服务系统，可以为乘客提供更加便捷、高效的公交服务。例如，乘客可以通过手机App查询公交车的实时位置和到站时间，从而合理安排出行时间。公交车上安装的智能设备可以对车辆状态进行实时监测，及时发现异常情况，并通知相关工作人员及时处理。同时，将公交车与路网监控系统联合起来，可以实现公交车道优先、防止交通拥堵等功能，提高公交车运营效率，提升乘客出行体验。

（3）智能停车管理系统。智能停车管理系统通过在停车场安装物联网传感器和摄像头等设备，实现了车位实时监测、车辆入场记录、车辆出场统计等功能。驾驶员可以通过手机App查询停车场的车位信息和导航信息，实现停车费用的无感支付。同时，智能停车管理系统可以对停车场内的车辆进行实时监控和统计，预测车辆出场时间，有针对性地组织车位管理，避免车位浪费，提高停车场资源利用率。

2. 智慧环境监测

智慧环境监测系统利用物联网技术对城市环境进行监测和管理。在城市各个区域布置传感器设备，可以实时监测空气质量、噪声水平、温湿度等环境参数。这些数据可以通过云端平台进行分析和传输，为相关部门和市民提供准确的环境信息。例如，当城市空气污染严重时，智慧环境监测系统可以及时发布环境预警信息，引导市民采取相应的防护措施。同时，智慧环境监测系统可以为城市管理部门提供评估城市环境改善效果的数据，为环境治理决策提供科学依据。

3. 智慧能源

智慧能源系统利用物联网技术实现城市能源的智能化管理。利用智能电表和传感器设备，可以实时监测居民和企业的用电量、用气量等能源数据。这些数据通过云端平台进行收集和处理，可以实现对能源的精准测量和对用能的精细化管理。例如，通过对居民用电行为的监测和分析，智慧能源系统可以为居民提供节能用电的提示和建议，鼓励节约用能。同时，智慧能源系统可以实现对能源的动态调度和负荷均衡，提高能源的利用效率，减少能源浪费。

4. 城市管理

物联网应用于城市管理体现在很多方面，如地面井盖自动监测系统、垃圾箱充满自动报警系统、城市户外广告牌管理系统、食品安全跟踪监测系统、智慧照明系统等。以智慧照明系统为例，智慧照明系统利用物联网技术实现对城市照明的智能化管理。灯具中的传感器设备可以实时监测道路照明的亮度、温度等数据。在云端平台对这些数据进行汇总和分析，可以实现对照明设备的集中控制和智能调节。例如，在光线较暗的地方自动调节路灯光线亮度，提高夜间行人和车辆的安全性。同时，智慧照明系统能根据路况和人流量的变化自动调节照明设备的亮度与功率，节约能源，提高能源利用效率。智慧照明系统的应用能够降低城市能耗，同时提高城市的照明质量[5]。

5.4 物联网带来的伦理道德和社会问题

物联网是互联网发展的延伸，丰富了网络社会的内涵。它为人们与物理世界提供了一个全新的开放式交往活动平台，将带来人类社会在经济、政治和文化层面的结构性转型与重构。在物联网时代，人类以往的社会结构带给人们的安全感和生活的连续性都将不复存在，传统道德的社会基础发生了改变，人的价值观和伦理观也会发生相应的变化。物联网的发展带来了新的伦理道德和社会问题。

5.4.1 安全风险

物联网通过无处不在的数据感知、以无线为主的信息传输、智能化的信息处理，以及可以延伸和扩展到任何物品之间的用户端，进行信息交换和通信。物联网的智能化特点可以使机器遵照相应的指令进行必要的操作，这就使一些危险、复杂的工作不再需要人来控制。因此，很多物联网机器或感知节点都处在无人监控的情况下，这就给攻击者提供了机会，使其可以轻易地破坏或监视这些机器或感知节点，造成信息的传输错误或信息丢失、损毁。另外，物联网无处不在、无所不包，其需要使用无数个节点和终端来连接不同的世界与系统，这将导致大量的数据信息被某些人或机构所捕获，造成信息泄露，从而引起安全恐慌[6]。

物联网对国家安全也提出了挑战。因为物联网的发展将覆盖通信网、电网、油气管道、供水、军事等涉及民生与国家战略的领域，通过信息终端，不法分子和网络病毒可以威胁整个网络安全，导致重大信息泄露，危害国家利益。当发生自然灾害时，现有的信息防护体系难以保证重大敏感信息不被他人控制，因此存在安全隐患。由于发展中国家在信息技术的人才、设施及应用等方面相对处于劣势，导致各国物联网发展不均衡，发展中国家在国家安全问题上存在更多隐患。不仅如此，网络还会导致信息不均衡，从而引发隐性的政治问题。

5.4.2 经济风险

物联网的发展需要突破核心技术，而我国目前掌握的核心技术，如 RFID 关键技术、传感器技术、云计算技术等还不够先进，导致基于这些技术的高端产品被国外厂商垄断。物联网的发展需要产业链上下游企业通力合作，而我国物联网产业链的完善程度与发达国家之间仍然存在一定的差距，上下游企业之间的联动较弱，尚未形成合力。物联网应用的推广需要巨大的投资来进行市场引导，这需要我国进一步进行经济体制改革，通过打破行业垄断引发更多的市场增长点。物联网的巨大市场依托国内消费需求的拉动，而国内需求的拉动又是一个牵涉面广、需要精心培育的过程。因此，物联网的发展是一个复杂的技术与经济结合的系统问题。整体而言，物联网的发展对经济发展将起到极大的推动作用，但从维护国家整体经济利益的角度来看，要综合考虑核心技术、产业、投资、市场等方面的现实状况，循序渐进。

5.4.3　文化传播风险

物联网的发展给我国思想文化的传播带来了新课题。物联网使文化传播的途径从人与人之间拓展到人与物、物与物之间，而且传播的领域几乎渗透到人们生活的各个层面，传播的内容更加丰富，也更加复杂。物联网将成为继互联网之后思想文化传播更大的集散地，也将成为社会舆论的集散地。因此，在基于物联网的信息网络空间可能会出现新的信息污染。另外，物联网的功利性使思想文化传播的人文精神受到挑战。物联网技术的功利性可能会诱使部分人利用尖端技术掌控他人隐私，传递负面信息，为思想文化道德建设设置新的壁垒。物联网的发展将引发比互联网更强势的“思想通吃”现象，西方强势文化必然将凭借其信息技术优势，向包括我国在内的发展中国家渗透其价值观、政治意识与政治理念，推行其文化殖民主义，从而危害国家的民族文化安全。

5.4.4　隐私保护风险

RFID 是物联网中的重要技术，在该系统中，标签可能预先被嵌入物品中，但物品的拥有者不一定能察觉到该物品已被嵌入标签，从而使自身在不知情的情况下被扫描、定位与追踪，导致个人隐私泄露。物联网背景下的隐私保护不仅涉及技术问题，还涉及政治和法律问题。物联网基于信息技术，在信息的识别中不仅需要确保国家机密、商业机密的安全，防范黑客攻击和病毒入侵，更需要确保个人隐私不受侵犯。

物联网是一个比互联网更开放、范围更广的网络系统，在很多场合都需要无线传输，这种暴露在公共场合中的信号很容易被窃取和干扰，任何人或组织都可以凭借技术接入任何网络的终端，随意甚至恶意散播病毒或实施攻击行为，导致信息的泄露和传播，从而造成个人隐私被侵犯，给人们的生活和心理带来巨大压力。

5.4.5　道德风险

物联网将互联网中人与人之间的交流扩展到人与物、物与物及人与人之间的交流。虽然交流的对象和范围因为物联网而得到了最大限度的扩展，人与物之间的信息交流也得到了加强，但是人与人之间的交流相对减少了。人们不再面对面地交流，而是以机器或物品作为交流的中介，甚至直接对机器或物品的指令进行回应。这会使人与人之间的交流产生一定的障碍，造成人们之间感情的疏离与淡漠。

物联网连接了现实世界和虚拟世界，人们依靠标准的操作程序就可以下达行动指令，逐渐丧失了自身的主观判断能力，无须对自身行为所产生的任何影响负责。这使人们以游戏的心态在虚拟世界进行交际，无真实性的交往将造成人们多疑的性格，人们不再信任任何人。这种信任危机也会被扩大到现实世界中。人们在虚拟世界形成的随意言论与行为的态度也被呈现到现实世界，这将导致人们的交往缺乏真实与真诚，从而导致社会生活中人际交往的信任危机。物联网会引发人们的不信任感与担忧，影响人们正常的选择与决策。人们在网络上的行为缺少规范与制约，容易产生道德失范风险[7]。

案例：国家牧草创新基地农业物联网应用实践

农业物联网是物联网技术在农业生产、经营、管理和服务全产业链中的具体应用，对改造传统农业、加快现代化农业的发展具有重要意义。农业物联网是指综合利用各类感知设备实时采集动植物本体、农业生产过程及农产品物流等相关信息，通过无线传感器网络、移动通信无线网和互联网传输，将获取的海量信息进行融合、处理，最后实现农业产前、产中、产后的全过程监控、科学决策和实时服务。物联网技术充分面向现代化农业生产需求，对环境和作物生长信息进行精准的监测，确保生产过程的精确管理，在肥料、农药、灌溉、诊断病虫害等方面实施智能化管控，对农产品质量安全的全过程进行检测跟踪，从而实现农业的高效安全生产。

农业物联网主要由感知层、网络层、应用层组成，如图 5-5 所示。感知层是农业物联网的底层，也是基础层，通过各种传感器及视频技术的组合，获取作物生长的实时环境监测数据，并在获取指令后控制各种功能性仪器。网络层建立在局域网、移动网络、互联网之上，主要负责整个系统的数据传输，将接收到的感知层的各类数据通过网络传输至信息处理中心，由应用层进行处理，同时将应用层发出的命令信息送达感知层，实现对各种功能性仪器的控制。应用层位于农业物联网的顶层，主要实现传感器数据查询、数据分析、数据挖掘及基于感知数据的应用和决策。

中国农业科学院北京畜牧兽医研究所国家牧草创新基地位于中国农业科学院廊坊试验基地，占地 33.33hm^2，主要从事牧草育种栽培等科学研究。国家牧草创新基地的物联网系统主要利用物联网技术对园区环境、设施棚舍环境、牧草生长状况及羊只生长发育情况进行监测。监测点布局集中、地势平整、便于施工，以低成本的有线网络传输信号为宜。园区物联网布局如图 5-6 所示。

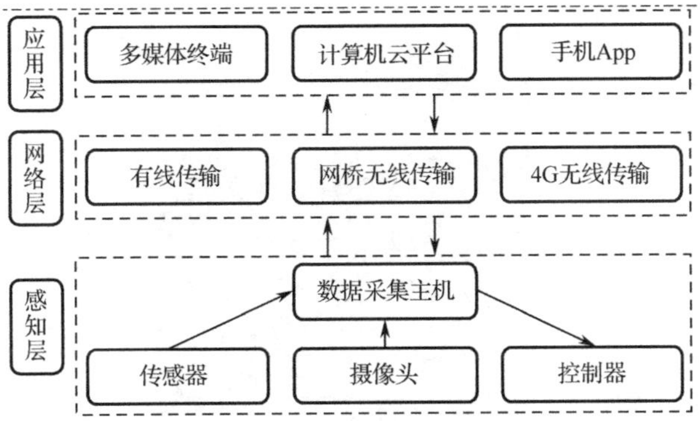

图 5-5　农业物联网的组成

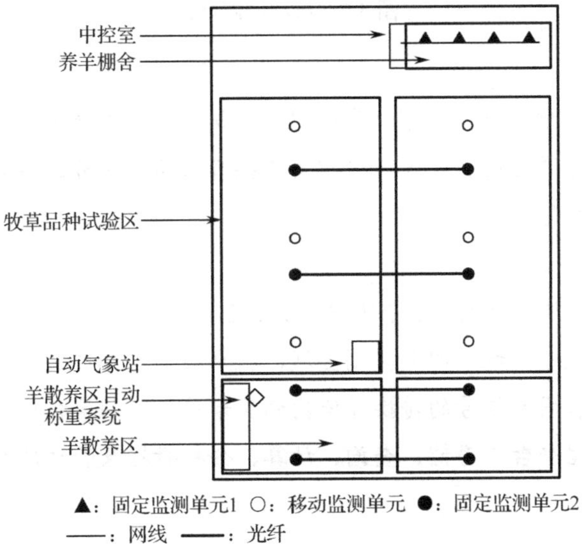

图 5-6　园区物联网布局

1. 感知层

感知层采用 5 种监测单元，第 1 种为固定监测单元，配有带旋转平台的枪式摄像机和一组空气温湿度传感器，用于养羊棚舍的监测，同时该监测单元的数据采集主机与棚舍的风机、空调、遮阳帘电机连接，根据指令控制各仪器的开关。第 2 种也为固定监测单元，配有球形摄像机和 5 组土壤温湿度传感器，用来监测牧草生长状况及土壤深度为 20cm、40cm、60cm、80cm、100cm 的温度和含水量。第 3 种为移动监测单元（见图 5-7），配有球形摄像机和 1 组土壤温湿度传感器，方便移动，用于监测不同品种牧草种植区的牧草生长状况及土壤深度为 10cm 的温度和含水量。监测仪器采用有线供电。第 4 种为自动气象站，配有用于监测空气温湿度、光照强度、风速、风向、降雨量、蒸发量、土壤温度、土壤含水量的传感器，以监测园区的环境气象数据。第 5 种用来监测散养羊体重增长情况，通过 RFID 系统和自动称重系统把每只羊每天的体重记录并上传到云平台。

图 5-7　移动监测单元

2. 网络层

养羊棚舍距离中控室较近，可以采用网线连接有线传输信号。牧草品种试验区、羊散养区、自动气象站通过地埋光纤与中控室连接有线传输信号。羊散养区自动称重系统通过 4G 网络实现无线信号传输。

3. 应用层

中控室安装了 4 块显示屏、1 个中央平台、2 台刻录机、1 台服务器。其中，4 块显示屏分别显示养羊棚舍、牧草固定监测区域、牧草移动监测区域、羊散养区域的图像和环境数据；中央平台用于信号的转换并传输到显示屏上；刻录机用于保存图像；服务器用于安装益康农数据平台，存储、查询、计算、分析数据及管理决策等，配有手机 App 客户终端。

4. 项目实施

项目通过物联网信息获取装备实时获取圈舍环境信息，结合通风、控光、调温装备实现圈舍最佳适应环境智能化调控，并结合可视化监控技术实现饲养物生长过程的远程可视化监测与在线诊断，对提高科学养殖种植、提高效率、节省劳动力、保障品质有重大意义。

在项目建设与实施过程中，感知层使用了 RFID 技术、传感器技术和智能控制技术等，网络层使用了有线信号传输、无线信号传输，应用层使用了多媒体终端、云平台、手机 App 等功能，这些都是农业物联网常规的应用技术。可以针对不同用户的不同需求和使用环境，将技术有机组合从而实现目标功能。

农业物联网作为一门新兴的交叉学科，其技术优势将广泛应用于大田种植、设施园艺、畜禽水产养殖、农产品物流及食品安全追溯等方面。物联网的发展给我国农业带来了前所未有的发展机遇，也使农业生产走向技术化、专业化和现代化。虽然农业物联网的信息感知产品在稳定性、可靠性、低功耗等方面需要进一步提升和改进，但随着物联网产业标准化体系的逐步建立与完善，以及关键技术与瓶颈的突破，农业物联网的应用与推广规模将不断扩大，并随着用户的体验与需求向系统集成、智能化服务方向发展[8]。

参考资料

[1] 刘云浩. 物联网导论（第 4 版）[M]. 北京：科学出版社，2022.

[2] 高泽华，孙文生. 物联网：体系结构、协议标准与无线通信[M]. 北京：清华大学出版社，2020.

[3] 黄建波. 一本书读懂物联网（第 3 版）[M]. 2 版. 北京：清华大学出版社，2017.

[4] 刘伟，刘卓华，陈珊，等. 物联网+5G[M]. 北京：电子工业出版社，2020.

[5] 郑灿香，吴勇灵. 物联网基础[M]. 北京：清华大学出版社，2021.

[6] 李志红，朱亚男. 物联网技术的伦理问题探析[J]. 中国高新技术企业，2014（22）：7-9.

[7] 叶美兰，王林林. 物联网视域下的社会风险与政策监管[J]. 南京邮电大学学报（社会科学版），2011, 13（2）：1-4.

[8] 赵军，高翔. 农业物联网技术运用于农业园区的典型案例分析与展望[J]. 河北农业科学，2022（5）：97-101.

第 6 章

虚拟现实

学习目标

- 掌握虚拟现实的定义、特点、发展过程。
- 了解虚拟现实的关键技术。
- 了解虚拟现实软件的种类、功能及发展趋势。
- 掌握虚拟现实如何赋能数字经济。
- 了解虚拟现实带来的伦理道德和社会问题。

在日常生活中，医学诊断和治疗往往伴随着一定的风险与不确定性。为了降低风险、提高医疗质量，虚拟现实技术在医疗服务中的应用日益受到关注。下面以“手术模拟”为例，来了解一下虚拟现实技术如何为医疗服务带来创新和改进。想象一下，你是一位经验丰富的外科医生，现在需要为一位患者进行高难度的脑部手术。在正式进行手术之前，你可以使用虚拟现实头盔和交互式手术平台，在一个虚拟的手术环境中预先练习手术技巧。在这个模拟过程中，你可以将虚拟的手术器械插入患者的脑部，练习各种手术操作，如血管结扎、神经分离等。这种手术模拟不仅有助于提高你的手术技巧，还可以帮助你发现潜在风险，如血管扭曲、神经压迫等。通过提前预测和应对这些风险，你可以在正式手术时更有效地确保患者的安全。此外，手术模拟还有助于提高整个医疗团队的协作能力，如麻醉师、护士等，使他们更准确地了解手术流程和预期目标。除了在手术前进行模拟练习，虚拟现实技术还可以用于术后康复训练。例如，对于腿部骨折的患者，医生可以使用虚拟现实技术为他们提供一个虚拟的行走环境，让他们在手术后进行肢体功能康复训练。通过这种康复训练，患者可以更快地恢复肢体功能，提高生活质量。这个案例生动地展示了虚拟现实技术在经济赋能方面的巨大潜力，以及它对医疗服务创新和改善的推动力。

如果你问身边的人什么是 VR，绝大多数人的回答将是：“VR 就是虚拟现实。”因为 VR 的全称就是 Virtual Reality。那什么是虚拟现实呢？通俗直观地说，虚拟现实就是通过各种技术在计算机中创建一个虚拟世界，用户可以沉浸其中。用户用视觉、听觉等感知这个虚拟世界，与虚拟世界中的场景、物品甚至人物进行交互。近几年，虚拟现实越来越活跃在人们的视线中，即使在一些不太发达的地区都可以看到“VR 体验馆”的身影，如图 6-1 所示。淘宝、京东等各大电商平台也经常有 VR 眼镜、VR 头盔的商品宣传和销售，如图 6-2 所示。2018 年年初，电影《头号玩家》描绘了未来的虚拟现实世界，更是在全球掀起了一阵 VR 热潮。

图 6-1　VR 体验馆

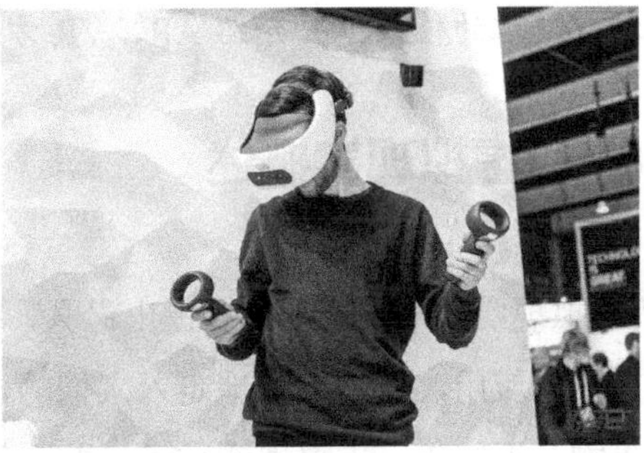

图 6-2　VR 头戴式显示器 HTC Vive

但是，上面提到的这些都是狭义的虚拟现实，而广义的虚拟现实除了 VR，还包括 AR（见图 6-3）和混合现实（Mixed Reality，MR；见图 6-4），三者合称“泛虚拟现实”。因此，有时也把泛虚拟现实产业称为 3R 产业。以计算机技术为核心，通过构建、叠加虚拟信息，并将其融合于现实环境或虚拟空间，从而形成交互式场景的综合计算平台，这便是泛虚拟现实技术的核心。具体来说，就是建立一个包含实时信息、三维静态图像或运动物体的完全仿真的虚拟空间，虚拟空间的一切元素按照一定的规则与用户进行交互。而 VR、AR、MR 3 个细分领域之间的差异，就体现在虚拟信息和真实世界的交互方式上。这个虚拟空间既可以独立于真实世界之外（使用 VR 技术），也可叠加在真实世界之上（使用 AR 技术），甚至与真实世界融为一体（使用 MR 技术）[1]。

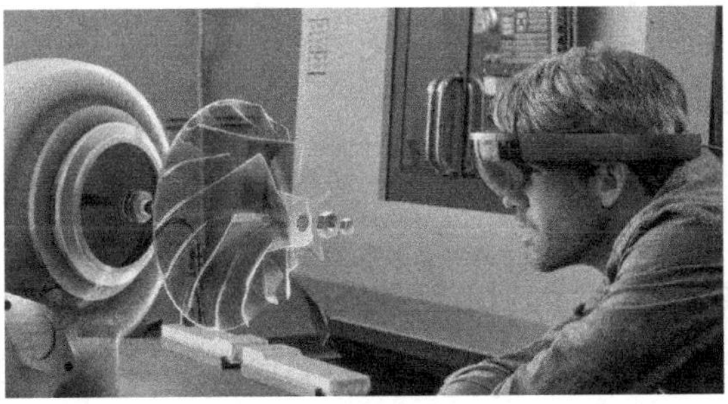

图 6-3　AR 示例

图 6-4　MR 示例

MR 技术能结合真实世界和虚拟世界，创造新的环境，能让物理实体和数字对象共存，实时相互作用，从而将现实、增强现实、增强虚拟和虚拟现实混合在一起。虽然 MR 的提出时间晚于 VR 和 AR，市场普及度也远低于 VR 和 AR，但有学者指出，MR 未来将是三者中最容易在市场上普及的。国内所开发的基于 HTC Vive 的 MR 系统能让非 VR 用户在二维平面以“第三视角”同时看到虚拟世界和VR设备佩戴者。

虚拟现实不是空中楼阁，需要依靠相关的技术支撑才得以实现。一个合格的虚拟现实系统，应当能给用户带来全方位的沉浸感受，包括视觉、触觉、听觉甚至嗅觉等多重感官的刺激。为达到这一目的，不仅要利用多种建模手段构建逼真的虚拟世界，还要利用丰富的交互手段给予使用者逼真的反馈。本章将探索虚拟现实相关技术，了解虚拟现实技术结构及相应技术的框架，并介绍AR、VR方面的一些技术。

6.1 虚拟现实概述

“虚拟现实”作为一个概念提出已久，在各种科幻作品中都能看到它的身影。但是作为实实在在的应用，真真切切地走入人们的日常生活中，“虚拟现实”可以说还是一个时髦的新事物。近些年，虚拟现实技术日益成熟，应用日益丰富。从电子游戏到网络直播，从硬核的VR一体机到小巧的谷歌Cardboard，“虚拟现实”在各个方面渗透人们的生活，但是人们真的了解虚拟现实吗？虚拟现实到底是什么？它又是怎样一步步发展起来的呢？在这一章，就让我们一起走进虚拟现实。

6.1.1 虚拟现实的定义

本书所说的虚拟现实一般指的VR，但是AR与MR两个领域也各有其独特的魅力。如果说VR是“虚拟实境”，那么AR可称作“实拟虚境”。通过对摄影机影像位置及角度的精算，加以图像分析技术，屏幕上的虚拟世界能够与现实世界场景进行结合、互动。苹果公司在2017年的全球开发者大会上推出ARKit，催生了一波AR热潮。随着随身电子产品运算能力的提高，AR这种产生于1990年的技术将被广泛运用、大放异彩。而MR能结合真实世界和虚拟世界，创造新的环境，让物理实体和数字对象共存、实时相互作用，从而将现实、增强现实、增强虚拟和虚拟现实混合在一起。

6.1.2 虚拟现实的特点

VR技术就是用计算机系统建立一个三维的虚拟世界，用户可以在其中和虚拟信息进行交互，产生视觉、听觉，甚至触觉、动觉上的虚拟反馈。VR是一项综合性技术，涉及视觉光学、环境建模、信息交互、图像与声音处理、系统集成等多项技术。它的核心特点是沉浸性、交互性和多感知性。下面以电影《头号玩家》中的“绿洲”游戏为例做具体说明。

1. 沉浸性

沉浸性是指用户作为主角存在于虚拟环境中的真实程度。虚拟世界会给用户产生极为逼真的体验，用户会沉浸其中且难以将意识放到别处。在《头号玩家》电影中，男主人公韦德·沃兹等"绿洲"游戏玩家在戴上 VR 头盔的一瞬间，会感觉完全进入"绿洲"世界，他们的意识、注意力都被锁定在"绿洲"中，很难抽离出来。

2. 交互性

交互性是指参与者对虚拟环境内物体的可操作程度和从环境中得到反馈的自然程度。在 PC 和移动互联网时代，人们用鼠标、键盘、触控屏等作为入口进行信息交互，但到了 VR 时代，人们可以用手势、动作、表情、语音，甚至眼球或脑电波识别等更加真实的方式进行多维的信息交互并得到符合一定规律的反馈。在电影《头号玩家》中，"绿洲"玩家通过手势动作在面前调出一个透明悬空的操作面板进行装备购买、信息发送，通过语音指令对好友进行空间定位等。

3. 多感知性

多感知性是指用户因 VR 系统中装有视觉、听觉、触觉、动觉的传感及反应装置，从而在人机交互过程中获得视觉、听觉、触觉、动觉等多种感知，进而拥有身临其境的感受。在电影《头号玩家》中，韦德·沃兹获得第一把钥匙之后，用哈利迪奖励的游戏货币购买了一套 IOI 生产的 X1 套装，穿上之后他可以获得在虚拟世界的所有触觉反馈，这就是 VR 的多感知性[2]。

6.1.3 虚拟现实的发展过程

VR 概念提出已久。在几十年的发展历史中，通过一代代人的研究与完善，其才取得了今天的成果。只有回顾 VR 发展轨迹，分析当前发展现状，深入研究相关支撑技术，才能将 VR 发展到新的高度。

1932 年，英国作家阿道司·赫胥黎推出长篇小说《美丽新世界》。在小说中，他对未来社会的生活场景进行了畅想，其中提到了一款头戴式设备，它可以为人们提供图像、气味和声音等感官体验。虽然这款设备的具体名称在书中并没有提及，但是从今天的视角来看，这就是一款不折不扣的 VR 设备。

1935 年，小说家爱斯坦利·温鲍姆在小说《皮格马利翁的眼镜》中描述了一款 VR 眼镜，能够让使用者实现视觉、嗅觉、触觉等全方位沉浸式体验。然而连温鲍姆都没有想到的是，这个基于小说情节而出现的眼镜竟然在未来引发了一场技术革命。这部小说也因此被世人铭记。

随着科学技术的不断进步，特别是随着计算机的出现，VR 技术的实现具备了基本条件。1958 年，第一台 VR 模型——Sensorama 诞生了。1968 年，"达摩克利斯之剑"诞生在"VR 之父"伊凡·苏泽兰（Ivan Sutherland）的手中。温鲍姆在小说中描述的眼镜被真正带到了人们的现实生活中，VR 技术的理念也开始被正式引入并应用。

20 世纪 70 年代，美国国家航空航天局（National Aeronautics and Space Administration，

NASA）开始了在 VR 领域的研究和尝试。经过一段时间的研究，由 NASA 自行研发的虚拟现实设备正式投入航天领域。20 世纪 80 年代，随着个人计算机的普及，VR 有了更好的生存环境，越来越多的人开始投入对 VR 的钻研之中。1982 年，游戏公司雅达利率先开始了对 VR 街机项目的研究。1984 年，杰伦·拉尼尔（Jaron Lanier）创办 VPL Research 公司，并且很快推出了世界上第一台面向市场的 VR 头显设备 Eyephone。但是在那个计算机技术还未成熟的年代，VR 的技术条件显然无法被支撑，10 万美元的天价使 Eyephone 未能普及。

20 世纪 90 年代，VR 取得了进一步的发展。雅达利、索尼等众多公司都拥有了自己的头戴 VR 设备。虽然此时的产品大多局限于技术研究层面，未能真正普及，但是它们的出现成功地为 VR 走向大众打开了一扇门。其中最具代表性的产品是 1994 年日本游戏公司世嘉推出的 Sega VR-1 和任天堂推出的 Virtual Boy。Virtual Boy 利用当时十分前卫的类似 3D 电影的技术产生了立体效果，任天堂曾想用其取代 Game Boy（任天堂在 1989 年发售的第一代便携式掌上游戏机）。

正如 VR 定义的提出者杰伦·拉尼尔所说，VR 实际上注重的是通过打造虚拟世界完善现实世界，利用先进的技术构造一个虚拟的时空，以填补人们在现实生活中的遗憾，这将成为人们继续探索 VR 的精神支撑和直接动力。随着越来越多的人踏上探索 VR 的征途，原本只存在于小说和电影中的设想开始陆续成为实物，VR 正在走进人们的生活。

当下，VR 和相关技术还处在快速发展阶段，还没有实现电影中所描述的情景。下面简要介绍一下 VR 技术在发源地美国及欧洲和中国的发展现状。

1. 美国的 VR 现状

美国是 VR 技术的发源地，拥有主要的 VR 技术研究机构，其中，VR 技术的诞生地——NASA 的 Ames 实验室，引领着 VR 技术在世界各国发展壮大。美国对空间信息领域的 AR 基础研究早在 20 世纪 80 年代就已经开始，在 20 世纪 80 年代中期还创建了虚拟视觉环境研究工程，随后又创建了虚拟界面环境工作机构。

如今，美国的 VR 产业仍处于全球领先地位。众多科技公司纷纷推出各种 VR 相关的软硬件产品。例如，微软公司推出的 VR 设备 Microsoft HoloLens，拥有可透视镜片、立体音效、先进传感器、全息影像处理器，是第一台运行 Windows 10 系统的全息计算机，不受任何限制——没有线缆和听筒，并且不需要连接计算机。Microsoft HoloLens 能够让用户把一个全息图像钉到真实物理环境中，提供了一个看世界的新方式。再如，Valve 公司旗下的 Steam VR 在内容方面最具优势，以近 500 个 VR 应用/游戏占据 VR 市场最多的资源。

2. 欧洲的 VR 现状

在 2016 年 VR 元年的带动下，欧洲越来越多的公司投身于 VR 这个新兴产业中。2017 年，The Venture Reality Fund（一家位于硅谷的风投公司，专注于 VR 和 AR 领域的投资）

和法国的 LucidWed（拥有一个庞大的欧洲 VR 初创公司的数据库）联合发布了一份欧洲 VR 行业面貌图，收录了116家欧洲VR技术相关公司（占据整个欧洲VR产业的半壁江山），展示了欧洲 VR 产业生态系统的整体风貌，包括应用、内容、工具、平台及硬件等。在地区分布上，目前法国在整个欧洲地区的 VR 发展总体上处于领先地位。

除此之外，英国对欧洲 VR 产业的贡献也不可忽视。英国的研究公司设计的 DVS 系统试图将一些 VR 技术在各领域的实际应用进行标准化，同时该公司为 VR 技术设计了先进的环境编辑语言并投入实际编辑工作中。虽然编辑语言的不同，导致在实际应用中的操作模型不尽相同，但是这些模型都可以与编辑语言一一对应。因此，DVS 系统在进行不一样的操作流程时，VR 技术就会展现出不一样的功能。对 VR 技术某些方面的研究工作，英国处在前列，尤其是在 VR 技术处理及辅助设备设计研究等方面。

3. 中国的 VR 现状

中国 VR 技术研究起步较晚，与欧美等发达国家和地区还有一定的差距。随着计算机图形学、计算机系统工程等技术的高速发展，VR 技术已得到国家有关部门和科学家的高度重视，其研究与应用也引起了社会各界人士的广泛关注，呈现出重点高校实验室和 VR 技术相关科技公司共同合作研究的态势。作为国内最早进行 VR 研究、最具权威的单位之一，北京航空航天大学虚拟现实技术与系统国家重点实验室集成了分布式虚拟环境，可以提供实时三维动态数据库、虚拟现实演示环境、用于飞行训练的虚拟现实系统、虚拟现实应用系统的开发平台等多种相关技术。该实验室着重研究虚拟环境中物体物理特性的表示和处理，在视觉接口方面开发部分硬件，并进行有关算法及实现方法的研究。

除此之外，国内其他高校也对 VR 技术进行了不同方向的探索和研究。清华大学国家光盘工程研究中心制作的“布达拉宫”，采用 QuickTime 技术，实现大全景 VR 系统。浙江大学 CAD&CG 国家重点实验室开发了一套桌面型虚拟建筑环境实时漫游系统，并研制出了适用于虚拟环境的一种新的快速漫游算法和一种递进网格的快速生成算法。哈尔滨工业大学计算机科学与技术学院已经成功地合成了人的高级行为中的特定人脸图像，解决了表情合成和唇动合成技术问题，并正在研究人说话时手势和头势的动作、语音与语调的同步等。武汉理工大学智能制造与控制研究所研究使用 VR 技术进行机械虚拟制造，包括虚拟布局、虚拟装配和产品原型快速生成等。西安交通大学信息工程研究所进行了 VR 中的立体显示技术这一关键技术的研究，在借鉴人类视觉特性的基础上提出了一种基于 JPEG 标准来压缩编码的新方案，获得了较高的压缩比、信噪比和解压速度，并且已经通过实验证明了这种方案的优越性。中国科技开发院威海分院研究 VR 中的视觉接口技术，完成了 VR 中体视图像的算法回显及软件接口，在硬件的开发上已经完成了 LCD 红外立体眼镜的开发，并且已经实现商品化。另外，北京工业大学 CAD 研究中心、北京邮电大学自动化学院、西北工业大学 CAD/CAM 研究中心、上海交通大学图像处理模式识别研究所、国防科技大学计算机研究所、华东船舶工业学院计算机系、安徽大学电子工程与科学系等单位也进行了一些研究工作和尝试[3]。

6.2 虚拟现实的关键技术

由于 VR 技术的实现是基于计算机相关技术的，因此它并不孤单，在其发展道路上有许多关联技术，如计算机仿真、计算机图形学、人工智能、5G 技术和大数据技术等。它们和 VR 技术紧密联系、相互促进、共同发展，为 VR 技术走进千家万户一起努力。

6.2.1 计算机仿真

计算机仿真是一种描述性技术，是一种定量分析方法。它通过建立某一过程或某一系统的模式，来描述该过程或系统，然后用一系列有目的、有条件的计算机仿真实验来刻画系统的特征，从而得出数量指标，为决策者提供关于这一过程或系统的定量分析结果，作为决策的理论依据。VR 技术是一种可以创建和体验虚拟世界的计算机仿真技术，它利用计算机生成一种结合了多源信息融合、交互式的三维动态视景和实体行为的模拟环境，并使用户沉浸到该环境中，以直接观察的方式获得最直观的仿真结果。

6.2.2 计算机图形学

计算机图形学是一种使用数学算法将二维图形或三维图形转化为计算机显示器的栅格形式的科学。简单地说，计算机图形学的主要研究内容就是在计算机中表示图形，以及用计算机进行图形的计算、处理和显示的相关原理与算法。VR 技术与计算机图形学是包含关系。VR 就是做一个虚拟的“现实”出来，除了计算机图形学需要做的视觉方面的展示，还要将图形渲染出的效果呈现为 3D 画面，以被人眼直接观察到。除此之外，VR 还包括听觉、触觉、嗅觉等视觉之外感官的反馈。

6.2.3 人工智能

人工智能是研究、开发用于模拟、延伸和扩展人的智能的理论、方法、技术及应用系统的一门新的技术科学，是计算机科学的一个分支，应用人工智能的场景如图 6-5 所示。它试图揭示人类智能的本质，并生产出一种新的、能以与人类智能相似的方式做出反应的智能机器。该领域的研究包括机器人、语言识别、图像识别、自然语言处理和专家系统等。

人工智能和 VR 之间又有什么关系呢？简单来说，人工智能能够创造接受感知的事物，而 VR 创造一个被感知的环境。人工智能的事物可以在 VR 环境中进行模拟和训练。随着时间的推移，人工智能会使虚拟世界中的环境更真实，让虚拟的人更像人，让虚拟的场景更逼真。

图 6-5　应用人工智能的场景

6.2.4　5G 技术

5G 是 4G 的延伸，5G 网络的理论下行速度为 10Gbit/s（相当于下载速率 1.25GB/s）。网络传输的发展不断带动终端的革新，从 PC 到功能手机再到智能手机的演进都离不开网络传输技术的发展。近几年，有不少人将 5G 与 VR 紧密联系在一起。5G 需要应用在 VR 中，扩大带宽，使 5G 典型应用场景的下载速率可达到 1Gbit/s，峰值速率可达到 10Gbit/s 以上。但是，如果 5G 只能带给大家更宽的带宽、更高的下载速率，显然还不够。中国工程院院士邬贺铨认为，未来 5G 更重要的应用应该是产业上的应用，如 VR 应用等，这也是未来运营商的一大业务增长点。同时，VR 也需要 5G 的支持，在 VR/AR 技术中，语音识别、视线跟踪、手势感应等都需要低时延处理，要求网络时延必须足够低，所以超高速、超低时延的 5G 网络为 VR 走进人们的日常生活铺平了道路。

6.2.5　大数据技术

大数据是指无法在一定时间范围内用常规软件工具进行捕捉、管理和处理的数据集合，是需要使用新模式才能处理的，以及具有更强的决策力、洞察力和流程优化能力的海量、高增长率和多样化的信息资产。大数据技术可以对这些海量的数据进行处理和分析。从表面上看，大数据技术和 VR 技术好像没有关联，其实不然，VR 可以从很多方面改变大数据。例如，大数据将变为沉浸式的，在 2D 屏幕上可视化大量数据几乎是不可能完成的任务，但 VR 为此提供了一种可能性。同时，分析将变成交互式的。交互性是理解大数据的关键。毕竟，如果没有动态处理数据的能力，拟真就没有太大意义。几十年来，人们一直在使用静态数据模型来了解动态数据，但 VR 为人们提供了动态处理数据的能力。

6.2.6 人机交互技术

AR 技术的目标之一是实现用户与真实场景中的虚拟信息之间更自然的交互，因此人机交互技术成为衡量 AR 系统性能优劣的重要指标之一。AR 系统需要通过跟踪定位设备获取数据，以确定用户对虚拟信息发出的行为指令，对其进行解释，并给出相应的反馈结果。目前，AR 应用系统常使用以下 3 种方式来实现用户与系统之间的交互。

1. 基于传统硬件设备交互

键盘、鼠标、手柄等是 AR 系统最早使用的交互设备，用户可以利用鼠标、键盘选中图像坐标系中的某个点，如单击场景中某空间点加载虚拟物体，并对该点对应的虚拟物体进行旋转、拖动等操作，用户通过执行相应的命令或菜单项来实现交互。图 6-6 为手机中的一种 AR 游戏，通过屏幕可以在现实场景中看到虚拟物体。基于传统硬件设备的交互方式最大的不足是不能给用户提供良好的交互体验，难以使用户体会到身临其境的感觉。

图 6-6 AR 手机游戏

2. 手势或语音交互

基于手势或语音的交互方式是近年来人机交互发展的主流方向。在这种交互方式下，手势和语音被当成人机交互接口，计算机捕捉用户的各种手势、动作或语音指令并将其作为输入。这种交互方式更加直观、自然。微软的 HoloLens 眼镜上的深度摄像头可以提取人手的三维坐标和手势来操作交互界面上显示的三维虚拟物体或场景，如图 6-7 所示。苹果公司推出的 Siri 和谷歌推出的 Google Now 通过语音实现人机交互，广受用户喜爱，表明人们青睐这种高科技的交互体验，这也使基于语音交互的 AR 系统上线成为可能。

图 6-7　利用 HoloLens 眼镜进行手势交互

3. 其他交互技术

其他交互技术需要借助一些特别的工具，如标志、数据手套、定位笔等。例如，索尼出版的 AR 电子书 *Magic Book* 就以特定的标志代替枯燥的文字，当用摄像头识别标志时，即可渲染出生动的动画和声音。图 6-8 中展示的是麻省理工学院开发的 Sixthsense 人机互动系统。这种系统将操作菜单等可交互操作的画面投影到某个平面内，当拨打电话时，直接将键盘投影到左手，右手按投影中的虚点就能完成拨号，非常方便。

图 6-8　Sixthsense 人机互动系统

6.3　虚拟现实软件

6.3.1　虚拟现实软件的种类

VR 仍然是一项较新的技术，其软件种类不断涌现。以下是一些典型的 VR 软件种类中突出的一些子类别。

（1）VR 可视化软件。这类软件允许用户在虚拟环境中体验聚合数据，允许用户以某种方式查看、分析数据，以充分了解数据所传达的内容。

（2）VR 内容管理系统。企业可以使用这类系统在一个集中的位置收集、存储和分析所有 VR 内容。

（3）VR 软件开发工具包。这类软件为设计、构建和测试 VR 体验提供了必要的基础。VR 软件开发工具包充当构建块，基本可以创建任何 VR 体验。

（4）VR 游戏引擎。这类软件为开发人员提供了创建 VR 视频游戏体验的必要条件。

（5）VR 社交平台。用户可以使用这类软件在远程位置进行 VR 协作。

（6）VR 培训模拟器。这类软件几乎可用于任何行业，在沉浸式环境中培训员工。

6.3.2 虚拟现实软件的功能

VR 软件配备了无数功能，因此用户可以创建完全成熟的 VR 体验。以下是 VR 软件的常见功能。

（1）内容管理。许多工具允许用户上传原始 3D 内容（稍后将被编辑成 VR 体验），或者将现有的 VR 内容直接上传到平台上。用户可以在这些平台上管理和存储内容，有时还可以直接在这些平台上发布内容。

（2）编辑内容。绝大多数 VR 解决方案具有编辑功能。用户可以编辑原始 3D 内容或现有的 VR 体验。一些编辑功能具有拖放功能，这意味着用户可以在几乎没有编码经验的情况下编辑他们的 VR 内容。

（3）硬件集成。任何 VR 解决方案都必须与支持 VR 体验的硬件集成。这些设备通常是耳机，但也可以包括移动电话。

（4）协作。VR 工具允许多个用户同时远程访问解决方案，以便实时协作。在协作时，用户应该能够同时在相同的事物上进行交互，以及一起观看游戏或参与活动。

（5）分析。一些 VR 解决方案将为用户提供分析功能。它将使企业能够更好地了解那些访问 VR 内容的人的行为。

6.3.3 虚拟现实软件的发展趋势

（1）360° 视频。360° 视频从各个角度显示特定的视图，提供完全身临其境的 VR 体验。研究表明，用户对 360° 视频的参与度正在迅速增长，这证明了 360° 视频的采用率将在更大范围内提高。

（2）提高可用性。VR 领域的大公司，如 Oculus 和 HTC，一直在公开努力降低其头显产品的价格。随着价格变得越来越低，VR 工具将被更大规模地采用。

（3）VR 领域的更多工作岗位。VR 作为一项技术仍在发展，该技术需要熟练的开发人员来帮助 VR 充分发挥其潜力。随着大众对软件和集成硬件的需求越来越大，市场对 VR

开发人员的需求将越来越大。预计未来几年人们会在招聘板上看到更多关于 VR 开发人员的招聘信息[4]。

6.4 虚拟现实赋能数字经济

6.4.1 虚拟现实+商业应用

对 VR 与 AR 这两种新兴科技而言，人们在感叹其给世界带来巨大改变的同时，不免会对其未来的发展形势存在诸多的担忧。虽然 AR 技术对人类产生的影响可能更加深远，但其实现难度要比 VR 技术高不少。对想进军 VR 产业的企业而言，厘清盈利模式将是决定其成功的关键因素。目前，VR 产业的盈利模式主要包括硬件收入、电子商务收入、广告收入、移动网络数据/语音收入、应用内购买、订阅、企业服务/B2B 业务、付费应用等。

1. 硬件收入

2014 年 7 月，Facebook 花费 20 亿美元收购了著名的 VR 硬件开发商 Oculus。2015 年 5 月，苹果公司收购了从大众内部创业产生的 AR 创业公司 Metaio。2016 年 1 月，谷歌开始自制 VR 硬件设备。此前，谷歌已经启动了基于智能手机的虚拟现实头盔平台 Cardboard 项目。事实上，要想在硬件产品上建立领先优势绝非易事。在许多人看来，这些行业巨头在 VR 技术尚未得到全面推广之前，花费较大的成本去投资硬件产品不免有些冒险。事实并非如此，让我们看一下这些企业如今的发展状况。

Facebook 在向移动端发展的过程中，自身并无任何硬件产品，导致其放弃了不少的利润。苹果公司的新任 CEO 蒂姆 • 库克在接受媒体采访时曾表示，目前苹果公司的硬件收入仍然占据巨大的比例。苹果公司公布的 2016 年 Q1 财报指出，该公司在全球激活的正在使用的设备总数达到 10 亿台，这些设备为苹果公司带来了巨额收益。目前，谷歌拥有全球装机量最高的安卓操作系统，但其对广告投放商的过度依赖很容易导致其未来在与其他巨头的竞争中处于被动。更关键的是，在物联网时代，VR 硬件产品是一个超级用户流量入口，企业为了占得先机，必然在这一领域进行激烈的争夺。2020 年，VR 硬件产品保有量达到几千万台，硬件销售收入达到整个 VR 产业规模的 40%以上。无论是 Cardboard 这种基于智能手机的平价产品，还是价格昂贵的 PC 端的 Oculus Rift 和 HTC Vive 产品，都获得了大幅增长。一些互联网企业为了打造闭环生态，甚至推出了免费的硬件商品。对未来的 VR 企业而言，硬件将成为它们取得成功的关键。因此，在该领域进行早期投资无疑是一种明智的选择。

2. 电子商务收入

阿里巴巴于 2016 年 3 月 17 日正式对外宣布成立 VR 实验室，并且向外界公布了其 VR 战略。阿里巴巴 VR 实验室的最终目标是让阿里巴巴平台的入驻商家可以像编辑网页一般建立自己的 VR 商店，未来，广大消费者可以通过佩戴 VR 终端，在阿里巴巴平台体验“真实”的线上购物。根据相关数据，在不久的将来，亚马逊、阿里巴巴、京东等电商平台将为消费者带来全新的购物体验，从而有效弥补线上购物体验性不足的缺陷，电商对线下门店的冲击将进一步增强。

3. 广告收入

对应用开发商和内容生产商而言，广告是最简单也最具价值的商业模式。2016 年 3 月，Immersv 公司推出的 VR 移动广告平台正式上线，目前主要覆盖谷歌 Cardboard 用户。VR 广告的崛起具有十分重要的意义：一方面，它拓展了广告投放渠道，使企业可以有更加多元化的选择；另一方面，它融合了线上广告和线下广告的优势，更加逼真的效果可以带来良好的广告体验，广告投放覆盖范围更广、成本较低。对企业来说，全新的广告平台的到来，意味着它们要转变营销玩法，必须对新平台的用户消费需求进行重新定位。

4. 移动网络数据/语音收入

未来，可以随身携带的移动 VR 设备销量将大幅增长。虽然较为高端的 VR 设备可以为用户提供更加优质的体验，但其高昂的价格始终是一大痛点，价格更低甚至免费的平价产品将抢占大量的市场份额。对移动性较强的 VR 设备而言，如果硬件制造商可以强化其接入互联网的能力，甚至让其拥有接打电话、浏览网页的能力，很可能会颠覆智能手机。这些接入互联网的 VR 设备可以为移动网络公司带来一定的收入，通过数据服务和语音通话服务实现盈利。从电信运营商的视角来看，VR 设备销量的大幅增长，将带来移动网络数据消费的提升。YouTube 公布的数据显示，VR 视频需要占用的带宽远远超过传统视频，每帧全角度 VR 视频需要的带宽甚至达到传统视频的 5 倍。另外，随着 VR 技术的提高，其对带宽的要求进一步提高。这对于电信运营商打破目前年增长率不足 2%的不利局面有着十分重要的意义。但从本质上说，电信运营商 VR 设备移动网络语音收入的增长，会对其现有的移动语音通话收入产生一定的影响，它并没有为电信运营商带来新的收入。

5. 应用内购买

应用内购买将成为移动应用开发商在 VR 市场探索的主流商业模式之一。免费应用（基础服务免费，通过增值服务盈利）为应用开发商创造的价值，一直高居应用排行榜榜首。这种商业模式已经成为当下许多应用开发商的共识。例如，凭借 3 款应用内购买游戏，Supercell 2015 年的营收达到 23 亿美元。就 VR 产业的实际发展情况来看，没有足够的数据来判断到底是免费模式更有利还是收费模式更有利，但目前在移动应用领域，消费者已经习惯了数字内容免费模式，而且逐渐崛起的年轻一代很少会为了内容付费，商家通过增值服务收费更符合他们的消费心理。

6．订阅

以 Netflix、亚马逊为代表的企业证明了订阅模式所能创造的巨大价值。用户只需要每月支付 9.9 美元的会员费用，即可享受 Netflix 提供的优质视频资源。在亚马逊推出的“订购省”（Subscribe&Save）模式中，作为付费会员的消费者可以享受按时免运费送货上门服务，而且当购买的产品达到一定数量时，消费者还能享受打折优惠。VR 内容及服务提供商也可以尝试订阅模式，通过规模化降低边际成本，为自己带来巨大的收益。一些更高级别的增值服务和视频网站的去广告服务，可以有效提高用户订阅的积极性。

7．企业服务/B2B 业务

部分为企业提供服务的 VR 服务解决方案提供商，也将从 VR 技术的发展中获益。VR 应用的范围十分广泛，在教育、医疗、文娱、设计等领域，VR 技术都可以发挥巨大的作用。VR 设备取代企业办公使用的计算机，可能需要较长的时间才能成为现实，但是 VR 服务解决方案提供商可以让企业级用户在部分特定的业务流程上取得领先优势。例如，微软开发的全息眼镜 Hololens 已经被国际太空站的宇航员带入了太空。未来，VR 技术为企业级用户提供的应用将更加多元化。此外，VR 服务解决方案提供商的 B2B 业务也会为其创造一定的收益，VR 企业 B2B 业务涉及的领域主要包括以下几个。①图像引擎，如 EPIC Games 开发的 Unreal 引擎、亚马逊开发的 Lumberyard 引擎等。②面部动画，典型代表是 Cubic Motion 工作室。③手势识别，该领域具有较强品牌影响力的产品是体感控制器制造公司 Leap 推出的 Leap Motion。④3D 模型分发，2012 年 4 月正式上线的 Sketchfab 目前在市场上已经取得了一定的领先优势，该网站可以为用户提供不需要任何插件就能在 Web 页面中嵌入交互式 3D 模型的服务。

8．付费应用

虽然免费应用是一种主流发展趋势，但以优质内容为基础的付费应用同样可以在 VR 产业中生存下来，毕竟对一些消费能力较强的消费者群体来说，优质的内容和服务是他们进行消费决策的重要标准。在选择付费应用盈利模式的企业中，优质的 VR 游戏将首先成为切入 VR 市场的优先目标，很多 PC 端和主机端的游戏玩家愿意为了优质的游戏花费几十美元甚至上百美元。在免费应用常年占据应用排行榜榜首的背景下，娱乐媒体公司 Rovio 于 2009 年开发的付费应用《愤怒的小鸟》大获成功，其 Android、iOS 版售价仅为 0.99 美元。截至 2021 年年底，该游戏下载量已经达到 20 亿次，Rovio 还围绕该款游戏开发了大量的衍生品增值服务[5-7]。

6.4.2 虚拟现实+生活应用

如今，利用诸如 VR 头盔、VR 眼镜之类的设备，人们可以实现另一种形式的“穿越”，或者体验仙雾缭绕的修仙世界，或者体验战火弥漫的古代战场，并且这些体验极为真实。关于 VR，Facebook 创始人马克·扎克伯格（Mark Zuckerberg）早在 2015 年就表示，社交网络上的内容总是朝着用户参与感越来越强的方向发展，从一开始的文字到照片，从照片到视频，如今又从视频到 VR，这其实证明了 VR 将是未来科技的发展趋势。同时，2016 年，VR 高峰论坛、VR 峰会召开等多个重磅事件接连发生，使 VR 所获得的曝光度与关注度越来越高，并且将应用到越来越多的行业之中，使用户体验能够不断得到提升。下面对 VR 在视频娱乐、运动健身、游戏、体育、旅游、家装这几个方面的应用做一个简单的论述。

1. VR+视频娱乐：有望成为第三屏幕

VR 技术应用到视频娱乐行业之中，可以为受众提供身临其境的观影感受。这一行业其实处于 VR 技术应用的最前沿，行业内的厂商对此有着天然的需求，所以到目前为止，VR 技术在该行业的应用最多。当前，已经有很多家 VR 公司获得了影视公司的融资，并进行了不同程度的合作。用户可以通过多种方式来观看 VR 视频，如在 PC 端、手机客户端，或者佩戴相关的设备等。很久以前，人们需要扛着小板凳看露天电影。现在，人们可以随时随地随心地做个“低头族”，通过各种移动终端看视频。不久的将来，人们或许能够通过佩戴设备在虚拟的世界里遨游。

2. VR+运动健身：超地域的运动社交

一般来说，运动健身是一件“苦差事”，不仅过程十分枯燥，而且很难坚持下来。当 VR 与之相结合后，用户可以将运动健身与周边的环境进行交互，从而使运动健身不再枯燥。例如，手机 App 美趣可以使分隔两地的用户同时进行运动。如此，用户便可以每天和好几百人一起跳减肥操，一起跟着唱跳偶像进行热舞。运动不再枯燥，反而变得更有趣味。随着科技的不断发展进步，VR 技术也会不断得到改进，届时运动与 VR 结合，可以让用户体验一场虚拟化的冒险。

3. VR+游戏：传统游戏的颠覆性移植

利用 VR 技术能够将游戏场景设置得非常真实，全封闭的视角能够保证玩家 100%投入，尤其是在赛车、枪战、竞技等游戏中，VR 能够给玩家带来趋于完美的用户体验。其实，在传统的游戏形式中，有许多是可以直接移植到 VR 游戏之中的，如《拳皇》《穿越火线》等游戏。在游戏中，玩家可以佩戴相关 VR 设备体验更真实的游戏场景。

4．VR+体育：通过 VR 设备“实地”观看体育赛事

在各大 VR 商家的推动下，通过智能手机和平板电脑“实地”观看 VR 体育比赛不再是梦想。目前，国内市场上的 VR 眼镜和 VR 头盔产品种类十分多样，有几十元的手机盒子、几百元的暴风魔镜，还有数千元甚至上万元的 Gear VR、Oculus Rift 等，VR 硬件产品价格的不断下降，让越来越多的消费者体验到了 VR 技术所带来的优质服务。此外，360°全景摄像机的快速发展，使以 VR 视频为代表的高品质 VR 内容大量涌现。如今，消费者不仅可以在乐视、暴风影音及优酷等视频网站上体验 VR 全景视频的极致视觉体验，而且能通过旋转手机来调整观影角度。对赛事运营方而言，VR 技术的出现让其具备了更加广阔的变现渠道。许多赛事活动的门票千金难求，将 VR 技术应用到赛事活动转播过程中，即使在家里广大消费者也可以通过手机、计算机、电视等终端，享受近乎现场直播般的观赛体验，不受场地限制的虚拟座位可以为赛事运营方创造巨大的收益。更关键的是，随着观看人数的大幅增长，会有更多的广告赞助商寻求合作机会。

5．VR+旅游：足不出户环游

或许很多人都没有想到居然可以将 VR 技术应用到旅游业之中。然而，在科技不断发展的今天，全景拍摄已经得到了广泛的普及与应用，VR 将触角伸向旅游业就有了技术、设备的支持。当然，VR 与旅游的结合并不是让用户单纯地观看视频，而是为用户在现实中旅游时提供更加合理的规划，将世界各地的游览胜地脱离地域限制，展示在用户眼前。近年来发布的 Ascape 应用就是一个典型的例子，它使用户足不出户就可以身临其境地浏览世界美景，使在线旅游成为现实。

6．VR+家装：三维空间自由行走

VR 技术能够将环境进行最大限度的还原，这一点对家装行业来说，用途无疑是非常广泛的。例如，用户购买了毛坯房之后，可以通过 VR 技术进行预装修，然后根据实景效果改进与完善，以实现最符合预期的装修效果。

当前，VR 技术的重要性已经被各个领域认可，发展趋势也被各界看好，在这样的形势下，相关投资要更加谨慎，避免出现低水平、同质化及铺张式的错误。

6.4.3　虚拟现实+社交应用

近几年，与 VR 相关的硬件设备层出不穷。由于 VR 技术能够带给人们全新的观感，因此其吸引了不少大众尤其是科技爱好者的兴趣，一批与此相关的公司也纷纷试水这一领域，推出自己研发的 VR 设备。在 2016 年的三星发布会上，Facebook 的创始人马克・扎克伯格也发表了自己的见解，他认为：VR 有可能成为社交平台的下一个风口。实际上，早在此之前，互联网社交领域的巨头 Facebook 就已经在 VR 领域展开了布局。在硬件方面，

Facebook推出了Oculus Rift；在软件方面，Facebook推出了针对Oculus Rift的Social VR应用。除Facebook外，VR社交领域也不乏试水者。例如，全球最大的综合性数字发行平台Steam就推出了一款“VR真实社交”游戏。在游戏中，用户可以体验VR与社交的奇妙融合，以更生动的方式结识朋友，并进行互动。

进入移动互联网时代后，诸多社交平台更加注重自身功能的完善，在进一步掌握用户需求的基础上寻求自身的发展。虽然微信在社交领域占据绝对的优势地位，但一些具有鲜明特色的网络平台依然能够凭借自身优势开辟出自己的道路。例如，“唱吧”平台之所以能够在激烈的竞争中杀出重围，就是因为它能够满足那些热衷唱歌的用户的需求，使人们足不出户也能像在练歌房一样唱歌。不仅如此，该平台还有效发挥了社交功能，将那些拥有共同爱好的用户聚集到一起。功能的完善应该是推动社交网络向VR方向发展的第一步，但分析当下社交网络的发展状况可知，以VR方式参与到与他人的互动交流中，对用户而言并没有太大的吸引力，因为其逼真度再高，也不如面对面交流来得直接。同时，传统社交平台足以满足用户之间的即时交流和互动需求，因此VR社交并不占据优势。在这种情况下，VR社交平台应完善哪些方面的功能呢？

在很多情况下，用户需求是在新增功能的引导下产生的，而并非由需求推动功能的出现。举例来说，在进入移动互联网时代之前，拥有智能手机的人并不多，那时人们对利用网络进行信息查询与浏览的需求也不明显，人们的需求只是获得自己所需的信息。移动互联网的发展、智能手机的普及，使人们产生了随时随地进行信息查询与浏览的需求，因此VR社交应该通过自身功能的完善引导用户产生新的需求。事实上，用户与他人之间进行交流互动的需求应该作为VR社交进行功能开发与延伸的基础。融合VR技术后，社交应用的新增功能能够通过虚拟世界的营造拉近互动者之间的距离。

举个例子，在VR环境下与其他用户以语音形式进行交流，并不比目前的语音视频聊天更具优势。也就是说，这项功能对用户的吸引力不大，但现代社交离不开语音聊天，在这种情况下，若能为互动双方营造共同的场景，就能使互动双方之间的距离进一步缩短，语音功能的必要性也会大大提高。因此，VR场景与语音功能都是根据用户的社交需求开发的。不过，要想提高用户的依赖性，还要丰富VR场景的内容，并利用VR技术将形式多样的交互方式融入其中。另一个比较典型的案例是虚拟影院，在线虚拟影院对配套设备的要求较高，但无论多么高端的设备、多么优质的画面，其最终播放效果仍然无法与院线大荧幕播放的IMAX电影相媲美。但在大多数情况下，观众不仅是为了观看电影才走进影院的，而是为了在观看电影的同时与朋友、家人或恋人一同分享美好时光，因此大多数观众是与同伴共同走进影厅的。

游戏也是一样，它不仅能够满足玩家的娱乐需求，还能加强他们之间的交流互动。如今，玩家通过手机游戏就能与他人组队作战，几乎不受时空限制，操作也十分简便。VR游戏则需要配套的VR设备，限制因素多，与手机游戏相比没有太大优势。不过，VR游戏可以深入挖掘用户的社交需求，VR 游戏的功能就如同电影，很多用户不是为了单纯地玩游戏而进入 VR 游戏界面。更重要的是，玩游戏能够使用户增强与他人之间的交流。例如，与朋友一起玩游戏，能够增进彼此之间的感情，游戏内容本身自然也不能忽略。VR 应用能够通过什么方式满足用户的社交需求、适用于哪些具体场景应该是其下一步发展中需要重点解决的问题。

综上所述，VR 社交应该注重其场景应用与功能开发，通过改革与完善不断挖掘并满足用户的社交需求，以此扩大其应用领域。

6.4.4　VR/AR 产业面临的主要瓶颈

1. 成本瓶颈：制作成本高，市场普及率低

VR 产品的发展目前主要包括 3 个阶段，即通用型 VR 眼镜盒子、专用手机 VR 眼镜盒子和 VR 头盔。暴风魔镜属于第一阶段的代表性产品，三星 Gear VR 是第二阶段的代表性产品，Oculus Rift 则是第三阶段的代表性产品。

随着移动互联网的发展和各种移动端设备的普及，越来越多的企业开始全面发力移动设备应用的开发，适用于谷歌 Cardboard 的应用有 2000 款左右，其中以游戏为主，这意味着移动设备应用开发者开始将更多的注意力放在 VR 内容领域，未来移动 VR 将成为一个风口。真正能够取代眼镜盒子“打入”手机内部的是 App，App 能够通过快速更迭不断提升用户体验，这一点是眼镜盒子无法与之相比的。正是这种体验和功能的提升才吸引了更多的用户，增强了用户对 App 的黏性，因而从专用手机 VR 眼镜盒子阶段开始，才有了软硬件的结合。但与此同时，成本问题也开始逐渐暴露出来。

一款真正受消费者青睐的 VR 设备应该具备以下特征：①售价低；②可提供良好的光学和硬件体验；③在 VR 眼镜盒中增加陀螺仪、风扇等外置设备。在具备以上特征的基础上，如果只考虑电子元器件成本的话，VR 设备的成本控制在 200 元左右最合适。当前 VR 市场上的大多数公司都在“赔钱赚吆喝”，主要依靠 VC 投资支撑下去，缺乏有效的商业变现路径，造成了 VR 领域的虚假繁荣。一旦资金链断裂，就很容易出现“一拥而上、一哄而散”的局面。

作为前沿技术领域，VR 项目及更高技术水平的 AR 项目对资金的需求量是巨大的。由于 VR 领域仍处于产业化发展初期，还没能建构出相应的商业生态和有效的变现方式，因此各企业基本依靠融资维持着当前的运营发展。同时，国内很多并不具备技术能力的企业也借助 VR 的名义吸引投资，造成了资本驱动下 VR 产业的虚假繁荣。当这些没有技术实力的企业长期无法推出消费级的 VR 产品时，必然会在大量“烧钱”后被淘汰。

2. 技术瓶颈：商业化运作的重要制约因素

巨额资本不断涌入，越来越多的企业和创业者开始布局 VR 产业，VR 技术的应用场景和深度也不断拓展，这些都推动着 VR 产业进入爆发期。不过也应该看到，当前日益火爆的 VR 产业，在核心技术、商业生态、模式变现等方面存在诸多不足。VR 要想真正走入现实、进行商业化变现，在技术、资本、内容等方面还有很长的路要走。VR 是一个极具价值创造力和发展前景的领域。

从国内来看，很多企业不断试水 VR 产品。随着 VR 的持续火热，越来越多的企业获得融资，也出现了很多 VR 创业公司。但是，在 VR 产品的技术水平上，国内企业与国外领先企业还有不小的差距。从全球 VR 产业发展的现状来看，关键技术方面的瓶颈仍是 VR 商业化运作的重要制约因素。

体验不过关的根本原因在于大多数创业者缺乏在 VR 技术领域的深厚积累，VR 作为一个边缘化、跨界产业，对技术的要求很高。仅一个光学方案就有很多门道，能真正做好的企业屈指可数。增强对 Android 系统和 iOS 系统底层的研究是提升 VR 设备体验的重要前提，也是 VR 产业发展的核心资源。如果对底层系统的研究不够充分，就会出现播放卡顿、延迟严重的问题，因延迟高而产生的晕动症是 VR 体验中一种较为常见的现象。受制于手机的处理能力，一旦视频播放的时间较长，人就会感到眩晕。在不换硬件的基础上，改善眩晕感的唯一方式就是压榨硬件性能。例如，通过攻克 Android 底层系统的技术难题，将延迟降低到 20ms 以下，从而有效提升 VR 播放体验。Gear VR 是在这一领域取得重大突破的产品之一。此外，声音也是 VR 设备发展中的一个技术难点，在 VR 世界，声音是用户定位和掌握身体平衡的首要要素，在开发声音功能的过程中，开发者不仅需要考虑左右声道和前后声音的大小，还要将音量高低和加速等因素纳入考量范围内。

3. 内容瓶颈：内容体验差，影响用户黏性

视频和游戏是 VR 产业的两大核心体验，因而很多创业者选择用先视频后游戏的方式踏足 VR 市场。但是，与 4K 电视面临的窘境一样，内容的缺失成为挡在 VR 市场先行者面前的一道障碍，无论是 Oculus 还是国内的创业者们都没有成功避开。与各种 VR 设备铺天盖地涌来的境况不一样的是，真正生产内容的厂商凤毛麟角，内容上的匮乏严重影响了用户的体验，更何谈用内容来增强用户黏性？即使只是几个简单的小游戏或小视频，对创业者来说也存在一定的难度。例如，暴风魔镜一代就曾经委托外包公司生产了一系列样品。在视频内容方面，国内的 VR 厂商主要通过第三方转制模式获取视频内容，这种模式的优点在于可以批量增加资源，缺点是技术比较粗糙、沉浸感差。暴风影音虽然靠视频起家，但是在视频版权方面几乎不占任何优势，所需的版权开支与国内的一线视频网站相比相差较大。在游戏方面，游戏厂商开发的游戏数量有限，质量更是良莠不齐。这主要是因为很

多内容制作商都不了解 VR 内容的制作特性，因而制作出来的内容不能良好地匹配 VR 设备。

VR 内容之所以始终不温不火，要归结于两个方面的原因。①还没有形成统一的内容标准。索尼、微软、Facebook 等巨头已经抓住先机，将发展重点放在 VR 行业标准的制定上，它们可能成为最大的受益人。如果没有统一的行业标准，那么内容权重就会被削弱，内容也会变成镜花水月。②资本注入犹豫不决。暴风影音的成功上市，让众多投资者将目光集中在 VR 设备上，而忽视了 VR 内容。相对于还未出现有效解决方案的 VR 内容，VR 设备更容易受到资本的青睐，这就使资本都集中在 VR 设备领域，对于 VR 内容的投资大都处于观望状态。内容的匮乏使 VR 行业始终以一种亚健康的状态发展。未来，随着 VR 设备的日趋成熟，VR 内容问题的解决将变得顺理成章，VR 行业将实现更迅猛的发展。随着关键技术的不断成熟和突破，VR 在终端硬件方面取得了不俗的发展成果，相关产品也受到了用户的认可和青睐。不过，优质内容的匮乏极大地影响了 VR 的可持续发展能力。因为作为一种技术和平台，VR 产业发展的关键最终还要立足于内容资源[8-9]。

6.5　虚拟现实带来的伦理道德和社会问题

作为新兴科技的 VR 技术方兴未艾，将与之相关的社会生活和日常生活卷入一系列新的社会伦理实验之中，出现了很多值得关注的伦理问题，主要包括以下几个。

（1）隐私侵犯。VR 技术需要收集和使用大量用户数据以实现功能优化和个性化服务。然而，这可能导致隐私侵犯问题。例如，面部识别技术可能被滥用，导致不准确或不必要的识别。此外，VR 头盔可能被设置为在用户不知情的情况下自动录音和拍摄视频，这违反了隐私法规。为了解决这个问题，政府需要制定严格的隐私保护法规，禁止过度收集和使用用户数据。用户也应提高警惕，熟悉隐私政策，并采取措施保护自己的数据。

（2）数据加密和网络安全。虚拟世界中数字资产和信息的增加可能导致网络安全问题日益严重。黑客和犯罪行为人可能会试图侵入虚拟世界，盗取数字资产或传播病毒。为了解决这个问题，企业需要加强网络安全措施，如加密和数据保护。政府也应制定相应的法规，严惩网络犯罪行为。此外，用户应增强网络安全意识，并采取安全措施保护自己的数字资产。

（3）虚假信息和骗局。虚拟世界中信息容易被伪造和篡改，可能导致诈骗、网络欺凌和其他犯罪行为的增加。诈骗者可能利用虚拟世界创建虚假身份，骗取他人的钱财或感情。为了解决这个问题，政府和企业应加强对虚拟世界的信息监管，并制定相应的惩罚措施。用户也应该提高警惕，不要随意相信虚拟世界中的陌生人。

（4）道德伦理争议。VR 技术可能被用于创造极度真实或令人不安的体验，这在娱乐、教育和医疗等领域可能引发道德伦理争议。例如，在娱乐领域，一些人认为过度真实的恐怖或暴力场景可能对观众产生负面影响。为了解决这个问题，政府、企业和学术界需要就道德伦理问题进行讨论和制定指导原则。用户也应考虑自己的道德观念，并选择合适的 VR 内容。

（5）成瘾和过度依赖。过度沉浸于虚拟世界可能导致用户对现实世界的兴趣减少，从而产生心理和生理问题。这可能导致孤独、抑郁和健康状况恶化。为了解决这个问题，政府、企业和非政府组织应加强对 VR 技术可能产生的心理影响和社会影响的关注。用户也应该有意识地控制自己在虚拟世界中的时间，确保现实生活与虚拟世界的平衡。

（6）就业和人力资源。VR 技术的发展可能导致一些职业消失，同时创造新的职业需求。这可能需要对教育和培训系统进行相应的调整。为了解决这个问题，政府、企业和教育机构需要合作，调整教育政策，以适应 VR 技术的发展。此外，员工也应不断学习和适应新技术，以确保在就业市场上的竞争力。

（7）社会融合。VR 技术可能会加剧社会分裂，导致一部分人更加孤立和疏远。如何促进虚拟世界中的社会融合是一个重要的社会问题。为了解决这个问题，政府、企业和社会组织需要努力创造友好的虚拟环境，促进社会互动和融合。此外，用户也应努力在虚拟世界中创建积极的人际关系，以减轻社会分裂现象。

（8）法律和法规。VR 技术的发展可能需要对现有法律和法规进行修订，以解决上述伦理道德和社会问题。例如，可能需要制定新的法规来保护数据隐私、打击网络犯罪等。为了解决这个问题，政府应制定相应的法律和政策，以确保 VR 技术合法和负责任地发展。企业和个人也应遵守法律法规，以确保 VR 技术的积极发展。

案例：VR 购物

VR 商城是采用 VR 技术生成的可交互的三维购物环境。消费者戴上一副连接传感系统的“眼镜”，就能“看到”3D 真实场景中的商铺和商品，达到各地商场随便逛、各类商品随便试的目的。目前，国内外的商家都在大力发展 VR 购物，如意大利 inVRsion 的 ShelfZone、中国阿里巴巴的 Buy+。下面重点介绍这两个 VR 购物应用。

1. ShelfZone

来自意大利的 inVRsion 发布了一款名为 ShelfZone 的 VR 软件，这是一款为大型零售商和消费品公司设计的 VR 应用。由于使用了 HTC Vive，所以消费者能够在房间里走动，就如真的在逛超市一般，不过太远的距离还是得靠“瞬移”来实现，这也是 HTC Vive 上多数游戏和应用的移动方式。消费者看到想买的东西，可以将其直接拿下货架，查看价格、出厂日期、产地等，还可以查看商品评价等信息，供购买参考。当消费者面对众多品牌的产品不知如何取舍时，ShelfZone 能够立刻帮助消费者标出同类产品，以便消费者迅速做出对比。对于部分产品，如女性护肤品，ShelfZone 还会通过专家给出专业意见，推荐合适的产品。消费者在挑好商品准备结账前，可以查看购物车里的已有商品，计算总价。如果在结账前觉得总价太贵了，还可以一项项直观地修改，结好账后只需要在家等待快递上门即可。

ShelfZone 允许零售商和零售公司创建属于自己的 VR 商店、超市和购物中心，甚至还制作了特定的商品、品牌的货架与走廊供零售商和零售公司直接试用。ShelfZone 还允许商家按照自己的意愿打造不同风格的店面布局，开发新的市场。ShelfZone 还提供了一项强大的功能——消费者研究，消费者在 VR 商店里的一切行为都能做成报告，和电商的消费者行为研究一样。ShelfZone 能够帮助商家更好地分析和整理空间布局，整理出专属的货品分类管理方法。未来，借助 ShelfZone，也许会诞生淘宝型 VR 创业公司，允许用户在虚拟场景中建立自己的店铺。

2. Buy+

阿里巴巴于 2016 年宣布打造“造物神”计划后没多久，便发布了一段名为 Buy+的概念视频，该视频通过各种特效来表现未来“剁手党”们购物的样子。Buy+的宣传视频一开头就“否定”了目前的线上购物和移动购物，然后通过一句“现在我们可以这样买”进入 VR 购物的主题。视频中，一个未来的“剁手党”戴上头盔，进入阿里巴巴打造的 VR 商品世界。这个世界就像一个超级购物城，客户来到某个角落，看到喜欢的衣服，可以直接拿来试穿，可以触摸、感受衣服的材质，甚至可以让虚拟模特穿上衣服进行展示。视频中还有 Buy+产品交互设计师的解说：“Buy+最大的挑战是如何快速地把淘宝的十亿件商品在虚拟环境中一比一地复原。为此，Buy+启动了‘造物神’计划，利用 TPMS 三维建模技术帮助数百万名商家批量快速建模。通过高性能渲染还原技术，用户在虚拟世界中所看到的一切都像在眼前一样真实。”

视频的最后还展望了一下未来：“有了 Buy+，你的生活将会乐趣无穷。”

参考资料

[1] 杨浩然. 虚拟现实：商业化应用及影响[M]. 北京：清华大学出版社，2017.

[2] 吕云，王海泉，孙伟. 虚拟现实：理论、技术、开发与应用[M]. 北京：清华大学出版社，2019.

[3] 刘丹. VR 简史：一本书读懂虚拟现实[M]. 北京：人民邮电出版社，2016.

[4] 申蔚，曾文琪. 虚拟现实技术[M]. 北京：清华大学出版社，2009.

[5] 刘光然. 虚拟现实技术[M]. 北京：清华大学出版社，2011.

[6] 赵沁平. 虚拟现实综述[J]. 中国科学（F 辑：信息科学），2009, 39(1): 2-46.

[7] KAMBOURES K. Deep virtual reality: technologies to enhance human presence[M]. Berlin: Springer, 2019.

[8] CALDWELL J T, GERE C. The creative industries of virtual reality: theory and practice[M]. London: Bloomsbury Academic, 2018.

[9] 雷振甲，王千乐. 虚拟现实视觉设计：原则与技巧[M]. 北京：人民邮电出版社，2019.

第 7 章

工业机器人

学习目标

- 了解工业机器人的基本概念和演进历程。
- 理解工业机器人智能化应用的典型技术。
- 掌握智能工业机器人如何赋能数字经济。
- 了解工业机器人带来的伦理道德和社会问题。

Aeva 是美国一家初创公司，专注于研发电矢量动力（eVTOL）飞机，这种飞机可以垂直起降，像直升机一样灵活。然而，它又具有固定翼飞机一样的速度，是一种未来的交通方式。Aeva 与空中出租车服务进行合作，旨在开发一种全新的交通方式，改变人们的出行方式。在这个合作案例中，Aeva 提供的 eVTOL 飞机具有以下特点。①eVTOL 飞机可以像直升机一样垂直起降，但速度又像固定翼飞机一样快，因此具有高效的出行能力。②eVTOL 飞机由清洁能源驱动，如氢燃料电池，减少对环境的影响。③eVTOL 飞机具有先进的飞行控制系统，以及冗余的系统和组件，可以确保飞行安全。④eVTOL 飞机可以像出租车一样被呼叫，实现门到门的出行服务，提升出行便捷性。

eVTOL 飞机向人们展示了工业机器人如何为未来的交通行业赋能，提供一种高效、环保、便捷的出行方式。这种新型交通方式有望改变城市的格局，提高人们的生活质量。

7.1 工业机器人概述

“机器人”（Robot）一词最早出现在 1920 年捷克斯洛伐克作家卡雷尔·恰佩克（Karel Capek）的科幻小说中，距今已有百年历史。但随着机器人相关技术的发展，机器人一词所代表的内涵也在不断变化，新的产品、新的机型、新的功能、新的应用领域不断涌现，机器人的定义也在不断充实。

国际机器人联合会将机器人定义为“一种半自主或全自主工作的机器，它能完成有益于人类的工作”。应用于工业领域的机器人就是工业机器人。

国际标准化组织将机器人定义为“一种自动的、位置可控的、具有编程能力的多功能机械手，这种机械手具有几个轴，能够借助程序操作来处理各种材料、零件、工具和专用装置，以执行各种任务”。

美国国家标准局将机器人定义为“一种能够进行编程并在自动控制下执行某些操作和移动作业任务的机械装置”。

美国机器人协会将机器人定义为“一种用于移动各种材料、零件、工具或专用装置，通过程序动作来执行种种任务，并具有编程能力的多功能机械手”。

日本工业机器人协会将工业机器人定义为“一种装备有记忆装置和末端执行器，能够转动并通过自动完成各种移动来代替人类劳动的通用机器”。

1984 年年底，我国著名科学家钱学森指出：“所谓机器人，就是指那些有特定功能的自动机，它是机电一体化的，并且具有人工智能因素的 20 世纪 80 年代高技术，是新技术革命的重要内容之一。”

我国国家标准《机器人与机器人装备词汇》（GB/T 12643—2013/ISO 8373:2012）对机器人和工业机器人给出了明确的定义，即机器人是具有两个或两个以上可编程的轴，以及一定程度的自主能力，可在其环境内运动以执行预期的任务的执行机构；工业机器人是自动控制的、可重复编程、多用途的操作机，可对 3 个或 3 个以上轴进行编程，它可以是固定式或移动式的，在工业自动化中使用。

综合上述各种定义，本书认为，工业机器人是面向工业领域的多关节机械手或多自由度机器人，是一种在自动控制下能够重复编程完成某些操作或移动作业的多功能、多自由度的机械装置，是现代制造业中重要的工厂自动化设备。当今的工业机器人技术正朝着具有与人无阻隔共同作业能力、具有行走能力、具有多种感知能力、具有较强的对作业环境自适应能力的方向发展[1-2]。

7.1.1 智能、人类智能的种类

智能是智力和能力的总和，中国古代思想家一般把智与能看作两个相对独立的概念。现代人一般认为，智能是知识和智力的总和，知识是智能的基础，智能是获取和运用知识求解的能力。

人类智能主要包括归纳总结和逻辑演绎两大类。人类大量的感知处理，如视觉、听觉、触觉都是下意识的，属于归纳总结的智能。数学推导、逻辑推理是基于公共符号的逻辑推理，属于逻辑演绎。如果再细分，人类智能共有 8 种类别，分别是语文智能、逻辑数学智能、视觉空间智能、音乐智能、人际智能、内省智能、肢体动作智能和自然观察智能。

（1）语文智能。语文智能即能有效运用语言和书面文字，以表达自己想法和了解他人

的能力，如阅读写作和沟通能力。古今中外语言智能卓越的代表人物有莎士比亚、曹雪芹、孔子、李白等。

（2）逻辑数学智能。逻辑数学智能即能有效运用数字和推理的能力，包括逻辑思考与推论、归纳能力。代表人物有柏拉图、牛顿等。

（3）视觉空间智能。视觉空间智能即能以三维空间思考，可准确感觉视觉空间，并把内在的空间世界表现出来的能力。空间能力强的人，通常能准确地感知视觉空间，并善于将所感知到的表现出来。代表人物有毕加索等。

（4）音乐智能。音乐智能就是对音乐的理解、欣赏能力，以及编写音乐或唱歌的能力。代表人物有贝多芬、肖邦、莫扎特、巴赫等。

（5）人际智能。人际智能就是观察和区分他人的情绪意向、动机及感觉的能力。人际智能强的人善于与他人合作，而且容易与他人保持良好的关系，他们懂得表达同情与关怀，也具有意识到他人行为动机与目标的敏锐度。

（6）内省智能。内省智能是个人自我了解、分析、反省、自处的能力，也就是能检讨自己的行为与意念，并设定目标要求自己完成的能力。

（7）肢体动作智能。肢体动作智能是指运用身体的部分或全身来表达意见、感受，以及解决问题或创作成品（如表演、比赛）的能力。

（8）自然观察智能。自然观察智能是指识别各种动植物及各种自然现象，并知道如何利用它们的能力。自然观察智能高的人不仅对大自然有浓厚的兴趣，同时具有敏锐的观察和辨识能力。

7.1.2　工业 1.0～3.0 中机器人的功能

1．工业 1.0

工业 1.0 创造了机器工厂的蒸汽时代，通过水力和蒸汽实现工厂机械化。这次工业革命的结果是机械生产代替了手工劳动，经济社会从以农业、手工业为主的模式转为以工业机械制造为主的新模式。工业 1.0 的起止时间大约是 18 世纪 60 年代至 19 世纪中期。这一期间的工业机械主要模仿人的“上肢劳作能力”，即上肢劳作工具化。

2．工业 2.0

工业 2.0 是电气化时代，即在劳动分工的基础上产生了电力驱动产品的大规模生产。因为工业 2.0 产生了电力，所以工业生产进入了继电器、电气自动化生产的时代。工业 2.0 的起止时间大约是 19 世纪后半期至 20 世纪初。这一期间的工业生产机械在“上肢劳作工具化”的基础上逐步拓展到“下肢移动工具”，如运送货物的车具。

3. 工业 3.0

工业 3.0 是电子信息化时代。自 20 世纪 70 年代开始，工业生产中开始广泛应用电子与信息技术，使工业制造过程的自动化进一步提高。生产效率、优良品的比例、分工合作效率、机械设备的寿命都得到了前所未有的提高。在这一时期，工厂大量采用 PC、PLC 和单片机等真正由电子信息技术自动化控制的机械设备进行生产。自此，机器逐步代替人类进行劳动，不仅能够从事相当比例的体力劳动，也能够从事一些脑力劳动。这一时期的工业生产机械在“运物车具”的基础上，进一步拓展到汽力和电力机器上，由于电磁场和电力的发现与运用，仿人的体能和部分脑力的机器逐步出现在工业生产中[3]。

7.1.3 工业机器人的演进历程

工业机器人的历史演进承载着人类对自动化和创造力的探索。从最初的机械臂到如今的智能化系统，工业机器人的发展见证了技术在生产领域的惊人进步。让我们一同回顾工业机器人的演进历程，探寻那些引领现代制造业革命的关键时刻和技术革新。

1. 起源与早期阶段

工业机器人的前身可以追溯到 20 世纪 50—60 年代，最早出现在美国。1954 年，美国的乔治·德沃尔（George Devol）设计制造了世界上第一台可程式设计的机器人。1959 年，约瑟夫·恩格尔伯格（Joseph Engelberger）和乔治·德沃尔共同设计了一台可以移动的、具备重复性和精确性的机械臂，并在 1961 年首次应用于工业生产线上。这个早期的工业机器人被认为是工业自动化和机器人技术发展的开端，对制造业的发展有着重要的影响。工业机器人的演进历程如图 7-1 所示。

图 7-1 工业机器人的演进历程

2. 技术突破与演进

20 世纪 70—80 年代，工业机器人迎来了快速的技术发展和应用扩展。关键的技术突破包括计算机控制系统的引入，使工业机器人能够执行更加复杂的任务和动作。而灵活性和编程能力的提高使工业机器人可以满足不同的生产要求。

3．里程碑事件和技术进步

（1）数控技术引入（20 世纪 60 年代后期）。数控技术的应用提高了工业机器人的控制精度和灵活性，使其能够完成更加复杂和精细的任务。

（2）灵巧的传感器技术（20 世纪 70 年代）。传感器技术的进步使工业机器人能够更精确地感知环境。例如，视觉传感器和力传感器的应用提高了工业机器人的操作能力。

（3）柔性制造系统的发展（20 世纪 80 年代）。柔性制造系统的引入使工业机器人系统更具适应性，能够快速适应不同的生产需求和变化的工作环境。

（4）机器学习和人工智能的涌现（20 世纪 90 年代）。机器学习和 AI 技术的应用推动了工业机器人的智能化，使其能够学习和自我改进，适应新的任务和环境。

（5）协作机器人的兴起（21 世纪初）。协作机器人的出现开启了工业机器人与人类之间更加密切的合作模式，提高了工作效率和灵活性。

4．作用和影响

工业机器人在过去的发展中扮演了重要的角色。它不仅提高了生产效率和精度，还改变了制造业的面貌。工业机器人的出现，让生产线上的重复性和危险性工作逐渐被自动化取代，提供了更安全、更高效的工作环境。这种技术的应用也带动了工业自动化和现代制造业的发展。

5．工业机器人的应用和影响

工业机器人的普及和应用正以惊人的速度改变着现代工业生产的面貌。它的自动化、精确性和高效性特点，为制造业注入了新的活力，从而重塑了生产方式和产品品质。

6．工业机器人的技术突破

工业机器人领域正迎来一场引人瞩目的技术飞跃，多项前沿技术的迅猛发展正在彻底改变这个领域的面貌。从机器学习到感知技术再到灵活性的提高，工业机器人处在技术进步的前沿。

1）机器学习与人工智能

（1）自主学习能力。机器学习使工业机器人能够通过数据学习适应新的情境，从而自主地解决问题、调整操作，并持续改进工作表现。

（2）智能决策。机器学习为工业机器人赋予了智能决策的能力，使其能够基于不断积累的经验做出更加智能和适应性更强的决策。

2）感知技术的发展

（1）视觉系统。先进的视觉系统和图像处理技术使工业机器人能够更准确地感知环境、识别物体和定位目标，为操作提供更多信息。

（2）传感器技术。各类传感器（如激光雷达、超声波和红外线传感器等）的进步，使工业机器人能够更好地感知和适应不同的工作环境与场景。

3）灵活性和协作能力的提高

（1）可重构和灵活性。新一代工业机器人设计得更加灵活，能够根据任务需求进行快速改变和适应，实现多种任务的无缝切换。

（2）人机协作。人机协作的发展能够让工业机器人更安全地与人类共同工作，实现更高效的生产流程[4]。

7.2 工业机器人智能化应用的典型技术

在制造业中作业方式单一、重复等简单的工序上，传统的工业机器人已经得到广泛应用。从技术角度划分，这类工业机器人仍然属于第一代机器人——示教再现型机器人。其不足之处是缺乏智能性，主要应用于周围环境状态已知、变化小的结构化工作场景中，如标准化的流水线生产、组装和机械式重复作业等场景。而汽车零部件、3C 电子、陶瓷卫浴及五金压铸等行业，还存在大量目标工件与环境高度非结构化的作业场景，如喷涂、抛磨、装配等自动化程度低、作业环境恶劣的工序，仍以人工结合专用设备作业为主，生产效率的提高受到限制。现有的人工结合专用设备的作业模式不仅严重影响作业人员的身体健康，而且其生产效率和产品质量无法满足巨大的市场需求。因此，为了解决巨大的市场需求与生产效率低下之间的矛盾、作业人员身体健康问题及其作业技能无法适应高端装备的问题，人们基于智能化、数字化技术对现有的工业机器人系统进行了升级改造，使其具备第二代和第三代工业机器人的特性。

制造业升级改造的目的之一是解放生产力，提高产品质量和生产效率。在真实的工业现场，工业机器人及其配套设备正在逐渐取代工人和传统的自动化装备。而在数字世界，机器人技术与人工智能、大数据、云计算及工业互联网等技术相融合，为传统的控制策略赋予了智能属性。

工业机器人与工业互联网融合的技术路线如图 7-2 所示。通过“云-边-端”系统的协同，可以实现真实现场与数字世界的融合。因此，工业机器人的智能化应用的核心是硬件智能化和软件智能化的融合。硬件智能化的实现方式是通过改变工业机器人本体形态或在工业机器人系统中集成视觉、力觉等智能传感器，为工业机器人本体增加感知多模态信息的硬件设备。软件智能化的实现方式是，将经验化的产品加工工艺与机器人、人工智能、大数据等技术的融合，转化为可以驱动工业机器人硬件执行作业任务的数字化工艺。

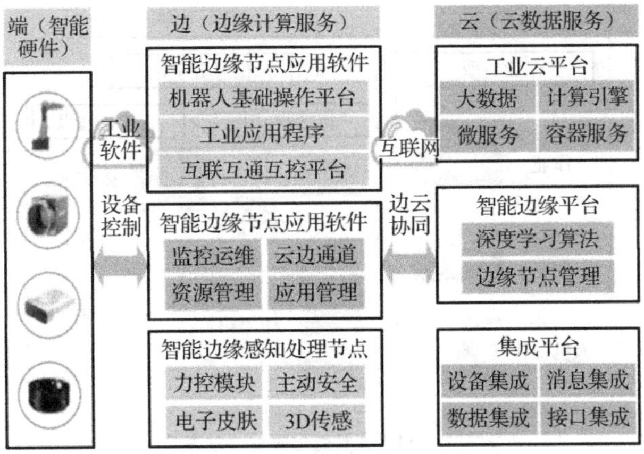

图 7-2　工业机器人与工业互联网融合的技术路线

从生产工艺角度分析，作业人员通常利用工具或手工，按照生产工艺的要求，对各种原料、材料、半成品进行加工或处理，使之成为合格的成品。无论是数字制造还是传统手工作业，在向智能制造升级的过程中，对原有生产工艺的吸收、借鉴和改进是基础实施过程中的关键一环。因此，根据作业工艺、作业人员所处的环境及与作业人员作业对象之间的接触关系，工业现场常见的作业类型可划分为非接触式作业（如喷涂、焊接等）、接触式作业（如打磨、抛光、装配等）。两者的区别在于作业人员与作业对象之间是否产生直接的相互作用力。在改造升级的过程中，以工业机器人替代人工作为执行装备，并与配套的智能传感器、自动化装备共同组成机器人智能化应用系统。

非接触式作业和接触式作业主要描述的是工业机器人与作业对象之间的力接触关系。单个制造工序经过智能化升级后，可以与其他已升级工序组成标准化生产线，其特点是生产效率高。由于设备是固定不变的，不需要经常换产，相应地提高了设备利用率，降低了生产成本。随着定制化产品需求的不断提高，相应的产品种类随之增多。同一种类的产品数量需求以小批量为主，导致生产设备需要根据产品类型快速切换生产工艺，而传统的标准化、大批量生产模式无法满足定制化作业对生产线频繁换产的要求。

作为定制化作业的解决方案，人机协作系统具有多样化、小规模、周期可控等特点，是未来制造业的发展趋势。人机协作系统的核心是人和机器人。人天然具备智能，可以根据外部环境变化做出相应的反馈，而机器人需要借助智能传感器为其赋予智能属性，感知非结构化场景的变化，结合运动规划算法，配合人类完成作业任务。

因此，基于硬件智能化和软件智能化升级改造的思路，工业机器人在不同制造业场景智能化应用的典型技术路线如图 7-3 所示。首先，根据现有手工或专机作业流程，对原有的生产工艺进行数字化转化。其次，基于工业机器人和智能传感器的功能特点，研究环境建模、位姿估计、力/位混合控制等智能化技术，对数字化工艺进行适配和改造，在保证产品质量的前提下提高生产效率。

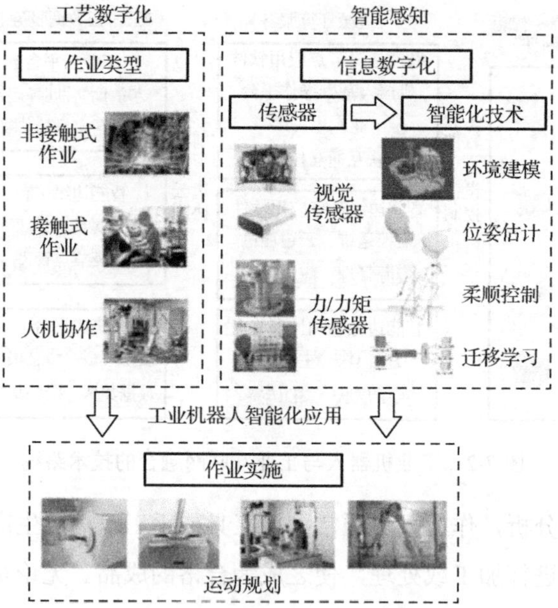

图 7-3 工业机器人智能化应用的典型技术路线

7.2.1 面向工业机器人智能化应用的智能感知系统

与人类相比，传统工业机器人的应用范围局限于简单、重复的一致性、标准化作业，而人类可以利用眼睛感知视觉信息，利用皮肤感知力觉信息，从而利用大脑融合并处理视觉信息和力觉信息以引导手臂完成工艺复杂的高难度任务。因此，工业机器人向智能化发展的重要硬件基础是智能传感器。智能传感器的感知属性为工业机器人赋予了与外部真实世界进行交互的能力。一方面，智能传感器为工业机器人提供了丰富的工艺数据，引导其执行自主作业；另一方面，工业机器人以感知数据作为反馈信息，在作业过程中实现全局闭环控制，提高作业质量。

视觉感知系统是机器人集成应用系统的重要组成部分，以非接触的方式为机器人提供丰富的二维信息和三维信息。在复杂的三维工业场景中，引入二维和三维视觉系统，基于视觉重建和理解技术，完成机器人智能化应用环节的环境建模、位姿估计等任务。

相较于视觉系统的非接触属性，力传感器则应用于打磨、抛光、装配及人机协作等接触式作业场景。在机器人系统中部署力传感器，用于感知受力情况，形成力/位置闭环系统，从而在保护机器人和作业对象免受机械损伤的同时，提高产品质量。同时，对于面向多品种、小批量需求的人机协作场景而言，安全性是第一位的，基于力传感器的精确力感知技术是柔顺控制与人机安全保障的基础[5]。

7.2.2 基于视觉感知系统的三维环境重建技术

三维环境重建技术以数学的方式描述真实的三维作业空间内机器人、工件及障碍物的立体信息，是后续位姿估计、运动规划的数据基础。在工业场景中，根据建模对象不同，三维环境重建技术主要分为两类：①面向目标工件的局部高精度三维环境重建技术；②面向全局空间的实时三维环境重建技术。

为了提高产品质量，获取高精度的工件模型是前提条件。工业现场工件的成像质量受光照影响较大，可以利用偏振视觉系统采集工件表面反射光强度信息，进行三维环境重建，以降低不稳定光源的影响。针对偏振光三维环境重建方法无法确定模型相对于传感器的绝对坐标信息的问题，通过融合偏振视觉与立体视觉，以坐标变换的方式求解重建模型的坐标信息，实现对无纹理高反光工件的高精度三维环境重建。

从工业机器人三维作业空间的全局角度分析，需要对非结构化的全局环境进行建模，以确定机器人与障碍物的相对位置关系。相较于局部的高精度建模，全局建模更注重实时性。微软的 Kinect、英特尔的 RealSense 等消费级设备的出现，实质性地推动了人们对实时三维环境重建的研究。三维环境重建的模型通常以点云的形式进行描述和存储，研究者通常将基于点云数据的建模方法与三维栅格相结合，离散化的栅格可以加快密集点云数据的处理。

7.2.3　基于视觉感知系统的位姿估计技术

位姿估计是在局部高精度三维环境重建模型的基础上进一步处理的过程，目的是获取目标工件相对于工业机器人基坐标系的立体位姿信息。现阶段，在工业领域应用的位姿估计算法根据技术原理不同，主要分为基于点特征类算法、基于模板匹配类算法和基于深度学习类算法。

基于点特征类算法包含诸多经过实验验证的算法，其算法流程通常是先根据待识别的物体外形提取显著特征点，并构建基于点云的特征描述子，然后基于特征描述子在物体原始点云模型中搜索与其特征匹配的点位，利用点云配准算法求解两者的相对空间变换矩阵。

基于模板匹配类算法以离线与在线融合的方式从全局匹配最优解，有效地解决了少纹理或无纹理物体的位姿估计问题。基于模板匹配类算法借鉴图像识别领域的思想，在离线阶段建立待识别物体在不同位姿状态下的模板库，在在线阶段将视觉传感器获取的数据与模板库中的模板快速匹配，获得相似度最高的模板，从而确定待识别物体的最终位姿。

基于深度学习类算法包括：①利用端到端的深度学习方式对视觉采集的数据进行训练，输出工件的位姿；②根据 RGB-D 数据的特点，利用基于 CNN 的实例分割算法提取目标物体的轮廓及像素占据信息，获得目标物体的点云，再基于点云配准算法求解目标物体的位姿。

7.2.4　基于力感知系统的柔顺控制技术

机器人的柔顺控制主要包括主动柔顺控制和被动柔顺控制两种方法。主动柔顺控制主要通过安装在机器人上的力传感器或检测关节电机输出的力矩，对机器人与目标工件之间的接触力进行实时监测，并通过理想接触力与实际接触力之间的误差修正工业机器人末端运动轨迹，以实现所需的柔顺性能。被动柔顺控制主要在末端执行结构中加入具有柔性的机构，如弹簧或柔性法兰。相比主动柔顺控制，被动柔顺控制具有更直接的储能效果，降低了力响应的带宽与位置的精准度。但被动柔顺控制具有局限性，即受到安装环境的限制，柔性机构的反馈速度较慢。

7.2.5　面向小样本目标的迁移学习技术

迁移学习技术是一种深度学习模型训练方法，采用已训练的知识模型对不同但相关的领域问题的期望值进行预测，可以提高深度学习模型的泛化性能。在工业现场部署深度学习模型时，构建大规模的、完善的、标注良好的数据集非常困难，而且如果对每种工件从原材料至成品的各个阶段进行数据采集和标注，需要投入大量的时间成本，所以构建大规模数据集不符合工业生产对快速部署、高效换产的要求。迁移学习技术不要求当前任务的训练数据必须与测试数据独立且同分布，利用迁移学习技术可以解决工业现场普遍存在的训练数据不足的问题。因此，迁移学习技术积极推动了深度学习算法在工业现场的应用进程和范围，在机器人智能化应用中发挥着越来越大的作用。

7.2.6　面向非结构化环境的运动规划技术

在已建立的环境模型中，基于约束条件在机器人的自由构型或工作空间中搜索出一系列中间位姿，使机器人从初始位姿安全地运动到目标位姿，这个过程就是机器人运动规划，是机器人技术需要解决的基本问题之一。

目前，在静态非结构化环境中，应用于工业机器人运动规划领域的算法主要有随机采样算法和基于深度学习的运动规划算法等。基于随机采样的运动规划算法可以分为多次查询算法和单次查询算法。随机路图（Probabilistic Roadmaps，PRM）算法是典型的多次查询算法，在工作环境不变的情况下，在预处理阶段构建高维空间的路图，在查询阶段利用图搜索算法确定最优路径。与 PRM 算法不同，快速扩展随机树（Rapidly-exploring Random Trees，RRT）是一种单次查询算法，具有更高的规划效率，因此其在高维空间运动规划中的应用更加广泛。基于深度强化学习的运动规划算法将深度学习与自监督学习的强化学习相结合，通过机器人自主地与场景互动，观测并记录场景反馈，并以行动试错和奖励的方式进行训练，根据结果优化行动策略，获得贴近人类决策方式的结果。

在动态非结构化环境中，尤其是在人机交互的环境中，预先规划的路径可能会被障碍物阻挡，如果机器人不能及时在线生成新的运动路径，则会与障碍物发生碰撞，导致机器人与障碍物损坏。针对非结构化环境中的机器人在线运动规划问题，通常有两类解决方法：反应式控制和全局运动规划。反应式控制通常基于人工势场法构建控制策略，属于被动式避障方法，用于局部动态避障，许多学者对其进行了研究和应用。全局运动规划则在整个机器人构型空间内搜索可行的路径，典型的算法是一种基于 PRM 算法的动态路图法，该方法将大量路图计算在预处理阶段完成，以缩短在线阶段的动态规划时间，达到实时性要求[6]。

7.3　智能工业机器人赋能数字经济

近年来，在工业和信息化部、国家发展和改革委员会等有关部门的推动下，一批工业机器人示范应用类项目相继实施，推动了国产工业机器人在家电、电力电子、汽车零部件、金属加工、家具卫浴等行业龙头企业中的应用。目前，创维、澳柯玛、海尔、格力、广汽、上汽及上海大众等行业知名企业都开始逐步使用国产工业机器人。一些工业机器人厂商充分把握市场机会，与用户企业深入合作，实现技术的改进与提升。根据中国机器人产业联盟统计，2023 年中国自主品牌机器人累计销售 14.7 万台，比 2022 年增长了约 12%。国内龙头企业、优质企业的优势更加突出，研发能力、市场应变能力强的企业发展更加稳定。

7.3.1　汽车制造领域

汽车行业是全球最大的工业机器人应用领域，其份额几乎为总供应量的 30%（2023 年）。汽车新产能的投资和现代化进程推动了汽车产业对机器人的需求。2023 年，汽车行业中的工业机器人装机量主要集中在 5 个重点市场：中国（约 61000 台）、日本（约 25000 台）、德国（约 22000 台）、美国（15246 台）和韩国（约 15000 台）。汽车行业正在向新能源、轻量化等方向发展，为工业机器人的应用提供了广阔的空间，新技术的应用和生产线自动化升级为机器人市场提供了持续增长的动力。

中国汽车行业机器人密度于 2023 年达到 1200 台/万人。韩国汽车行业机器人密度 2023 年达到约 2800 台/万人，加拿大约 1700 台/万人，美国约 1500 台/万人，德国约 1400 台/万人，日本约 1300 台/万人。最新的数据显示，中国汽车行业工业机器人应用规模显著增长。

7.3.2　3C 电子制造领域

电子电气行业也是工业机器人应用的一个重要领域。电子电气行业将继续在自动化方面进行投资，尤其是在电子部件和电子设备的装配领域。亚洲地区在这一领域将朝着更加自动化的方向发展。新电子产品和新生产技术趋于向节能型产品、增加市场份额的方向发展，这将推动新产品与新技术的投资。针对太阳能电池领域面临的严峻的价格竞争与产能过剩问题，电子电气行业将重视新兴市场对存量的消纳能力，同时加快关键装备研发和技术创新的步伐，促使产业升级。北方微电子有限公司的干法刻蚀机使用真空机械手，产品性能高效、可靠，已在国内多家半导体生产厂广泛应用。2023 年，北方微电子的 LED 刻蚀机产量稳定增长，达到 300 台。沈阳芯源微电子设备股份有限公司的匀胶机使用机械手，可搬运 300mm、200mm 晶圆，与同类国外机械手的性能相同。此款机械手已经通过用户的验收，批量用于该公司的产品线中，为后期合作奠定了坚实的基础。

7.3.3 搬运码垛物流行业

在石化、化工后处理成套设备方面，哈尔滨博实自动化股份有限公司开发了全自动码垛成套设备、顺丁橡胶后处理成套设备等工业机器人生产线，产品遍及国内除西藏外的所有地区，综合市场占有率达 65%以上，产品同时远销俄罗斯、哈萨克斯坦、泰国等国家。天津大学先后开发了 Diamond、Delta-S 和 Cross-Ⅳ等具有自主知识产权且性能达到国际先进水平的 2～4 自由度高速搬运机器人 3 个系列新产品，在锂电池分选（天津力神电池股份有限公司）、医用软袋（北京双鹤药业股份有限公司）、果奶和塑性炸药（云南安化有限责任公司）等 10 余条包装和搬运自动化生产线上得到成功应用，如图 7-4 所示。南京埃斯顿自动化股份有限公司研发的工业机器人，其性能和可靠性在很多特定的应用领域与国外工业机器人处于同一水平，目前已实现成本比国外工业机器人低至少 30%。埃斯顿工业机器人和机械手成套设备产品已初步产业化，并在冲压搬运、板材折弯、焊接、上下料等工业生产线上得到应用。埃斯顿工业机器人如图 7-5 所示。

（a）锂电池机器人　（b）医用软袋机器人　（c）塑性炸药机器人

图 7-4　天津大学开发的高速搬运机器人

（a）机器人和折弯机工作单元　（b）机器人和机械手工作单元

图 7-5　埃斯顿工业机器人

北京赛佰特科技有限公司、上海沃迪智能装备股份有限公司在搬运机器人方面开展了相关的研发工作，面向包装、物流行业，产品广泛应用于化工、食品、饮料、医药、建材、自动化立体仓库等自动化包装物流生产线。其所研发的机器人取得了 CE 认证，产品远销欧洲和北美等地区。

7.3.4　机械加工行业

机械加工是工业生产中的重要组成部分，它的过程比较烦琐、复杂，重复性强，传统的机械加工需要耗费大量的生产力，且工作效率较低。因此，工业机器人应用在机械加工中可以进一步解放生产力、提高产品的一致性并大幅提高生产效率。工业机器人主要应用于机械加工中的金属热处理、焊接、表面涂装、上下料等工序。传统的机床在批量生产中依赖人工或半自动设备上下料，不稳定因素较多，生产效率较低，劳动力成本较高。将工业机器人应用其中后，机床可以高效、快速、准确地生产，极大地减少了生产过程对人工的依赖，只需要少数的人工进行调度、调试、维护设备等操作，即可满足生产需要。这样不仅提高了生产效率，也有望代替工人完成繁重和重复的工作。随着工厂自动化改造需求的不断释放，高性价比工业机器人系统将进入工厂，深入生产一线，承担固定工序，进一步减弱了生产线对人工的依赖。

目前，我国研发的食品工业机器人主要应用于包装罐头、切割牛肉、包装分类等。包装机器人不仅可以帮助工人进行装卸，搬运体积大、质量大的物件，还可以应用在人们不能接触的产品的包装过程中。例如，在家禽屠宰过程中，工业机器人能够大范围使用在重复性强的工作中，并且让工人远离化学药品，因此能够在很大程度上解放劳动力，有利于企业向更重要的生产环节调配生产人员；工业机器人还可以根据家禽的结构特征将切割完的肉进行分类，以达到生产效率的最大化。

7.3.5　喷涂领域

喷漆机器人是可以进行自动喷漆或喷涂其他涂料的工业机器人。我国研制出了几种型号的喷漆机器人并投入使用，取得了较好的经济效果。我国的喷漆机器人研发起步较早，北京机械工业自动化研究所有限公司研制出了中国第一台全电动喷漆机器人和中国第一条机器人自动喷漆生产线——东风汽车喷漆生产线。但是，近几年随着对喷漆机器人质量要求的提高，喷涂机器人一般作为喷涂生产线的单元设备集成在制造系统中，国内的汽车车身喷涂生产线市场大多被国外的机器人产品所占领，如德国的杜尔机器人、日本的发那科机器人。喷涂机器人进行喷涂工作的生产效率高，应用领域广泛，目前主要用于塑胶、五金、家具制造、航空、船舶生产等领域，是如今应用较为广泛的一种涂装方式。喷涂作业对工作环境的要求比较严格，一般要求万级至百万级的无尘车间。一条喷涂生产线的喷涂设备主要包括喷枪、喷漆车间、供漆室、烘干车间、雾化废水处理设备、废气处理设备等。喷涂机器人的使用，解放了在恶劣环境下作业的工作人员，也大幅提高了制造企业的生产效率，提高了喷涂质量，降低了不良产品出现的概率，同时提高了油漆利用率，减少了废弃油漆、废弃溶剂的排放量，使工业生产更加绿色。

7.3.6 家用服务机器人

家用服务机器人是指为人类家庭服务的智能机器人，其可以承担维护、保养、修理、运输、清洗、监护等工作。家用服务机器人被定位为智能物联网时代家庭物联网的核心信息中枢，具有人性化交互、运动化控制和组件化成长的特性。与以往工作在结构化环境下的工业机器人不同，家用服务机器人往往工作在复杂的半结构化或非结构化环境中。复杂的工作环境不仅对机器人移动机构的设计提出了较高的要求，也对家用服务机器人的自主导航定位提出了挑战。其关键技术主要有以下几项。

1. 室内定位、建图与自主导航技术

机器人的定位和建图又称为同步定位与地图构建，其具有高度的互耦性，精确的定位依赖准确的环境地图，而要构建准确的环境地图又要以精准定位为前提。机器人从未知位置出发，在运动过程中利用自身定位信息估计观测到的环境路标的位置，建立环境地图，然后利用已经建立的环境地图来校正自身的定位。自主导航研究的是在已有环境地图中，获得从起始点至目标点的最优解，期望的输出是一条安全的最优路径，本质是路径规划问题。常用的算法包括启发式算法、路线图法、单元分解法、势场法、萤火虫算法、基于模板的方法和遗传算法等。

2. 人机交互技术

家用服务机器人的应用环境决定了其强调与人的交互性。为了实现自然高效的人机交互，家用服务机器人的设计者引入了多种新型人机交互方式。根据所采用的交互通道的不同，可以把目前应用到家用服务机器人上的人机交互方式分为 4 类：基于视觉、基于听觉、基于力触觉及其他。家用服务机器人与用户之间的交互正呈现出多模化趋势，即机器人与用户同时利用多种而不是单一的交互通道进行交互。

3. 物体识别技术

家用服务机器人需要识别的对象主要分为 3 类：服务、操作和环境对象。这些对象一般具有相对固定的形状或结构，目前家用服务机器人常采用基于模型的物体识别方法对其进行识别，识别的关键环节是目标特征的提取和选择。在传统的识别算法中，特征的选择往往是基于经验知识的。最近几年，有学者提出了深度学习等自主特征提取算法，让机器人通过对海量样本进行学习来自主提取出有效的分类特征。为了获取与识别对象相关的多方面信息，机器人需要装备多种传感器。现在的家用服务机器人除了装有相机，还可能装有测距仪、红外传感器、声音传感器和力触觉传感器等多种类型的传感器。对不同传感器

采集的信息进行融合，可以有效提高物体识别的鲁棒性和准确率。同时，借助多种传感设备，机器人能够更准确地获取操作对象的状态，这为机器人的精细操作提供了条件。

7.3.7 医疗机器人

医疗机器人是一种智能型服务机器人，它能独自编制操作计划，依据实际情况确定动作程序，然后把动作转变为操作机构的运动。随着发达国家进入老龄化，一方面，医疗、护理和康复的需求增加，同时人们对生活品质要求的提高，使医疗不管在质还是量方面都要满足更高水平的要求；另一方面，医护人力相对缺乏，医用机器人作为新兴医护手段，有着巨大的发展潜力。医疗机器人自 1985 年开始引入外科手术，美国 Unimation 公司的工业机器人 Puma260 经过改造后，通过 CT 引导定位导针进行脑组织活检，这标志着医疗机器人发展的开始。1992 年，医疗机器人开始介入骨外科手术，主要用于全髋关节的术前规划和手术操作，随着 ROBODOC、Acrobo、Zeus 等骨科机器人的发展，机器人在骨科的应用范围更加广泛，涉及 3D 图像配准、视觉定位与跟踪、路径规划等关键技术问题。在神经外科手术中，机器人主要用于对脑部病灶位置进行精确的空间定位、辅助医生夹持和固定手术器械等脊柱活检技术。国内的手术机器人研究起步较晚，20 世纪 90 年代末期，国内主流科研机构开始联合医院等自主研发国产医疗机器人，主要集中在腹腔镜、骨科、介入手术等领域。

医疗机器人未来发展趋势有以下几个方面。

（1）医院和产业深度结合定制化。医生是医疗机器人的使用者，在医疗机器人的研发过程中扮演着重要角色。未来，要生产具有市场竞争力的医疗机器人，应该先和医生深度沟通功能需求、安全性要求及手术方式与过程，然后由技术人员明确需求后，确定设计输入，规划实现方式，形成工程语言，最后双方结合方案论证进行修改与迭代。做出方案后，还要进行技术测试、医生测试与评价修改。

（2）技术创新速度加快，单孔腔镜手术机器人、纳米靶向机器人、柔性机器人趋势显现。

① 单孔腔镜手术机器人。医用机器人创伤越小越好。单孔腔镜手术机器人相对于多孔腔镜手术机器人具有创口更小、费用更低的特点，未来将成为打破达•芬奇多孔腔镜手术机器人市场垄断的新型手术机器人产品。当前，很多国家和地区相继开始了单孔腔镜手术机器人研究立项，上海交通大学在单孔腔镜手术机器人开发上全球领先，有望使我国医疗机器人产业实现弯道超车。

② 纳米靶向机器人。微型机器人在医疗领域有着重要的应用，目前医用微型机器人以胶囊机器人为代表。未来技术不断成熟，纳米靶向机器人通过磁场控制和血管注入，将药物靶向输送至人体的病灶区域。哈尔滨工业大学和天津大学在纳米靶向机器人领域已有重要研究成果问世。此项技术有望率先运用于尿路和眼球等组织，将成为癌症等治疗领域

的颠覆式新技术。

③ 柔性机器人。人体结构复杂，受限于体内的狭小空间，柔性机器人的操作会更便利，这也是未来医疗机器人的一个发展趋势。

（3）产品监管难度大，成为医疗机器人产业化的掣肘，未来将不断优化。医疗机器人作为医疗设备产品，面临着非常严格的医疗产品准入机制。一方面，认证时间较长，如一款手术介入治疗机器人的临床试验至少需要两年时间；另一方面，认证不具有跨区域通用性，国内外各地区均有不同的本地化认证体系（如美国的FDA、欧洲的CE、中国的NMPA等），从而极大地提高了医疗机器人产业化的门槛。从乐观的角度来看，目前部分地区对一些创新性强、安全度高的医疗机器人产品敞开了认证绿色通道，但在平衡安全性与市场性、提高产业转化效率方面依然任重而道远。

7.3.8 教育娱乐机器人

教育娱乐与机器人的结合具有极大的想象空间和可开拓空间。协助进行教学、学习或娱乐活动的机器人和具有教育娱乐服务功能的智能教育娱乐服务机器人可统称为教育娱乐机器人。教育娱乐机器人是面向教育领域专门研发的以培养学生分析能力、创造能力和实践能力为目标的机器人，具有教学适用性、开放性、可扩展性和友好的人机交互等特点。最新的教育娱乐机器人在某种程度上都具有与公众进行人机交互的显著特征。与太空探索机器人或核废料清理机器人相比，这些最新的交互式机器人不仅和训练有素的专家一起工作，还以激发学习兴趣、提供娱乐活动甚至治疗价值为目标，与普通个人和团体进行交互。

北京师范大学发布的《2019全球教育机器人发展白皮书》从适用对象与应用场域两个维度，将教育娱乐机器人划分为12个主要品类。教育娱乐机器人的未来发展目标是能够如同真人一般思考、行动和互动。人工智能、语音识别和仿生科技等是未来发展教育娱乐机器人的关键技术，是评估教育娱乐机器人实现应用的标准。

根据全球教育娱乐机器人的相关市场调查报告，2023年全球教育娱乐机器人市场显著增长。其中，教育机器人市场达到18.3亿美元，并有望在未来几年内实现进一步增长。其增长的主要原因包括教育环境对机器人工具的需求增加、技术进步及人工智能在教育工具中的集成等。市场中的主要参与者包括软银机器人、汉森机器人和乐高系统等企业。

由此可见，教育娱乐机器人的市场前景广阔，未来将呈现以下发展趋势。

（1）面向不同的教育情境与需求，逐渐形成通用型和专用型两类机器人。一方面，针对人们对教育、娱乐、看护、游戏等多功能、复合型服务的需求，形成通用型教育娱乐机器人。另一方面，面向课堂助教、特殊教育、医疗手术培训、工业制造培训等特定的教育情境，形成专用型教育娱乐机器人。

（2）加强通用型教育娱乐机器人的市场竞争力，吸引足够多的第三方应用程序开发商加入。一方面，开发供给平台服务应用程序的价值。另一方面，创造更多市场上使用者的需求。当使用者的人数达到一定基数时，平台可以逐渐形成产业标准，并发展特有的应用程序商店，带动产业链上下游厂商和系统生态的发展。

（3）未来，在专用型教育娱乐机器人市场中，系统集成商与渠道商将扮演重要角色。系统集成商打造独有品牌价值的机器人系列产品，通过渠道商进行推广，使之成为市场上消费者的重要选择。根据教与学的需求，推动整个产业链内容供应商、应用服务提供商、系统平台开发商、硬件制造商及人工智能芯片制造商等的发展。

（4）人工智能技术的发展将推动整个教育娱乐机器人市场的变革。教育娱乐机器人在发展初期以技术概念为主要卖点，但由于技术成熟度不够，实际产品的性能不足。在发展中期，市场上的产品同质化严重、鱼龙混杂，存在大量价格战与营销大战。目前及未来阶段，行业逐步回归教育的本质，希望人工智能技术与教育应用能够进行真正的深度结合，创造实际价值。

7.3.9 助老助残机器人

随着我国老年人数量的增加，养老问题引起了越来越多的社会关注。调查显示，全国有35%的家庭要赡养4位老人，49%的城市家庭要赡养2～3位老人。当前，我国60岁以上老年人口的数量已经超过2亿人，占总人口数量的14.9%。到2020年，我国老年人口的数量达到2.43亿人，占比达到18.7%；到2050年，我国60岁以上老年人口的数量将增加到4.8亿人，临终无子女的老年人将达到7900万人左右，独居和空巢老人将占总人口数量的54%以上。另外，我国老年人的养老方式主要为居家养老，比例高达96%。老龄化的加剧和典型的“421”式中国家庭结构，为能够提供情感交流、老年和儿童陪伴等服务的智能陪伴机器人奠定了巨大的市场基础。针对老龄化社会的潜在需求，老年服务机器人应运而生。调查显示，当前世界上许多发达国家都面临社会人口老龄化的问题。随着人们生活水平的显著提高和医疗条件的不断改善，针对老年人的各种服务机器人出现在人们的生活中。面向“空巢”老人和单身老年人，如何使用服务机器人对患病或有障碍的老年人进行康复训练、心理陪护、生活辅助和日常监护等，成为当前老年服务机器人研究的重点。

老年服务机器人需要满足以下需求。①生理需求。老年服务机器人要能够满足老年人的日常生活需求，帮助老年人日常的衣、食、住、行等。例如，帮助行动不便的老年人穿衣、吃饭及正常行走等，提醒甚至帮助有需求的老年人按时服用药品，等等。②安全需求。老年服务机器人要能够实时诊断用户的身体健康情况，包括血压测量、血糖检测等常规检查，并且具有一定的防御措施和知识信息，以维护用户的财产安全和社会保障，等等。③社交需求。老年服务机器人要能够通过某些手段和方法来增加用户与外界的交流。④尊重需求。老年服务机器人的所有语言行为要能满足老年人被尊重的心理需求。⑤自我实现需求。老年服务机器人要能够提供适宜老年人的社会行为，并使老年人产生实现社会价值的体验。

随着信息技术、图像处理技术、控制技术、位置姿态技术等的不断发展，助老助残机器人的稳定性和实用性不断提升。当前，世界人口老龄化趋势急剧上升，劳动力逐年减少，助老助残机器人作为服务机器人的重要分支，可以助残、服务特殊人群，从而大大缓解人口老龄化带来的压力。与传统机器人相比，助老助残机器人拓展了传统机器人的研究方向和应用领域，其研究涉及传感器技术、图像处理技术、运动学等多学科交叉融合技术。目前，对于助老助残机器人的研究还存在许多不足，其关键问题主要包括复杂环境判断、记忆推理能力和感知外界的能力，因此在今后的研究中，研究重点应主要集中在以下几个方面。

（1）提高助老助残机器人的智能跟随技术。目前，助老助残机器人的智能跟随技术在多变复杂的环境中，特别是在昏暗、雨雪雾天气中，传感器捕捉到的信号弱，摄像头接收不到图像信息，无法准确获得目标物体的信号，会导致目标物体丢失。

（2）多种传感器融合技术。传感器的融合可弥补单一传感器技术功能上的缺陷，利用各种传感器协同工作，可以提高机器人的控制能力和路径规划能力。

（3）改善异常情况下的鲁棒性，提高助老助残机器人的学习能力、推理能力和抗干扰能力，减少重复错误并完善程序记忆。

7.3.10 无人驾驶汽车

无人驾驶技术又称自动驾驶技术，是通过计算机、传感器、互联网、物联网、移动通信等技术，实现无人驾驶的一种技术。该技术在 20 世纪开始发展，在 21 世纪初呈现出接近实用化的趋势。无人驾驶汽车依靠人工智能、视觉计算、雷达、监控装置和全球定位系统等协同合作，使控制系统在没有任何人类主动操作的情况下能够自动安全地操作机动车辆。从原理角度看，无人驾驶控制系统模拟人类的驾驶方式，由传感器、控制器、执行器组成，对应人类的感知、决策、执行三大功能模块。从技术角度看，无人驾驶在实现过程中需要融合和运用多种技术，涉及人工智能、机器视觉、云计算、5G 及机器人技术等。任意两种技术的结合都可以算作广义无人驾驶概念的延伸，或者算作支撑无人驾驶技术的底层基础。感知是无人驾驶实现的前提和关键，它犹如人的眼睛和耳朵，是汽车无人驾驶控制系统进行决策的依据。无人驾驶汽车主要通过摄像头、激光雷达和毫米波雷达等实现环境感知。

无人驾驶技术未来的发展趋势如下。

（1）汽车正从独立的机械产品转向联网的软件平台。随着智能网联时代的到来，汽车的软件化进程逐步加快。目前，主流汽车的软件代码行数已经达到 1.5 亿行，远远超过了微软 Windows 10 操作系统 0.5 亿行的代码行数。另外，未来这一数字还将继续增长。这意味着每辆车都具备车联网的功能，彼此之间将互联起来。更重要的是，未来不能只将汽车内的中控屏看作智能座舱的核心，整辆车将成为一个互联的平台。

（2）产业生态掌控权由整车企业转向运营平台。“整车+零部件”的传统生产模式将被

“平台+终端”的合作模式所取代。未来将由运营平台，也就是出行公司，掌控产业生态，如苹果公司、谷歌、百度、阿里巴巴及滴滴等平台端。

（3）交通出行从独立的个体到有机的整体。无人驾驶技术与车联网技术将重构交通系统，打造智能化、自动化、网联化的有机整体，实现交通环境更安全、交通路网更高效、交通系统成本更低廉。具体而言，未来无人驾驶汽车可以减少 90%以上的安全事故。在突发意外事故时，无人驾驶技术可以大幅缩短应对时间。此外，有序的无人驾驶还将避免严重的堵车现象，使交通拥堵得到缓解。

7.3.11　特殊服役环境机器人：太空机器人

从广义上讲，太空机器人是航天器的统称，如宇宙飞船、航天飞机、人造卫星、空间站等。按照功能划分，太空机器人可以分自由飞行机器人、空间站机械臂、飞行机器人或巡视器三大类。自由飞行机器人通过接近、伴飞、停靠、对接甚至捕获目标飞行器并利用飞行器平台上的传感器及机械臂，对目标飞行器进行观测、抓捕、维修等工作。空间站机械臂可以将航天员或货物运送到指定区域，也可以抓捕合作目标，辅助空间站与货运飞船的对接，以及空间站自身的组装和扩展。飞行机器人不仅可以主动逼近非合作目标——近地小行星，还可以着陆在小行星表面进行接触式勘测，并将航天员运送至小行星上开展工作。巡视器以轮式车辆为主体，搭载相机、分析仪器、通信天线、太阳能电池板等载荷及用于土壤和岩石采样的机械臂。巡视器需要通过视觉观测重建行星的地形地貌，根据重建信息进行路径规划，并自主运动到目的地。

太空机器人未来发展趋势如下。

（1）工作范围更大，将由现有的舱内作业转为舱外服务。

（2）智能化程度更高，过去依赖航天员实现的复杂危险作业逐步被遥控操作或半自主操作的空间作业机构代替。

（3）基于图形预测仿真的大时延遥操作成为太空机器人系统的重要组成部分。

（4）基于视觉和触觉等传感功能，具有临场感的遥控操作将成为太空机器人作业系统的基本功能。

（5）受到通信时延与微重力作用的影响，未来太空机器人的主流研究方向为中、低速移动机器人。

7.3.12　反恐防暴机器人

反恐防暴机器人属于移动机器人的一种，其关键技术类似移动机器人，但由于应用场景特殊，其稳定性、精确性乃至智能性要求非常高，其关键技术也有更高的要求。反恐防暴机器人按照移动载体不同，主要分为履带式、轮式和轮履复合式 3 种；按照功能不同，主要分为侦察机器人、排除爆炸物及危险品机器人、消防机器人、攻击机器人等。

20世纪90年代初，美国JPL实验室开发了机器人Hazardous Material RoBot（HAZBOT），用于监测有害物质的泄漏。英国于20世纪90年代初期开发了遥控操作机器人Remote Operated Bug（ROBUG），该机器人结构紧凑、小巧，能够进入核辐射区域等危险场所。遥控侦察机器人的典型代表则有美国的Mini-Flail小型扫雷车、德国的Minebreaker 2000等。2002年，德国开发了一种排爆和侦察相结合的机器人，最大负载达100kg。

反恐防暴机器人未来发展趋势如下。

（1）虚拟现实与网络技术。临场感技术是人的感觉器官在远端的延伸。一方面，人的感觉能通过虚拟现实I/O设备得到增强，操作员在远距离操纵真实的设备产生一种“临场感”。另一方面，人们利用网络技术可以对机器人进行远距离操控。

（2）机器人重组技术是指一个机械系统由一种或几种结构、功能不同的模块构成，通过模块的不同组合适应不同工作的需求。

（3）多机器人相互协同技术。多机器人系统的能力远大于各单机器人系统的功能之和。它可以通过共享资源完成单机器人系统无法完成的复杂任务。

（4）仿生技术。机器人在非结构化、未知环境下作业，要解决的主要问题之一是运动方式的实现，仿生学可以帮助科研人员找到灵活稳定、适应性强的运动模式。

（5）半自主预置位操作。开发并拓展机器人预置位操作，实现机器人半自主越障、半自主抓取等功能，对减轻操作过程对操作人员的依赖、降低操作难度、提高操作效率都有明显的益处，是未来反恐防暴机器人产品在保证可靠性的基础上，可以考虑兼顾的工程技术方向。

7.3.13 农业机器人

随着高端制造技术的不断发展，农业机器人进入田间生产，在机器代人、精准作业、高效生产的需求下彰显出巨大的作用，是促进乡村产业振兴的重要技术依托。农业机器人涉及的层面十分广泛，是集计算机技术、传感器技术、通信技术和制造技术等多种前沿技术于一体的综合体。农业机器人按照功能可划分为采摘机器人、嫁接机器人、耕耘机器人、施肥喷雾机器人和除草机器人等。农业机器人与传统的工业机器人相比具有季节性作业、环境非结构化、工作对象多样化、使用对象特殊化、用途多样化的特点。

1995年，日本冈山大学研发出棚室采摘的履带式机器人，通过CCD摄像头和机械臂的配合，机器人可以完成喷药、施肥、采摘等一系列动作。日本农研机构Yamamoto等设计了将机械臂和轨道移动平台相结合的草莓两侧采摘机器人，采摘成功率为89.1%。西班牙Conic System公司研制的蔬菜嫁接机器人仅由1人操作，操作简单。2009年，荷兰ISO Group公司研制出的蔬菜全自动嫁接机器人，其改进机型的嫁接效率达1000株/h。2011年，日本井关公司和日本生研机构共同研发的GRF800-U型自动嫁接机器人，其嫁接效率达800株/h，但价格昂贵。1994年，芬兰农业研究所首次研究出履带式自主行走的耕作机器人。

日本电子技术综合研究所研制出的耕作机器人实现了在田间的定位运动功能，工作效率远远高于人工。2014 年，美国约翰迪尔公司设计的新型 R4038 自走式喷药机，作业精度为 2.54cm。瑞典 Halmstad 大学研制出的机械式除草机器人利用相机对杂草进行识别，采用机械除草机清除杂草，除草准确率可达 65%。

国家智能装备工程技术研究中心的冯青春等人为了防止果皮损伤和病害侵染，设计了一种用于果实采摘、储存和切断果梗的非破坏性末端效应器。江苏大学的刘继展团队针对温室采摘机器人技术，开发了一种配置了果梗激光切割装置的新型末端执行器。2005 年，东北农业大学设计出 JC-350 型嫁接机器人，该移动机器人采用了直插嫁接法，嫁接成功率可达 90%以上。2005 年，中国农业大学根据管套式嫁接的特点，研发出了管套式蔬菜嫁接机器人。我国在 2018 年还研制出了一款全自动播种机器人，它采用模块化设计，能够通过 Wi-Fi 模块与智能手机 App 相连，可以方便快捷地实现人机交互。针对果园病虫害防治问题，2018 年 4 月，曹玮鑫等人研制出了远程遥控式智能果园喷药机器人，采用电机驱动，图像采集装置能够实时采集现场环境信息并将其传输到控制器，进而调节末端喷雾机械臂，以合适的角度、高度进行喷药作业。2018 年 8 月，顾潘龙等人设计了一种集浇水、施肥和喷药于一体的蔬菜大棚智能喷洒机器人。饶洪辉等人研制的基于视觉导航的化学除草机器人是国内具有代表性的除草机器人，它以拖拉机为平台，配置药物喷洒装置，可以实现喷洒误差不超过 10cm。

从全球的农业发展来看，现代化农业正处于机械自动化向信息智能化发展的转型期，以机器人、人工智能、大数据平台、智能识别、农业物联网与云计算等先进技术为核心的智慧农业将是农业机器人未来的发展趋势。

（1）高效率、多用途。针对果蔬类的季节性问题和设施农业机器人用途单一的问题，研制多用途农业机器人，在提高效率的同时降低研发成本。

（2）智能化、专业化。精确的自主导航、智能化的机器学习、高柔性灵活的末端执行器，以及多种机器人之间的协作、互通互联、相互融合，有助于实现科学自主的精细化智能管理。

（3）农民职业化。智能化的设施农业机器人操作要求农民具备一定的专业知识。例如，对于采摘机器人的操控、巡检机器人测得的环境和作物生长数据等都需要操作者运用相应的专业知识来决策分析，才能更高效地完成作业任务[7-9]。

7.4　工业机器人带来的伦理道德和社会问题

工业机器人的快速发展为许多行业带来了好处，但同时引发了一些伦理道德与社会问题。以下是一些值得注意的问题。

1. 数据隐私

在工业机器人网络中，数据隐私问题尤为重要。以下几点值得关注。

（1）法规建设。政府应制定和执行严格的数据保护法规，确保个人数据在收集、处理和传输过程中的隐私与安全。企业也应遵循这些法规，创建内部数据保护政策。

（2）技术措施。企业可以采用加密、匿名化等先进技术来保护用户数据，以防止用户数据泄露、滥用和误用。此外，应教育用户了解他们的数据权利，增强他们的安全意识。

（3）公众参与。应提高公众对数据隐私重要性的认识，使他们能够积极参与监督和制衡。这有助于创建更加公正、透明的数据使用环境。

2. 网络安全

工业机器人在提高生产效率的同时，也加剧了网络攻击的风险。以下措施有助于加强网络安全。

（1）增强防范意识。企业和个人应增强网络安全意识，了解防范网络攻击的方法。这包括定期更新杀毒软件、备份重要数据和定期检查系统漏洞。

（2）加强加密措施。利用先进的加密技术保护敏感数据，使攻击者更难获取到有价值的信息。

（3）创建安全的网络架构。设计和管理安全、稳定的网络基础设施，确保系统和数据得到充分保护。

（4）协同打击网络犯罪。政府应加强国际合作，协同打击网络犯罪，以震慑犯罪分子，保护网络安全。

3. 就业

工业机器人的普及可能导致一些岗位的自动化，从而影响就业。为解决这一问题，应采取以下措施。

（1）投资新技术和新工艺。政府和企业应投资新技术和新工艺的研发，以创造新的就业机会。例如，发展服务型机器人、智能制造等新兴领域。

（2）技能培训。对个人来说，应接受再培训以适应新的工作岗位。此外，学校也应调整教育体系，关注科技的发展，培养学生的创新能力，使其具有相关跨学科知识。

（3）完善社会福利制度。完善社会福利制度，为失业者提供足够的支持，确保他们在转型期间的生活不受影响。

4. 经济不平等

工业机器人的推广可能使一些企业获得更多优势，从而加剧经济不平等。为解决这一问题，应采取以下措施。

（1）公平竞争。政府应创建公平竞争的市场环境，确保大型企业和小微企业都能得到同等的发展机会。

（2）减税和补贴。政府可以实行减税和补贴政策，以帮助中小企业应对自动化和人工智能的挑战。

（3）关注弱势群体。社会应关注弱势群体，提供各种支持，如教育和培训机会、生活保障等，帮助他们提高竞争力。

5. 道德责任

工业机器人可能导致人类和机器人的责任划分变得模糊。为解决这一问题，应采取以下措施。

（1）制定道德规范。行业和组织应制定道德规范，指导机器人产业的发展，明确人类和机器人的责任。

（2）教育和培训。教育和培训机构应加强伦理道德教育，引导学生和从业人员讨论与反思机器人技术的发展所带来的道德问题。

（3）智能控制系统。开发更智能的机器人控制系统，能够更好地理解人类指令，降低出错率。

6. 道德选择

工业机器人可能要求人类在紧急情况下做出道德选择。为解决这一问题，应采取以下措施。

（1）伦理原则指导。制定具体的伦理原则，指导人们在紧急情况下平衡人类的道德观念和机器人系统的需要。

（2）培训。加强对医护人员、消防员等的培训，使他们能够在紧急情况下运用伦理原则做出正确选择。

（3）公众参与。鼓励公众参与讨论和反思机器人技术带来的道德问题，使人们更好地理解和适应这种新环境。

7. 人类与机器人的共生

随着机器人变得越来越智能，它们与人类的互动将变得更加复杂。为创建人类与机器人的和谐共生，应采取以下措施。

（1）尊重人类主导地位。确保人类在机器人系统中的主导地位，确保机器人服务于人类的需要和利益。

（2）平等互动。鼓励人类与机器人之间平等、尊重地互动，避免因为权力不平衡导致的冲突和矛盾。

（3）研究伦理原则。学者应研究机器人伦理原则，为人类与机器人的共生提供理论指导。

总之，为了解决工业机器人带来的伦理道德问题，政府、企业和个人需要共同努力，创建公平、透明、安全的社会环境[10]。

案例：工业机器人应用于汽车车身制造

在传统汽车制造过程中，车身制造是一个劳动密集型环节，需要大量的人工操作，包括在冲压车间使用冲压机将钢板冲压成车身框架，在焊接车间将框架与车门、车顶、底盘等其他部件焊接在一起。这些工作需要大量的人工操作，易受人为因素的影响，生产效率较低。

为了改进汽车车身制造过程，工业机器人被应用于多个环节。

（1）焊接。工业机器人可以用于汽车车身的焊接作业，包括侧梁、顶盖、底板等零部件的焊接。这些工业机器人配备了高精度焊接头，可以执行恒定电流或恒定电压焊接，满足不同的焊接需求。

（2）铆接。工业机器人可以用于汽车车身的铆接作业，如车门与车身的铆接、底板与车身的铆接等。工业机器人可以精确地定位铆钉，并将其压入预定的位置，从而提高铆接质量和生产效率。

（3）喷涂。工业机器人可以用于汽车的喷涂作业，如车身喷涂、底盘喷涂等。这些工业机器人通常配备自动喷涂系统，可以精确控制喷涂量、喷涂范围和喷涂角度，从而提高喷涂质量，减少环境污染。

总之，工业机器人应用于汽车车身制造，可以提高生产效率、降低人工成本、确保产品质量、减少环境污染，从而助力汽车制造业的智能化、数字化发展[11]。

参考资料

[1] XIA C K, ZHANG Y Z, WANG L, et al. Microservice-based cloud robotics system for intelligent space[J]. Robotics and Autonomous Systems, 2018, 42(110): 75-85.

[2] CHAWAPHOL D, JACKRIT S, CHUMPON W. MU-LapaRobot: a corporative surgical robot for laparoscopic surgery[J]. The Open Biomedical Engineering Journal, 2020, 38(14): 1-9.

[3] DE FREITAS E P, BERMEJO-ALONSO J, KHAMIS A, et al. Ontologies for cloud robotics[J]. The Knowledge Engineering Review, 2020, 32(35): 1-20.

[4] 费敏锐，孟添，等. 人工智能应用[M]. 北京：中国人事出版社，2019.

[5] 林燕文，陈南江，许文稼，等. 工业机器人技术基础[M]. 北京：人民邮电出版社，2019.

[6] 李云江. 机器人概论[M]. 北京：机械工业出版社，2012.

[7] 张效祖. 工业机器人的现状与发展趋势[J]. 世界制造技术与装备市场，2004, 20（5）：23-26.

[8] 郭彤颖，安冬. 机器人系统设计及应用[M]. 北京：化学工业出版社，2016.

[9] 刘小波，薛礼. 工业机器人技术基础[M]. 北京：机械工业出版社，2016.

[10] 尼库. 机器人学导论：分析、控制及应用（第 2 版）[M]. 北京：电子工业出版社，2013.

[11] 张超，王超. ABB 工业机器人现场编程（第 2 版）[M]. 北京：机械工业出版社，2016.

第8章

区块链

学习目标

- 掌握区块链的类型和优劣势。
- 了解区块链关键技术。
- 掌握区块链如何推动产业数字化。
- 了解区块链带来的伦理道德和社会问题。

有3家公司，分别为A公司、B公司和C公司。A公司是一家生产太阳能电池板的厂商，需要跟踪太阳能设备在整个生产过程中的能源消耗。A公司使用区块链技术记录和汇总各个生产环节的数据，如原材料加工、组件制造、测试等。这样，A公司可以轻松地了解整个生产过程中的能源消耗情况，以便采取有效的节能措施。B公司是一家金融服务公司，需要跟踪和管理公司的金融交易记录。B公司使用区块链技术创建了一个去中心化的记账系统，使公司内部的各部门及合作伙伴都能实时查看和分享交易信息。这样，B公司能够降低金融交易的风险，提高内部沟通和协作的效率。C公司是一家全球性的零售连锁企业，需要跟踪和监控旗下各门店的销售与库存数据。C公司使用区块链技术连接各门店的系统，实时收集和分享销售数据。此外，C公司还利用区块链技术的分布式特征，确保数据存储和传输的可靠性。这样，C公司可以更有效地进行销售预测和库存管理，提高经营效率。这3家公司的例子展示了区块链技术在提高企业透明度、优化供应链管理及金融交易等方面的价值。

区块链技术通常是指，一个完全分布式的系统用加密的方式捕获和存储网络参与者之间的事物，并具有一致性、不可变性、线性的事件日志。其在功能上类似分布式分类账，由网络中所有交易的各方共同保存、更新和验证。在这样的网络中，区块链技术加强了透明度，并保证了整个交易历史的有效性最终在系统范围内达成共识。当前，区块链技术不仅可以处理货币交易，而且可以确保交易符合可编程规则的形式“智能合约”（Tschorsch & Scheuermann，2016），它允许参与方在不完全相互信任的情况下可以通过可靠的控制而不依赖任何中间人来确保交易的完成。这可能是几乎所有银行目前都在致力于开发这一技术的意义。

8.1　区块链概述

区块链起源于比特币。2008 年 11 月 1 日，一位自称中本聪的人发表了《比特币：一种点对点的电子现金系统》一文，阐述了基于 P2P 网络技术、加密技术、时间戳技术、区块链技术等的电子现金系统的架构理念，这标志着比特币的诞生。他引入了哈希函数方法在链中创建块，主要改进区块链的架构和开发，其目的在于不需要客户或用户签名。他利用这一方法构建了名为比特币的加密货币网络，其中所有交易记录为公开分类账。在他的研究工作中，“区块”和“链”是两个独立的词，组合在一起称为区块链，其中记录了比特币网络文件的大小。比特币是一种虚拟货币，交易的分布式确保了它的真实性，而现金在没有分布式管理的情况下会遇到伪造问题。比特币的记账方式是一种分布式的、无须许可的构造，这意味着任何有能力解开加密谜题的人都能在账本上添加新的记录并获得一些比特币作为奖励。但这需要巨大的计算能力作为支撑。区块链技术不存在这样的限制，例如，一个行业内的一组经过审查的参与者可以同意参与一个需要更低安全性和更弱计算能力的私人区块链。此外，区块链可以实现业务规则，如交易只能在不少于两方认可的情况下进行，或者在另一笔交易先完成的情况下进行。随着这类想法得到修正改进，区块链可以抛弃比特币因与不正当交易关联而产生的信用质疑，作为一类新的技术框架参与到科技发展进程中。

8.1.1　区块链的类型

1．公有链

比特币是典型的公有链，任何人（或机构）不需要特定授权即可自由加入或离开网络，并自行决定节点的角色，如作为全节点的矿工或轻量化的钱包等。公有链因具有无准入门槛的特点，也被称为非许可链。公有链是开放性最强的区块链，就像互联网一样，只要安装了标准化的软件就可以接入网络，在互联网上推广时非常有利于发展用户。公有链的开发者与用户被很好地隔离开，一旦区块链开始运行，开发者就无权随意修改规则，不能随意影响或控制用户，在一定程度上使用户利益得到保护。公有链上的信息通常是公开透明的，以便对全网节点进行审计，因此比较适用于虚拟货币、共享经济、产权交易等应用场景。公有链运行的网络是整个互联网，采用普遍的互联方式，用户来源没有限制，通常为匿名访问。公有链的结构如图 8-1 所示。

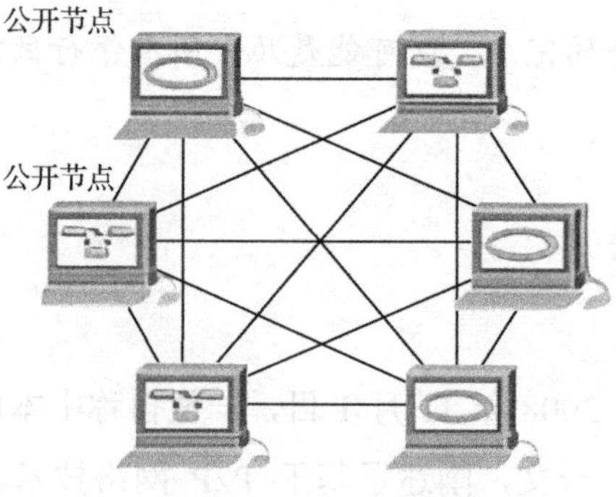

图 8-1 公有链的结构

公有链上的数据记录是公开的，任何节点无须任何许可便可随时加入或脱离网络，所有人都可以访问、发出交易请求，并通过验证被写入区块链。共识过程的参与者通过密码技术共同维护公共区块链数据的安全、透明、不可篡改。在公有链中，程序开发者无权干涉用户，从而可以保护用户。因此，公有链被认为是完全去中心化的，它具备保护用户免受开发者影响、访问门槛低、所有数据默认公开等特点。目前，国内外比较有名的公有链有 ONT 本体、ETP 元界、ADA、比原链 Bytom 等。公有链是完全分布式的区块链，数据完全公开，用户参与程度高，同时易于产生网络效应，便于应用推广。然而，系统的运行需要依赖内建的激励机制。

2. 私有链

私有链是指仅限于一个机构内部使用的、封闭的区块链，通常节点数量较少，都从属于同一组织机构，相互之间具有较高的信任度，节点加入授权、记账权认定等均由机构决定。私有链常用于实现机构（如企业、政府部门）内部业务，因此需要较高的私密性，同时可充分利用集权特性简化运行机制、优化系统操作，使之具备很高的执行效率。私有链属于许可链的一种，运行的网络是内联网。内联网在地理位置上可以覆盖局部范围，如公司大楼、园区或家庭，也可以跨互联网采用虚拟专用网安全隧道实现子网互联。

完全私有的区块链的写入权限仅在参与者手里，读取权限可以对外开放，也可以进行任意程度的限制。相关的应用包括数据管理、数据库审计甚至公司管理，典型应用有 Eris Industries。尽管在有些情况下希望私有链具有公共的可审计性，但在更多的情况下其没有公共的可读性。由于是私有用户说了算，私有链中的数据没有无法篡改的特性，对第三方的保障力度大大降低。因此，目前很多私有链会通过依附于比特币等已有区块链的方式存在，定期将系统快照数据记录到比特币系统中。相比中心化数据库，私有链能够防止机构内单节点故意隐瞒或篡改数据，即使发生错误，也能够迅速发现错误来源。由于私有链验证者是内部公开的，所以并不存在部分验证节点共谋进行 51%攻击的风险。私有链的交易只需要被几个受信的高算力节点验证即可，而不需要数万个节点的确认，因此交易成本低。私有链的结构如图 8-2 所示。

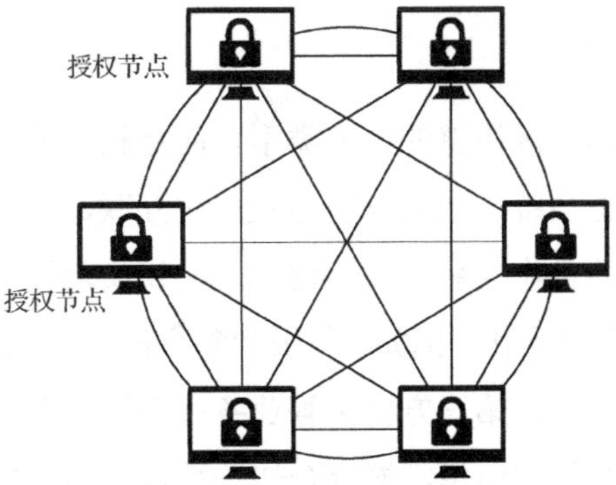

图 8-2　私有链的结构

在私有环境中，节点的数量、状态都是可控的，可以更加节能环保的方式筛选出链上数据的打包者。

3. 联盟链

联盟链是指只针对内部成员及经过授权的外部机构成员开放的区块链。联盟链一般基于私有链，但在限定的范围、角色、功能上允许外部成员操作。记账等核心功能由指定的内部节点完成，外部成员只能提供、查询与自身相关的信息。联盟链也属于许可链，运行在内联网和外联网上。外联网与联盟链的构成和作用十分相似，允许合作方安全接入机构内部网并进行有限的操作。一个联盟链可以包含多个外部机构成员节点，甚至可以是其他机构的区块链。例如，电子商务联盟链可以连接银行节点、各个物流公司节点、供应商节点、海关节点；汽车公司联盟链可以连接各个零部件供应商企业节点；保险公司联盟链可以连接汽车修理厂节点、银行节点、交管部门节点。

联盟链由成员机构根据自行商定的协议建立而成。成员节点参与区块链运行需要根据规则获得访问和编写的权限。联盟链由成员节点共同维护，提供成员管理、认证、授权、监控、审计等功能。由 Linux 基金会成立的超账本项目就采用了联盟链的模式。联盟链适用于机构之间交易清算结算的 B2B 场景，可以降低对账和清算成本，减少人为错误的发生。联盟链对安全性的要求比公有链高。本质上来说，联盟链是私有链的一种，只是私有程度不同，而且其权限设计要求比私有链更复杂，但联盟链比纯粹的私有链更具可信度。联盟链的结构如图 8-3 所示。

图 8-3　联盟链的结构

4．互联链

互联链严格意义上不属于区块链的单一类型，而是指不同的区块链实现互联互通而形成的更大范围的区块链生态系统，如私有链与联盟链互联、联盟链与公有链互联等。各个区块链之间建立相互信任的合作关系，并通过专用协议实现链与链之间的互联，可进行业务数据交换、虚拟货币兑换等操作。例如，各银行独立的区块链之间实现互联构成互联链，即可实现跨行转账、行间结算、第三方支付等业务；不同行业协会的区块链所形成的互联链，可以为上下游企业提供供需信息、撮合合作关系等。不同类型的区块链拓展了技术应用的空间，提高了技术适应能力，使开发者可以根据应用目标、场景和条件来选择最符合实际需求的方案，而不是用技术“套”应用。

互联链是各种不同的区块链之间的互联互通所形成的一个更大的生态区块链，作为一个全新的概念，其目前还没有被普遍接受，因此相关的架构设计和标准化工作还没有开始。针对特定领域的应用可能会形成各种垂直领域的区块链，这些区块链会有互联互通的需求，从而通过某种互联互通协议连接起来。与互联网一样，这种区块链上的互联互通构成了互联链，形成了区块链全球网络。例如，现在的支付系统很多是竖井型，互不连接。如果在同一个国家、同一家银行，或者使用同一个支付网络，支付还相对容易，但是如果用户尝试在不同支付网络上支付，就没有那么容易了。例如，从支付宝余额转钱到微信钱包余额里，虽然两者可以通过银行连接，但是这些连接都需要人工干预，交易确认缓慢。就像互联网的出现是为了解决不同计算机之间的信息联通问题一样，互联链也提供了实现不同区块链互联互通的统一架构和标准协议。

8.1.2 区块链的优劣势

区块链是一项极富个性的技术，既有不同于传统信息系统的独特优势和鲜明特点，又有与生俱来的弱点。只有全面、深刻地认识区块链技术的各种性质，才能在设计时发挥其长处、补强其短板，使其真正成为应用的坚实支撑。

1．区块链的技术优势

从区块链技术之源比特币系统出发进行分析，可以归纳出区块链的 9 个主要技术优势，如图 8-4 所示。

（1）对等性。区块链是对等网络系统的底层解决方案之一。比特币的区块链技术就是面向对等网络进行架构的，而且其功能、性能均已被互联网上的长期实践所证明，因此集中式平台不再是信息系统组织结构的“不二之选”。特别是当包含大量分散的用户节点或节点间难以形成主从关系时，区块链可以作为将各个节点紧密关联在一起的纽带。

（2）完备性。区块链可形成自主完备的生态系统。考察比特币网络，可以发现系统内具备虚拟货币的“生产者”（矿工）、“使用者”（用户支付或收入）和“记账者”（矿工），自成一套独立的生态体系，不需要外部输入和干预，也不需要对外输出，是一个完备的闭环系统，这对商业和运营模式规划具有启示性。

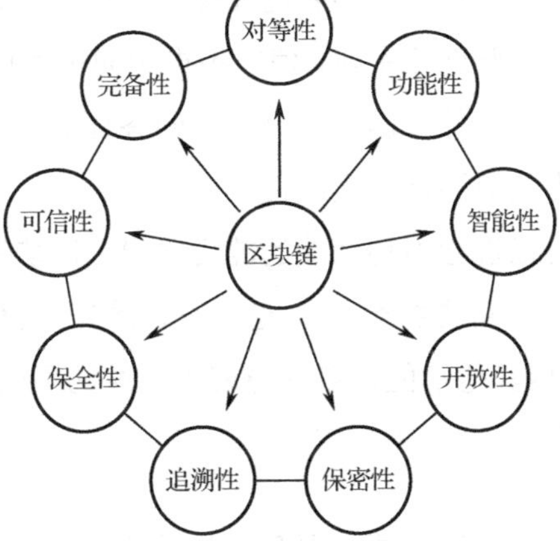

图 8-4　区块链的技术优势

（3）可信性。区块链是不依赖信任关系的高可信网络。比特币的工作量证明共识机制消除了节点间的互信障碍，可以不依赖第三方可信平台，利用区块链技术即可实现对等验证和投票，从而用“服从多数”策略来取代信任，达到保障数据完整性、一致性的目的。

（4）保全性。区块链可实现数据记录的保全。区块链所采用的哈希缠结、共识验证、副本冗余等方法具有公证的作用，使数据记录一经入链即难以改变，包括删除、更改（篡改）、替换、添加（伪造）、否认（抵赖）、造假、仿冒、作弊等，可用于固化数据，使之具有很高的置信度，如可在法律上形成有效的电子证据。

（5）追溯性。区块链具有数据全程追溯能力。区块链和比特币交易采用链式结构、时间戳机制等，建立了数据之间的关联关系，可以从最新的数据开始逐一回溯，直到源头，可以梳理出清晰的数据呈递过程，刻画出完整的发展（行为）轨迹，有利于实施数据流水审计。

（6）保密性。区块链可运用加密技术保障隐私安全。区块链可采用类似比特币的匿名访问机制，如公钥（地址）与私钥结合的方式，使公开的数据具有一定的防范隐私泄露的能力，尤其是在金融、商贸、档案等领域，信息安全性至关重要。对于公有链，在数据公开可验证的同时必须做到防泄密、防追踪（不同于追溯），只暴露必要的、有限的信息，并尽可能采用技术手段混淆有关信息。但保密性并非区块链技术的必备特征，有些应用可能需要更彻底的信息公开。

（7）开放性。区块链具有良好的技术透明度和开放性。区块链技术的原理、算法、协议和源码都是公开的，与网络技术的开放系统互联模型一样，原则上符合技术规范的节点都可以接入。不同的是，区块链的技术开放主要是为了调动开发社区群策群力，通过“众筹”来完善系统，同时建立用户和开发者之间的屏障，使开发者不能随意修改规则、左右用户。此外，正是比特币系统的开源降低了技术开发门槛，从而在此基础上逐步衍生出了各种区块链（虚拟币）系统。

（8）智能性。区块链可支持自动化与智能化操作。比特币系统的交易锁定时间、交易解锁脚本等技术为交易提供了智能化手段，使之不再是简单死板、直来直去的支付和收入，而能够附加可计算、可执行的条件。例如，公司之间签订的合同所约定的各种条款，极大地提高了区块链技术的能力及灵活性、适用性。

（9）功能性。区块链可以进行多种功能的能力输出。区块链具备一定的数据存储能力（虽然不适合存储海量数据），可支持金融功能（非必需），具有记账能力（包括交易型和非交易型），还可以灵活扩展其他功能，以支撑应用系统的不同需求。

2. 区块链的技术劣势

尽管区块链技术优势明显，然而其也存在一些劣势，需要在区块链的行业应用中加以改进。例如，应用照搬原生的比特币系统，就会一并继承比特币的不足之处；在区块链技术中，某个点的"改进"可能引入新的问题；等等。

（1）计算效率极低。比特币系统采用的新区块生成的工作量证明方法需要全网贡献巨量的哈希运算，每轮有且仅有一个区块得到认可，其他算力都被浪费了。算力的背后是可观的能源、设备、金钱和时间。算力越强，浪费越大。工作量证明方法对于比特币系统的公平性和公正性是必要的，虽然可以进行改进，但其他不需要进行区块竞争的应用系统应避免采用低效计算的方法。

（2）空间效率很低。比特币系统的区块链副本被全冗余地存储在每个节点上（仅轻量化节点存储部分信息），全网存储容量只与节点存储能力相关，与系统规模无关，因此存储空间的利用率随着节点数的增加而降低。受限于节点的存储能力，特别是嵌入式系统、移动终端等节点，虽然全冗余存储方案有助于降低共谋攻击风险，但是这不仅会造成节点的压力过大，而且对提升系统存储性能没有任何好处。

（3）时间效率较低。比特币系统运用的共识机制有其巧妙之处，具有合理性，然而会带来交易确认的"成熟时间"较长的问题，难以进行快速的交易活动。此外，区块和交易信息在全网的传播也存在逐步扩散的时延，造成局部的数据不同步（不一致）问题。

（4）金融监管困难。比特币系统的匿名机制有助于隐私保护，却难以对其实施金融监管，不利于在打击犯罪的过程中进行调查取证，导致威慑力缺失，使不法之徒存有逃避惩罚的侥幸心理，从而可能在一定程度上助长违法活动的气焰，如利用无法追踪的虚拟货币进行黑产交易、敲诈勒索、走私、逃税和洗钱等。

（5）技术成熟度低。比特币及其区块链技术相比其他信息技术起步较晚、应用较少，还缺少大量应用案例的实践检验，技术成熟度不够，可能有一些技术缺陷还没有显露出来。如果盲目地在比特币技术上做过多的"加法"，如增加很多功能，会造成系统复杂性提高，更容易导致可靠性降低、技术风险增大。

（6）安全性不确定。比特币本身已被发现存在设计上（如脚本系统）和软件上（如代码漏洞）的安全问题，不断遭到直接或间接的外部安全攻击。其他区块链系统运行时间更短、应用范围更小，必然有更大的安全隐患。目前，区块链专有的安全测评技术还较少，因此系统安全保障方面存在不可预知的不确定因素[1]。

8.2　区块链关键技术

8.2.1　密码学

密码最初用于信息加密，计算机领域的密码技术种类繁多。随着密码学的发展，密码还被用于身份认证、防止否认等方面。最基本的密码技术是信息加解密，分为对称加密和非对称加密，两者的区别是是否使用了相同的密钥。除了信息加解密，还有用于确认数据完整性的单向散列技术，又称密码检验、指纹、消息摘要。信息加解密与信息的单向散列之间的区别是，对称加密与非对称加密可以通过密钥解出明文，而单向散列是不可逆的。信息加解密的密文必定是不定长的，而单向散列的密文可以是定长的。结合密码学的加解密技术和单向散列技术，又有了用于防止篡改的消息认证码技术、防止伪装的数字签名技术及认证证书。

区块链技术中用到了大量的密码学知识来保证系统的安全性。现代密码学有众多的分支，分别在维护系统安全方面扮演不同的角色。为了确保信息的机密性、完整性、认证性和不可抵赖性，大量的安全算法诞生了。其中，和区块链相关的算法主要有哈希算法、对称密钥算法和非对称密钥算法。

1. 哈希算法

密码哈希函数是一类数学函数，它可以在有限合理的时间内将任意长度的消息压缩为固定长度的输出值，并且是不可逆的。其输出值称为哈希值，也称为散列值。

哈希算法在区块链系统中的应用很广泛。比特币使用哈希算法通过公钥计算出了钱包地址、区块头及交易事务的哈希值，梅克尔树结构本身就是一棵哈希树，就连挖矿算法都使用了哈希值难度匹配。以太坊中的挖矿计算也使用了哈希算法，其中的梅克尔-帕特里夏树也是一棵哈希树。其他区块链系统也多多少少使用了各种哈希算法。因此，可以说哈希算法贯穿了区块链系统的方方面面。密码学中的哈希算法一般具有以下性质：函数的输入可以是任意长的字符串，函数的输出是固定长度的，函数的计算过程是有效率的。

一般来说，为了保证哈希函数在密码学上的安全性，必须满足以下 3 个条件。

（1）抗冲突。简单来说，哈希函数抗冲突指的是不同的输入不能产生相同的输出。这就像到电影院买票看电影，对于付出真金白银买了电影票的人来说，他们的座位号不能是一样的。同时必须说明的是，抗冲突并不是说不会有冲突，只不过找到有冲突的两个输入的代价很大，不可承受。这就好像暴力破解一个有效期为 20 年的密码，整个破解过程长达 30 年，虽然最后密码被破解了，但是由于密码有效期过了，因而破解也失去了意义。

（2）信息隐藏。信息隐藏是指如果知道了哈希函数的输出，不可能逆向推导出其输入。这在密码学中很好理解：即使敌人截获了公开信通（如无线电波），获取了传送的哈希信息，也不可能根据这段信息还原出明文。

（3）可隐匿性。如果有人希望哈希函数的输出是一个特定的值（意味着有人事先知道哈希函数的输出结果），只要输入的部分足够随机，在足够合理的时间内都不可能破解输入。这个特性主要是为了应对伪造和仿制问题。例如，每位歌星的演唱会门票 1 万元一张。这就催生了假票行当：伪造个人演唱会的门票。在这里，门票是公开的，大家都知道它长什么样、是用什么材质做的，这就相当于已知哈希函数的输出。可隐匿性就是让做假票的人明明知道门票长什么样，但不知道使用何种“原料”和“工艺”造出一模一样的门票来。

2. 对称密钥算法

对称密钥算法是应用较早的加密算法，其技术成熟。在对称密钥算法中，数据发送方将明文和加密密钥一起经过特殊加密算法处理后，变成复杂的密文发送出去，接收方收到密文后，若想解读原文，需要使用加密时使用的密钥及相同算法的逆算法对密文进行解密，才能使其恢复成可读明文。比较经典和重要的对称密钥算法有以下几种：数据加密标准、三重数据加密标准、高级加密标准、国际数据加密算法、流加密算法。

3. 非对称密钥算法

非对称密钥也叫公开密钥加密，它用两个数学相关的密钥对信息进行编码。在非对称密钥算法中，一个密钥是公开密钥，可随意发给期望同密钥持有者进行安全通信的人。公开密钥用于对信息加密；另一个密钥是私有密钥，属于密钥持有者，此人要仔细保存私有密钥，密钥持有者用私有密钥对收到的信息进行解密。

8.2.2 数字签名技术

日常生活中手写的签名经常被用作确定身份、认定责任的重要手段，各种重要文件、合同等均需要签名确认。对于同一个字，不同的人写出来虽然含义完全相同，但是字迹是完全不同的，即使刻意模仿，也能通过专业的手段进行鉴别。因为签名具有唯一性，所以可以通过签名来确定身份及定责。区块链网络中包含大量的节点，不同节点的权限不同。举个简单的例子，在现实生活中，我们只能将自己的钱转给他人，而不能将别人的钱转给自己，区块链中的转账操作必须由转出方发起。区块链主要使用数字签名来实现权限控制，识别交易发起者的合法身份，防止恶意节点身份冒充。

数字签名并不是指通过图像扫描、电子版录入等方式获取物理签名的电子版，而是通过密码学领域相关算法对签名内容进行处理，获取一段用于表示签名的字符。在密码学领域，一套数字签名算法一般包含签名和验签两种运算，数据经过签名后，非常容易验证其完整性，并且不可抵赖，只需要使用配套的验签方法验证即可，不必像传统物理签名一样运用专业手段鉴别。数字签名通常采用非对称密钥算法，即每个节点需要一对私钥、公钥密钥。

数字签名的实际应用主要包括以下几个方面。

（1）电子商务安全。数字签名用于对在线交易进行身份验证，确保买方和卖方之间的信息安全、可靠和保密，如信用卡支付、网上购物等。

（2）电子邮件安全。数字签名用于对电子邮件进行签名，以确保收件人能够验证发件人的身份，并确保电子邮件在传输过程中未被篡改。

（3）服务器身份验证。数字签名用于验证网站和服务器身份的真实性，保护用户信息和数据免受网络攻击和诈骗。

（4）加密通信。数字签名可以用于创建安全的端到端加密通信，保护敏感信息，如银行账户密码、社交网络安全等。

总之，数字签名是确保在线安全交易、保护电子邮件隐私和增强网站安全的关键技术，广泛应用于电子商务、银行业、政府部门等。

8.2.3　对等网络技术

网络信息系统是由计算机联网构成的，有两种典型的组织模式：集中网络系统（Centralization）和对等网络系统（Peer-to-Peer，简称 P2P），如图 8-5 所示。集中网络系统由中心服务器负责运行管控，其他所有计算机客户端都只与中心服务器互联，构成主从关系，客户端之间的通信都要通过服务器，形成星状拓扑结构。对等网络系统中则没有中心服务器，计算机节点之间互相平等、直接互联，形成扁平的网状拓扑结构。

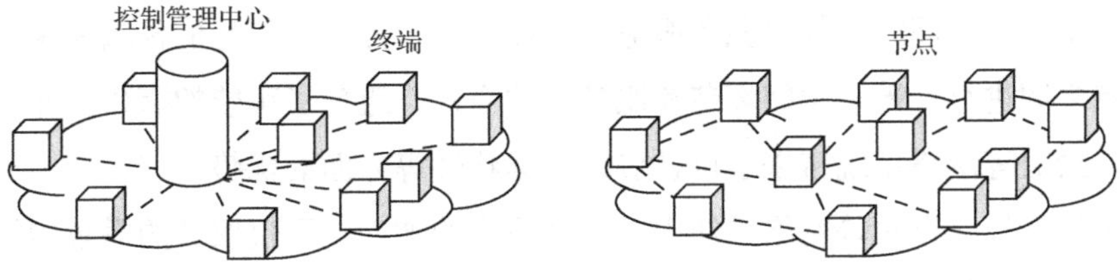

（a）集中网络系统　　（b）对等网络系统

图 8-5　网络信息系统的典型组织模式

对等网络系统的技术的核心在于控制。在计算机系统中，控制体现为执行逻辑，在集中网络系统中很容易在单点上实现“神经中枢”，而在对等网络系统中必须将控制神经元分散体现到各个节点的运行规则上，所谓“化管理于无形”。对等网络系统的结构如图 8-6 所示。

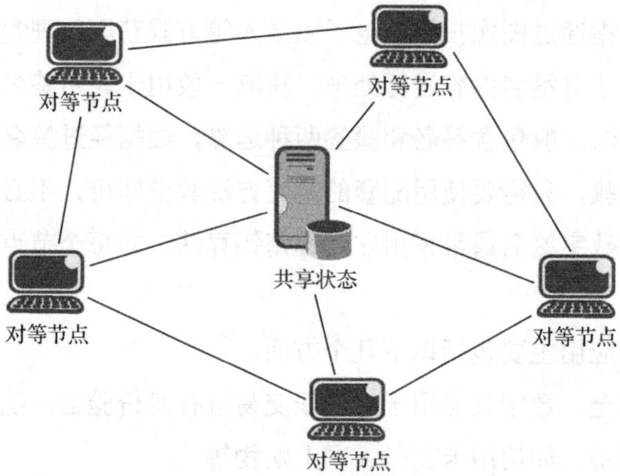

图 8-6　对等网络系统的结构

对等网络系统控制的重中之重是同步，必须保持各个节点之间数据的一致性、对数据理解的一致性、判别规则的一致性、对事件反应的一致性及操作行为的一致性。这里的一致性并不是说完全相同，可以是全集与子集的关系，但有些节点可以只保存部分数据、执行部分功能，或者在时间上存在滞后性。因此，同步不一定要达到时间和状态的强同步。

1．对等网络系统的特点

对等网络系统是对分布式概念的成功拓展，它将传统方式下的服务器负担分配到网络中的每一节点上，每一节点都将承担有限的存储与计算任务，加入网络的节点越多，节点贡献的资源就越多，其服务质量也就越高。对等网络系统可运用存在于互联网边缘的相对强大的计算机（个人计算机），执行较基于客户端的计算任务更高级的任务。现代的个人计算机具有速度极快的处理器、海量内存及容量超大的硬盘，而在执行常规计算任务（如浏览电子邮件和网页）时，无法完全发挥这些设备的潜力。新式个人计算机很容易同时充当许多类型的应用程序的客户端和服务器（对等方）。对等网络系统的特点体现在以下几个方面。

（1）非中心化。网络中的资源和服务分散在所有节点上，信息的传输和服务的实现都直接在节点之间进行，无须中间环节和服务器的介入，避免了可能的瓶颈。非中心化这一基本特点，给对等网络系统带来了可扩展性、健壮性等方面的优势。

（2）可扩展性。在对等网络系统中，随着用户的加入，不仅服务的需求增加了，系统整体的资源和服务能力也同步扩充了，始终能比较容易地满足用户的需要。在理论上几乎可以认为对等网络系统的可扩展性是无限的。例如，在传统的基于文件传输协议的文件下载方式中，当下载用户增加之后，下载速度会变得越来越慢，而对等网络系统正好相反，加入的用户越多，网络中提供的资源就越多，下载的速度也越快。

（3）健壮性。对等网络系统的架构天生具有耐攻击、高容错的优点。由于服务是分散在各个节点之间进行的，部分节点或网络遭到破坏对其他部分的影响很小。对等网络系统一般在部分节点失效时能够自动调整整体拓扑，保持其他节点的连通性。对等网络系统通常都是以自组织的方式建立的，并允许节点自由地加入和离开。

（4）高性价比。性能优势是对等网络系统被广泛关注的一个重要原因。随着硬件技术的发展，个人计算机的计算和存储能力及网络带宽等性能依照摩尔定律高速增长。采用对等网络系统架构可以有效地利用互联网中散布的大量普通节点，将计算任务或存储资料分布到所有节点上，利用其中闲置的计算能力或存储空间达到高性能计算和海量存储的目的。目前，对等网络系统在这方面的应用大多集中在学术研究方面，一旦技术成熟，能够在工业领域推广，就可以为许多企业节省购买大型服务器的成本。

（5）隐私保护。在对等网络系统中，信息的传输分散在各节点之间进行而无须经过某个集中环节，用户的隐私信息被窃听和泄露的可能性大大减小。此外，目前解决互联网隐私问题主要采用中继转发的技术方法，从而将通信的参与者隐藏在众多网络实体之中。在一些传统的匿名通信系统中，实现这一机制依赖某些中继服务器节点。而在对等网络系统中，所有参与者都可以提供中继转发的功能，从而大幅提高了匿名通信的灵活性和可靠性，能够为用户提供更好的隐私保护[1]。

（6）负载均衡。在对等网络系统中，每个节点既是服务器又是客户机，减少了对传统C/S 结构服务器计算能力、存储能力的要求。同时，资源分布在多个节点上，更好地实现了整个网络的负载均衡。

由于对等网络系统不需要专门的服务器给予网络支持，也不需要其他组件来提高网络的性能，因此组网成本较低，适用于人员少、组网简单的场景，故常用于网络较小的中小型企业或家庭中。

2. 对等网络系统的典型技术

1）互联网路由

路由是互联网组网的灵魂。互联网是用路由器相互连接而成的，路由器的使命是通过物理链路将 IP 报文传送到指定的目的地。为了提高网络的抗毁性能，即不因少数节点受损而影响整体网络的运行，避免单点故障，互联网被设计为对等式架构，不设路由交换中心，路由器之间自动实现互联。

路由器不只需要相互连通、转发 IP 报文，在大规模网络中，它还需要为每份报文找到从起始点到目的地的最佳路径，如距离最短、跳数最少、延迟最小、成本最低或带宽最大的路径。基于此，设计目标是：路由器应在没有控制中心、相互对等的情况下，通过交换信息，自主构造最优路由。

典型的 Internet 路由算法有用于自治域内部的路由信息协议（Routing Information

Protocol，RIP）、开放式最短路径优先（Open Shortest-Path-First，OSPF）协议和用于域间的边界网关协议（Border Gateway Protocol，BGP）等。RIP 着力为 IP 报文寻找一条具有最少跳数的路径。运用 Bellman-Ford 算法（或 Ford-Fulkerson 算法）：若 X 是 $A \to B$ 的最短路径上的点，则 $A \to X$ 和 $X \to B$ 均为最短路径。于是 RIP 采用了一种非常简单而讨巧的递归思路：要寻找最短路径，就在邻居（相邻路由器）找到的到达同一目的地的最短路径上加 1 即可；若有不同邻居都可以到达这一目的地，就选择跳数最少的。随着递归过程的层层推进，总有一个“邻居的邻居”的路由器直接连接在目的地子网上，任务即宣告完成。

2）Aloha 协议

Internet 接入最常用的有线以太网（Ethernet）、无线以太网（Wi-Fi）都采用了技术原理同根同源的 Aloha 协议。夏威夷大学的研究人员为解决共享网络的节点组网问题，开发了 Aloha 协议。共享网络的特点是：所有通信节点都在同一信道上，就像一个房间里的所有人；每个节点发送的信息都可以被其他节点收到，好比一个人讲话，其他人都可以听到，但每个接收者（听众）可以自行判断是否接受；如果有两个或两个以上节点同时发送信息（多个人同时发言），则产生冲突。此外，Aloha 协议的共享网络中不设控制中心（没有会议主持人），所有节点都是对等的，仅靠节点自身实现任意两个节点之间的和谐通信。

Aloha 在夏威夷方言中是“你好”的意思，就像节点们在一个通信环境中互相打招呼、互相交流。纯 Aloha 协议采用随机接入方法，步骤如下。

（1）当节点有数据需要传送时，如果检测到信道空闲，则立即启动数据发送。

（2）当网络上的两个节点几乎同时启动数据发送时，产生冲突，两个节点侦测到碰撞后都终止本次发送。

（3）冲突节点等待一段随机时间，回到步骤（1）再次尝试传送。其中，等待随机时间（称为退避时间）非常重要，可以由此错开两个节点的发送节奏，当等待时间较长的节点发现信道被占用时，就不会再发送，从而避免再次碰撞。

3）P2P 文件下载系统

Internet 早期的文件下载采用的都是文件传输协议（File Transfer Protocol，FTP），客户机从 FTP 服务器上获取文件（包括电影、歌曲等多媒体信息文件），这是一种集中网络系统，服务端需要承受巨大的存储、访问、带宽的压力，骨干网络负担很重，客户端的体验也不好，在访问拥挤时下载文件的速度慢如蜗牛。

点对点（Peer-to-Peer，P2P）文件下载系统好比一个文件分享的社区，每位用户的计算机就是组成社区网络的节点，所有节点相互平等，既是数据资源的需求者，又是数据资源的提供者。一个节点需要的文件由别的节点提供，而节点获得文件后，也可以提供给其他需求节点，在理论上完全可以摆脱中心服务器，由对等节点即可实现“自给自足”。

当一个节点需要某个文件时，获取步骤如下。第一步，从其他节点获取文件的哈希表。

第二步，向其他节点查询相关哈希位于哪些节点。第三步，从包含某个哈希（说明有该分片）的节点下载相关的分片。一般优先从邻近的节点下载（带宽大、对骨干网压力小）相关的分片，并且可以同时从不同的节点下载不同的分片，达到并发下载的目的。可采用 Bloom 过滤器技术优化哈希查询方法。

4）WSN 网络

物联网是一项通过对现实世界的信息感知实现万物互联的技术，而关键信息感知的重要实现技术之一就是无线传感器网络（Wireless Sensor Network，WSN）。WSN 由无线传感器节点组网而成。无线传感器节点内置各种传感器，可以采集周边环境的温度、水位、物质含量、物体移动等信息，并可以通过无线通信链路发送其所采集的数据。无线传感器节点通常被部署在荒无人烟之处、有毒有害区域乃至战场，在这些场合使用无线通信手段是必要的。但为了增强隐蔽性并减少能耗以达到更长的续航时间，无线信号发射功率往往较小，每个节点一般只能与周边若干个节点通信[2]。

8.3　区块链推动产业数字化

8.3.1　数字经济下的产业数字化发展

数字经济是继农业经济、工业经济之后的新经济形态，数据是数字经济发展的关键生产要素，并在整个经济链条中发挥基础性作用。数字经济的发展推动人类社会生产方式和生产结构的变革，数字科技的创新加速经济社会形态和运行模式的变革。在数字经济发展的大背景下，传统的产业发展需要借助数字技术和数字基础设施进行数字化转型升级以提高产业竞争力。关于产业数字化的概念，欧盟委员会认为产业的数字化转型应该让技术为人服务，打造公平和有竞争力的经济环境，实现开放、民主和可持续发展的社会。中国信息通信研究院认为产业数字化是传统的第一、第二、第三产业由于应用数字科技所带来的生产数量和生产效率的提高，其新增产出构成数字经济的重要组成部分。国务院发展研究中心将产业数字化转型定义为利用新一代信息技术，构建数据的采集、传输、存储、处理和反馈的闭环，打通不同层级与不同行业之间的数据壁垒，提高行业整体的运行效率，构建全新的数字经济体系。

1. 区块链赋能金融业发展

区块链技术在金融业主要应用在以下几个领域。

（1）票据领域。基于区块链分布式的存储机制可以降低传统的票据中心化机构的信息安全风险，解决集中模式下服务器崩溃或被黑客恶意篡改的问题。基于区块链不可篡改的特点，可以保证链上票据和交易信息的真实性与可追溯性，降低票据业务的信用风险和造假风险。共识机制可以提高信息的核对效率和资金的清算效率，有利于参与机构满足监管合规的要求。区块链的智能合约可以保证数字票据交易系统对应交易的有效执行，避免因交易对手违约产生的损失。

（2）跨境支付领域。区块链可以实现点对点直接交易，避免复杂、低效、高成本的中介流程，帮助跨境支付的交易参与方降低成本并提高交易效率。区块链具有信息不可篡改、共识机制维护账本、隐私加密等特点，提高了跨境支付信息和资金的安全性与可追溯性。在交易过程中，链上所有网关共同维护和验证支付交易信息的正确性，如果有节点否认该交易信息，则交易无法进行，从而降低了跨境支付中的信息错误或资金流失风险。基于区块链技术的分布式账本，所有交易信息按照时间顺序进行完全记录，需要时可以被准确地查找，提高了金融机构的监管效率。

（3）银行支付结算领域。区块链是分布式账本，链上每个节点都有一份账本，数据共享透明。同时，区块链具有去中心化的结构，区块链平台节点由各机构参与并维护，有共识容错机制，区块链平台数据不会丢失。交易记录不可篡改，区块内的交易以哈希摘要的方式进行记录，如果交易记录被修改，整个区块的哈希会发生变化，不能通过其他节点的验证。区块链的所有交易记录都可以被追溯，每笔交易都记录在区块链平台上。

（4）保险领域。区块链有助于推动理赔流程自动化、防范保险欺诈和释放数据价值。区块链利用智能合约实现保险合同执行代码化，促进合同承保和理赔等流程的自动化处理，降低运营成本和出错概率。区块链的数字签名和可追溯性可以提高投保人的可信度，防范保险欺诈行为和多重索赔风险。此外，区块链信息分布式存储能够提高保险公司和投保人的信息共享，利用加密技术以可控的方式进一步释放数据价值。

（5）供应链金融领域。区块链是一种不可篡改的分布式数据存储技术，能帮助金融企业打造一个分布式数据库，保证数据的透明、安全和高效。基于区块链可追溯的特性，数据从采集、交易到流通的全过程都能完整地存储在链上，可以规范数据使用，提高数据质量，获得强信任背书。数据在链上实现可信流转，在极大程度上解决了供应链金融业务中的信息孤岛问题。区块链技术可将核心企业的信用拆解，通过共享账本传递至供应链上的供应商和经销商。借助区块链架构，多维的供应链交易信息（如采购信息、物流信息、库存信息等）可共享上链，供应链金融的参与主体可以自行查询交易信息，免去信息真假核验环节，降低运营成本，同时出资方、担保方等可多维度地印证数据的真实性。区块链智能合约的应用能确保贸易过程中交易双方或多方如约履行义务，避免违约事件的发生，促进交易的顺利进行。

2. 区块链赋能农业发展

现代农业的发展从以人力和畜力为主要生产力量，到机械力量在农业中被广泛应用，再到单一信息技术的应用，多项信息技术应用在农业生产经营活动中。现代农业已经进入数字农业发展阶段，数字农业本质上是将数字技术应用到农业的生产、加工、运输、销售和服务等各个产业链环节中，充分发挥数字技术促进农业发展的重要作用，不断提高现代农业的数字化水平，从而推进乡村振兴发展。数字农业的发展推动农业经济增长，数字农业的建设使农户可以通过电商平台进行产品销售，并借助现代物流运输进行更大范围的农产品输送。数字农业利用大数据、云计算、物联网等现代信息技术，为相关人员提供相关信息，使其分析得到精确的市场销售和需求数据并预测走势。数字农业可以借助数字技术实现农业生产的系统化管理，建立从生产到销售全流程完善的网络化系统，推动农业生产的实时记录和追踪，同时充分利用农业电子商务的契机，积极推进建立农业与电子商务的对接，提高农业生产的标准化水平。

区块链技术在农业中的应用可以解决业务痛点，实现农产品质量安全溯源。

（1）实现农产品透明化监管。区块链具有分布式存储、不可篡改、可追溯等特点。使用区块链技术可以将农产品的种植过程、加工过程、存储过程、运输过程及销售过程中的相关数据上链存储，实现农产品从种植到消费的全链条透明化监管。相关数据一旦上链，便难以篡改，进一步保证了数据的真实性和安全性。消费者通过扫描条形码、二维码等可以对农产品的原产地、施肥用药情况、化学成分等核心信息进行查询，从而建立对农产品质量安全的信任。对于相关监管部门，相关责任主体会对链条上的数据进行数字签名并附上时间戳，如果农产品出现质量问题，监管部门可以将责任追溯到相关主体。区块链通过共识机制和智能合约构建了统一的规则体系，使各经济主体能够以较低的成本实现数据的互联互通，有助于加快构建全国统一的农产品质量安全溯源系统。

（2）帮助进行农产品供应链管理。首先，区块链具有分布式记录和存储的特点，可以将农产品供应链上的生产者、农资企业、分销商、零售商、监管机构和消费者等参与主体连接起来，整个供应链上的所有数据由所有参与主体共同验证和维护，保证农产品生产、加工、运输和销售等环节的透明度，保证数据的真实性，并有效地解决参与主体之间的信息不对称问题。参与主体根据市场的需求情况进行生产和销售，可以保证产供销平衡。其次，区块链的非对称加密技术和时间戳技术能保证交易过程中数据的安全性和唯一性，各参与主体可以建立信任关系。智能合约技术可以保证交易双方的承诺条件一旦得到满足就能自动执行合同。区块链技术可以实现农产品供应链系统上商流、信息流、物流和资金流的可信流转，当交易双方达成共识后，即可触发合同的自动执行，大幅降低供应链的管理成本。

（3）缓解农村贷款难问题。区块链技术将各经济主体之间的信任关系建立在机器信任之上，构建了无须任何可信第三方的信任机制，解决了金融机构和农权主管部门之间的信任关系。区块链的加密算法、多方安全计算等隐私加密和隐私计算技术，可以解决数据在共享和流通过程中的安全与隐私保护问题。区块链可以将林地承包经营权、农村承包土地经营权等资产数字化，在参与主体之间实现可信流转。银行作为链上的一个参与节点，能有效降低放贷风险。

（4）使农业灾损评估更合理。区块链的分布式记录、非对称加密、可追溯的特征可以保证农产品数据的透明度和真实性，可以实现对农业过程所有环节数据的追溯，有助于保险公司得到真实的灾情数据，对农业灾损进行合理的评估。智能合约技术可以实现农业保险赔付过程的智能化，如果灾害发生在保险范围内，系统将自动发出智能理赔合约，从而缩短理赔时间，提高理赔效率。

3. 区块链赋能物流的发展

物流是指在物品从供应地向接收地的实体流动过程中，根据实际需要，将运输、储存、装卸搬运、包装、流通加工、配送、信息处理等功能有机结合起来实现用户要求的过程。物流业是物流资源产业化形成的一种复合型或聚合型产业，是一个涉及运输业、包装业、配送业、仓储业、物流咨询服务业、物流研究和物流装备制造业的综合性服务产业。物流业具有网络化、专业化、信息化、标准化、集约化和协同化的特点。我国的物流业相比国外发达国家发展较晚。进入 21 世纪后，国内物流业发展迅速，经过 30 多年的发展，物流业成为国民经济的支柱产业和重要的现代服务业。随着我国经济发展方式的转变、产业结构的优化升级、数字信息技术的发展，以及国家针对物流业颁布的相关政策，我国物流业不断发展。

区块链技术在物流业中的应用主要体现在以下几个方面。

（1）防止物流信息泄露。基于区块链非对称加密、零知识证明等加密技术，所有物流链条上的数据信息都会保存在区块链中，链上的数据不可篡改，在充分实现数据共享的同时保证物流主体的个人隐私，最大限度地保证物流数据的安全性，有效地防止物流信息被泄露，保障个人权益。同时，基于复杂的加密算法，数据难以被攻击和篡改。

（2）建立良好的物流信用生态。区块链的分布式账本、加密计算、点对点传输等技术，能避免恶意篡改账本，并重新构建产业链条中参与主体之间的社会信任机制，让多方参与者在没有中介机构的情况下进行安全的、可信任的交易，尤其是在需要多方参与协同的物流领域。区块链技术可以创建信任优势，确立征信体系信用主体，以信用主体为中心采集可信的交易数据，促使各个物流企业成立人员征信平台，并制定物流从业人员信用评价体系和考核标准，真正建立以数据信用为主的物流信用生态。

（3）帮助中小微物流企业提高融资能力。基于区块链上可信任的存证数据，如企业的固定资产、应收账款等，企业可以向金融机构证明交易的真实性，从而解决融资难问题。金融监管部门可以作为物流金融联盟链中的监管节点，帮助企业规避金融风险。将区块链技术应用到仓储方面，可以搭建数字仓单，基于区块链不可篡改的特点，避免人为造假的风险，为链上的参与主体提供信任。

（4）实现物流中的溯源监管。区块链在对等网络环境下，通过透明和可信规则，构建可追溯的块链式数据结构。区块链、物联网和云计算等技术相结合可以搭建区块链产品溯源平台，制造商、分销商、零售商、消费者和监管部门在互信的基础上，在平台上进行信息共享，同时商品的制造、运输、存储、分销的全周期流转过程全部实现可视化，基于区块链保证数据的真实性，提高查询效率、监管力度，保证物流链条的整体效益。

4．区块链赋能制造业的发展

工业互联网可以为制造企业提供转型新路径，基于互联网的分布式研发可以推动研发模式由串行异构转向并行协同，利于企业缩短研发周期；制造企业依托工业互联网平台，对产品进行全生命周期的实时监测，支持远程运维、故障诊断等增值业务；工业互联网生态中包含金融企业，企业可以围绕产品探索融资租赁、供应链金融等新服务。根据工业和信息化部的数据，2023 年我国工业互联网规模超过 1.2 万亿元人民币，全国共发展了 240 个有影响力的工业互联网平台，其中有 28 个是跨行业、跨领域平台。5G 技术与工业互联网的融合正在快速推进，2023 年超过 3000 家企业受到鼓励建设 5G 工厂。这一发展旨在利用先进的计算、分析和连接技术，提高制造业的效率并降低成本。从行业看，工业互联网已覆盖制造业主要工业门类，并向能源、交通、医疗等领域拓展，企业提质降本增效成果显著。从区域看，我国目前已形成长三角、粤港澳、京津冀、东北老工业基地、成渝等产业集聚区。

区块链技术在制造业的应用主要体现在以下几个方面。

（1）区块链中的公私钥机制可以为工业设备提供可信的标识。区块链中的公私钥机制能够有效地与工业设备标识相结合，对区块链公私钥进行统一的分发、管理和权限设置，从而为工业设备提供可信的标识认证。利用区块链技术进行企业重要生产设备的管理可以实时有效地监控生产设备核心参数，将数据共享到企业相关部门、设备生产商、政府监管部门等机构并进行综合评估。采用轻量级区块链架构能够大幅降低传统数据共享所消耗的巨大成本。

（2）区块链能够打破传统智能制造各个独立系统之间的数据孤岛。区块链技术可以将智能制造中的数据采集、生产控制、生产计划、企业管理、能源管理、客户管理、物流供应链管理、进销存管理等环节进行系统信息安全共享。在不改变原有信息化系统的前提下，将各系统数据导入区块链分布式数据库，通过身份核验和节点权限划分规范各节点行为，利用区块链可溯源和不可篡改的特点，保证企业内部各部门的协同办公有迹可循，结合数字签名和智能合约的优势，为企业内部责任追究提供凭据。

（3）利用区块链技术可以建立分布式多冗余的数据存储机制，能够对研发数据、设备管理数据、工业生产数据进行安全存储。加密技术能够防止数据泄露，且数据难以被破解。利用区块链技术可以看到文档和流程链，供应链上的合作伙伴可以在任何阶段对产品和流程的真实性进行检查，对所有交易活动进行审计和追踪。在分布式网络中攻击单个节点是没有意义的。区块链中每次数据存储或插入都会创建一个新的区块，当黑客入侵时，也会创建新的区块，并容易被追踪，因此可以有效解决网络安全问题。

5．区块链赋能能源业的发展

随着信息技术的快速发展，利用先进的互联网思维和技术对传统能源行业进行改造，产生了能源互联网。能源互联网是能源和互联网深度融合的产物，能源互联网的主要发展目标包括能源市场化、能源高效化和能源绿色化。基于信息互联网，能源互联网能为市场参与者和用户提供开放的平台，降低进入成本，提高交易效率。能源互联网也能实现多类能源的开放互联和调度优化，大幅提高能源的综合使用效率。能源互联网在交易方面能够实现交易主体多元化、交易商品多样化、交易决策分散化、交易信息透明化、交易时间即时化和交易管理市场化。2019 年，中国能源互联网市场规模达到 9420 亿元，2019—2023 年的年复合增长率约为 8.55%。

区块链技术在能源业的应用主要体现在以下几个方面。

（1）区块链技术可以应用于电力能源方面。区块链具有信息开放透明、去中心化和采用加密技术的特点，能够将能源系统的多方主体连接起来，实现多地信息共享，降低系统调度的不稳定性，高效完成新能源并网调度分配，降低弃风率、弃光率，有效解决新能源的消纳问题。运营商、电动汽车用户可以加入区块链，掌握同样有效的信息，通过区块链选择合理的区域建设电动汽车充电桩，为充电用户合理分配已有的充电桩，缓解电力系统的压力，同时有效提升各主体交易时的信任度，帮助私人充电桩实现商业化。区块链技术可以实现交易各方信息的透明共享，市场中的各交易主体可以清晰地知道对方的成交量和信用度等信息。区块链的可追溯性和信息不可篡改的特点降低了交易过程中的潜在风险，增强了交易主体之间的信任。

（2）区块链的分布式账本和去中心化特点实现了交易不需要第三方机构的参与，保护了交易过程中的信息，降低了交易风险。区块链的非对称加密技术中的私钥识别增强了交易的安全性，即使在交易过程中出现公钥泄露，信息也无法被解密。区块链的交易透明、分权化和可追溯特点可以解决分布式能源交易存在的问题。区块链的不可篡改性可以保证数据的真实性，使绿色证书的认证流程更加高效，从而提高证书的流动性，降低认证成本。区块链的可追溯性保证了所有的交易路径均可被追溯，从而有效避免重复交易，维护市场主体的利益，有利于市场公平公正地运行。

（3）区块链的高冗余存储、去中心化、高安全性和隐私保护等特点使其特别适合存储与保护重要的隐私数据，以避免因中心化机构遭受攻击或权限管理不当而造成的大规模数据丢失或泄露。区块链技术透明、可审计且可操作，可以将参与能源活动的主体联系起来，实现有效的跟踪和溯源。因此，基于区块链的数据安全技术可以增强能源互联网的信息安全性[3]。

8.3.2　区块链提升民生领域信息化成效

1．区块链赋能教育行业

2016 年，国务院印发的《"十三五"国家信息化规划》首次将区块链列入我国的国家信息化规划，并将其定为战略性前沿技术之一。近年来，教育信息化得到了国家相关政策的大力支持，国务院于 2019 年 2 月颁布了《中国教育现代化 2035》《加快推进教育现代化实施方案（2018—2022 年）》。2019 年，中共中央总书记习近平在主持学习时强调，区块链技术的集成应用在新的技术革新和产业变革中起着重要作用。要把区块链作为核心技术自主创新的重要突破口，明确主攻方向，加大投入力度，着力攻克一批关键核心技术，加快推动区块链技术和产业的创新发展。2020 年 3 月 4 日，教育部办公厅印发《2020 年教育信息化和网络安全工作要点》，要求深入实施《教育信息化 2.0 行动计划》，发展"互联网+教育"，利用人工智能和网络教育的优势，建立更加灵活开放的教育体系。相关政策的陆续推出为教育信息化的发展、数字化校园的建设提供了良好的外部环境[4]。

区块链技术在教育行业的应用主要体现在以下几个方面。

（1）解决教育数据隐私保护问题。利用区块链技术可以有效解决教育数据在共享过程中的隐私泄露问题。基于区块链的去中心化特点，用户不需要在教育服务器中存储账户和密码等敏感信息，能够有效避免传统服务器被攻击而导致的教育数据隐私泄露问题。基于区块链的非对称加密、零知识证明等技术，所有的教育数据都保存在链上，只有拥有对应私钥的用户才可以访问相关数据信息，在充分实现教育数据共享的同时保证个人隐私，最大限度地防止教育数据隐私泄露，保障教育者和受教育者的权益。

（2）建立教育数据授权访问机制。传统教育数据系统通常采用一种集中化的授权机制来实现数据共享，这种方式难以满足目前教育数据共享的多样化需求，同时存在中心节点被攻击的风险。利用区块链技术的数字签名和代理签名能够有效地保护教育数据在共享过程中的安全。在区块链技术中使用拜占庭容错算法可以帮助用户在互不信任的网络中实现记账的公平性和一致性，解决访问控制中的集中化管理问题。利用区块链去中心化存储的优势，建立一个加密的访问控制机制，该机制将数据的访问控制权归还给数据提供者，将访问策略公开存储到区块链网络中，利用智能合约对数据申请和授权进行全网监督，帮助用户处理教育数据在共享过程中的数据授权访问问题，降低传统教育数据管理系统中的人工成本和时间成本。

（3）提高教育数据共享监管水平。基于区块链的分布式账本和去中心化特点，对教育数据的采集和管理过程进行监控，区块链上的每条教育数据信息都可以利用时间戳进行追踪溯源，且不会被删除，可实时查看教育数据信息。而教育数据都被存储在区块链上，通过共识机制得到即时验证，共识机制的验证方相互独立，保障教育数据的真实性、准确性和客观性，保证教育数据监管的有序、高效。基于区块链的分布式账本特点，通过点对点的方式实现教育数据的共享。基于区块链的去中心化特点，各机构平台之间在教育数据共享过程中可以降低在人力资源等方面的投入，从而降低平台之间的协作共享成本，避免烦琐的查询过程[5]。

2. 区块链赋能医疗行业

互联网医疗是以互联网为载体和技术手段的一种健康医疗服务，包含健康管理、自诊、自我治疗、导诊、候诊、治疗、康复、后续跟踪等一系列服务内容。基于互联网技术，互联网医疗为使用医疗健康服务提供了安全便捷的途径，在很大程度上弥补了我国分布不均的医疗资源与日益增长的医疗健康需求之间的巨大缺口。此外，随着大数据分析和人工智能等技术的不断进步，互联网医疗技术有望降低病患的医疗成本，缩短传统诊疗流程，进一步减轻我国社会医疗保险的财政负担。

区块链技术在医疗行业的应用体现在以下几个方面。

（1）医疗信息数据的互通共享。区块链赋能处方流转平台，可以保障处方在外流过程中的真实可信，在保障患者隐私的前提下实现全流程监管，做到过程可追溯、避免纠纷。基于区块链建立以患者为中心的转诊服务，可以保证患者对个人健康信息的控制权，确保健康信息的完整性、安全性与连续性。使用区块链对用户的身份、数据所有权进行管理，不存在超级管理员和特权用户，可以确保安全与隐私保护。利用智能合约对科研流程进行自动化管理，可以避免人为干预，打造民主化科研平台。

（2）业务办理。对于保险清算类业务，可以通过区块链的智能合约完成患者、医院与保险机构之间的费用清算，从而避免复杂、冗长的人工处理与审核过程，在提高效率、降低手工出错概率的同时提升用户体验，缩短医院的垫付周期。对于医保控费类业务，可以通过区块链与疾病诊断相关分组相结合，根据疾病诊断相关分组，基于区块链的智能合约进行费用支付，规避人为干预，保证付费过程的公正性与透明度。对于供应链管理类业务，可以通过区块链与电子存证相结合，保证医疗供应链上的相关数据不可篡改、真实可信，链上信息透明，便于实时监管与审计[6]。

（3）行业监管。在药品追溯上，可以通过区块链保证药械从生产到销毁全生命周期的信息不可伪造、不可篡改。相关信息对参与方透明可见，便于追溯与监管。在医疗监管上，根据区块链的分布式账本特点，任意节点对全局数据均可见、可追溯，无须数据上报，也无须进行跨组织数据交换与集成，监管方可以实时或准实时地对全局数据和事件进行监控、追溯与审计。

（4）隐私保护。在区块链技术体系下，存储的医疗信息摘要上链，数据的使用和改变会被记录下来，因此数据存储机构在用户不知情的情况下不能随意使用用户数据，实现了存储权限和使用权限的分离。个体身份认证信息的分布式存储避免了信息被篡改、被盗用的风险。再通过区块链多私钥的复杂权限保管，将数据使用权回归个体。数据的使用必须通过用户授权，实现了个体医疗信息的隐私保护。例如，利用智能合约技术可以为单个病历分配多把私钥，并且制定一定的规则来对数据进行访问，无论是医生、护士还是患者，都需要获得许可才能够访问数据。

（5）医联体协同。医联体单位上链，在链上进行患者信息互通共享，当出现特殊病历时，可以开通病历共享权限，寻求多家医联体单位专家、学者的意见，根据病情的轻重等情况及时将患者转诊，不断完善国家分级诊疗服务体系。利用区块链的分布式机制，建立区（县）、市、省和国家级电子病历区块链，各家医院对于特殊病例予以公告并上链提交给上级单位处理。凡符合重大突发公共卫生事件条件的，采用区块链智能合约予以自动执行，推动关键数据的及时共享。利用区块链上存储的电子病历信息，结合大数据、机器学习、人工智能等技术建立重大公共卫生事件的模型，可以实现传染病感染人数预测和疫情拐点的预测识别。医疗体系行政管理部分涉及政府管理机构、医院、疾控中心等，将这些机构产生的重要疫情信息上链，可以实现疫情重要节点信息的及时发布和追溯，实现责任认定，确保信息的真实性和及时性。区块链的链式结构、时间戳可以实现重要疫情信息发布追溯与验证，识别重要疫情信息误发、延迟的节点，对相关责任人予以追责[7]。

3. 区块链赋能公益慈善行业

中央网络安全和信息化委员会办公室开展了“网络公益工程”，建设了全国慈善信息统一平台“慈善中国”，通过网络对慈善组织开展的公开募捐活动进行备案，持续动态公开慈善募捐和慈善活动的进展情况。为进一步规范“互联网+慈善”，在规章制度方面，国家相关部门陆续出台或实施了《慈善组织公开募捐管理办法》《慈善组织信息公开办法》《慈善组织开展慈善活动年度支出和管理费用标准》《慈善组织互联网公开募捐信息平台基本技术规范》等一系列《慈善法》配套政策文件。

区块链技术在公益行业的应用体现在以下几个方面。

（1）去中心化，降低操作成本。捐赠者通过区块链将款项捐赠给受助人，无须经过其他机构进行二次操作，降低了项目操作成本，杜绝了某个组织或个人操控一个慈善公益项目为自己牟取利益的现象。

（2）链上信息公开，防篡改。将公益款项的使用记录和流转过程都登记到区块链上存证，并将记录进行全网公开。区块链技术依托其分布式时间戳服务系统，保证了信息的不可篡改，实现了整个公益慈善流程的高度透明，有效解决了公益慈善过程中暗箱操作滋生的信任危机问题，保证了资金的安全[8-9]。

（3）可视监管，实时审计。通过区块浏览器的形式，链上的用户可以看到公益慈善项目的处理流程、实时动态、链上记录的相关信息。同时，区块链能够为每笔数据提供检索和查找功能，社会公众和监督机构可以随时验证，保证公益慈善项目的公开透明，加大监管、审计力度。

（4）规范审核，智能合约自动执行，降低管理成本。通过预先把相关的条件和要求设定好，智能合约可以自动执行，有效解决了当前公益慈善过程中依赖人工审核的问题，规范了审核流程，避免了人工参与的影响，同时降低了管理成本。

（5）个人隐私保护，防泄露。区块链加密技术的应用很好地保护了被捐助人和捐助人的隐私。只有持有项目私钥的人才可以看到项目中的个人敏感隐私信息，其他人无法获取个人公开信息外的其他信息，避免了信息的泄露。

（6）信息溯源，项目补救。运用区块链技术的可溯源、不可篡改、数据加密安全等特征，可以实现公益慈善过程中信息与行为的全流程存证、公益慈善全周期的阶段追溯与审计，一旦出现网络攻击或出现利用审核漏洞成立的项目，就可以通过区块链信息溯源进行资产回流，将资产通过原渠道返还给捐助人，进行项目补救[10]。

8.4 区块链带来的伦理道德和社会问题

8.4.1 区块链的价值判断与伦理思考

一般认为，科学技术是事实判断，属于实然领域，伦理道德是价值判断，属于应然领域；科学技术主要体现客观性，伦理道德主要体现主观性；科学技术指向真，伦理道德指向善。也就是说，有的人认为科学技术是无关伦理的，科学技术在道德层面是中性的。倘若以这种思考方式来看待区块链技术，必然会造成严重的后果。关于能否利用区块链技术进行价值判断或道德判断的观点会影响人们看待这项技术的方式及思考潜在伦理问题的态度。一般来说，伦理学研究的是人，当人在行为和后果的各种冲突中产生了道德选择时，就可以用伦理理论进行分析。同样，在某种冲突存在的情况下，可以对科学技术进行伦理反思。因此，对区块链金融进行反思的前提是对区块链这项技术进行价值判断与伦理思考。

首先，我们可以对区块链技术进行价值判断。哲学家将价值分为两种：工具价值和内在价值。工具价值是能够带来其他好处的价值，而内在价值是事物本身具有的价值。工具价值与内在价值更大的不同之处在于，工具价值是带来其他好处的途径，而内在价值是达到好处的结果。因此，从工具价值的角度看，区块链技术作为一门科学工具，将为金融领域带来巨大的技术革命，如同计算机带给世界重大变革那般使世界科技进入新的发展阶段。从内在价值的角度看，区块链技术与金融相结合的最终结果不仅是改变金融领域的运行方式，更多的是带给金融行业审查优势、成本优势、速度优势、风险管理优势与创新优势等内在价值。这些价值是不可见的，却是区块链技术与金融相结合所期望的隐藏在技术背后的内在价值，也是最终价值。

因此，区块链技术对金融领域来说具有一定的工具价值与内在价值。解决了区块链的价值判断难题后，可以运用伦理相关理论对区块链技术进行分析。

区块链技术会带来一系列问题，如能源消耗巨大、隐私被破坏等已经出现的问题，也会带来一些暂时未知的问题。但是，区块链技术同样能够给人们带来极大的便利，带来社会的繁荣。这就造成了伦理冲突，冲突的一方是考虑到区块链技术现有的和未来不可知的弊端而希望暂停对区块链技术的研究。更直观地说，从汉斯·尤纳斯（Hans Jonas）所提出的“不良预测优先”原则来看，由于区块链技术会对社会造成巨大的伤害，必须暂停区块链技术的相关应用。从这个角度来看，此诉求是合理的。冲突的另一方是区块链技术将带来巨大的机遇，如可以对现有的各种产品（不仅是金融产品）进行改良，以及对社会经济带来正面影响。因此，有必要对区块链技术进行伦理学分析，以判断其是善大于恶还是恶大于善。

还可以从功利主义角度分析区块链技术是否道德。由于功利主义分析是结果主义分析，其对象是人，因此在用功利主义分析区块链技术时，一个很重要的问题是“最大多数人最大幸福”的计算问题。对于这个问题，可以从使用者的角度来计算，也就是根据使用者使用区块链能带给他多少收益来计算。如前文所述，区块链技术具有去中心化的特点，能够带给人们极大的便利，其带来的最大好处就是节约成本，无论是时间成本还是机会成本。在没有出现危机的情况下，使用区块链获取的收益比未使用区块链获取的收益要高；如果出现了危机，如信息泄露、数字货币丢失等，收益会变为负。但是，从目前的情况来看，区块链技术带给人们的正效用是大于负效用的。因此，从功利主义的角度来看，区块链技术对我们来说是善的。

从义务论的角度来看，我们必须假定区块链技术比现有的技术更昂贵。这就会引发分配公平与区块链技术使用机会两方面的冲突。一方面，在工业高度发达的社会，现存的发展不公平会因为区块链技术所带来的更先进的科技水平而加剧；另一方面，发达国家和发展中国家会出现区块链领域不平等。这就涉及与数字鸿沟类似的区块链鸿沟。但是，事实是什么样的呢？首先，对于假定条件“区块链技术比现有的技术更昂贵”不一定成立，虽然“挖矿”（获取比特币）的成本很高，但并不意味着区块链技术成本一定高昂。其次，有数据显示，2018 年全球区块链专利申请超过 5000 件，其中我国占一半。这就意味着我国企业对发展区块链技术所需的投资成本是能够接受的。除此之外，区块链技术也许会成为发展中国家超越发达国家的关键。

通过以上分析，能够得出的结论是：区块链技术不仅拥有一定的工具价值，同时其隐藏的内在价值能够极大地提高金融领域各个方面的能力。从价值论的角度来说，区块链技术具有一定的价值，并且此价值对整个金融社会的作用非常显著。从目前关于区块链的新闻和研究来看，无论是从伦理学中的功利主义角度分析还是从义务论角度分析，区块链技术带给我们的善远大于恶，即区块链技术具有很大的伦理意义。

8.4.2 区块链面临的道德风险

区块链技术因其去中心化、不可篡改和透明的特性，被广泛认为是革命性的创新，已在金融、供应链、医疗等多个领域取得了显著的应用成果。然而，随着区块链技术的普及，相关的道德风险日益显现。本节将探讨区块链技术面临的主要道德风险，包括隐私问题、非法活动、能源消耗及社会公平。

1. 隐私问题

区块链的透明性使所有交易都公开可见，这在保护数据完整性和防止篡改方面具有显著优势。然而，这种透明性也带来了隐私泄露的风险。尽管区块链使用加密技术保护用户身份信息，但通过分析交易数据，仍可能推断出用户的行为和身份信息。尤其是在公开链（如比特币和以太坊）上，这种风险更加突出。

2. 非法活动

区块链的匿名性和去中心化特使其成为非法活动的温床。比特币等加密货币曾多次被用于洗钱、毒品交易和其他非法活动。此外，智能合约的自动执行功能可能被恶意利用从而进行诈骗或其他非法活动。这些活动不仅损害了合法用户的利益，也对整个区块链生态系统的声誉造成了负面影响。

3. 能源消耗

区块链技术，尤其是基于工作量证明的共识机制，如比特币，消耗了大量的能源。在挖矿过程中需要解决复杂的数学问题，这些计算需要高性能的硬件设备，消耗大量的电力。据估计，比特币网络的年能耗超过一些小国的总电力消耗。这不仅增加了碳排放，对环境造成了负担，也引发了对能源资源分配不公的道德争议。

4. 社会公平

区块链技术的去中心化特性旨在取消中介，提高交易的透明度和公平性。然而，在实际应用中，区块链的准入门槛较高，需要较高的技术知识和计算资源，这可能导致新的不公平。大规模的矿池和技术能力较强的个体或组织可能掌握更多的资源与控制权，反而加剧了社会的不平等。此外，区块链技术的复杂性和不可逆性也可能导致普通用户在面对技术问题时处于不利地位。

尽管区块链技术在多个领域展现了巨大的潜力，但其面临的道德风险不容忽视。为了应对隐私问题、非法活动、能源消耗和社会公平等方面的挑战，政策制定者、技术开发者和用户需要共同努力，寻找平衡创新与道德风险的方法。在推进区块链技术发展的同时，必须强化人们对这些道德风险的认识和管理，确保技术进步能够真正惠及全社会[11]。

案例：航天信息区块链平台

1. 平台简介

银行等金融机构在开展商业保理、票据贴现等供应链金融业务时，一般依据具体贸易过程中的合同及发票等作为融资凭证。航天信息股份有限公司（以下简称“航天信息”）开发了“航信区块链平台”。该平台采用区块链技术，将验真后的发票数据登记入区块链账本，供金融机构授信评估使用。在具体的供应链融资过程中，金融机构通过调用该平台提供的凭证智能匹配服务，依据合同信息从发票池中匹配出合同关联的所有发票信息，形成本次贸易融资的发票集合。调用该平台提供的发票识别、发票验真、发票数据补全等服务，可以提高金融机构对贸易背景真实性的甄别能力。

金融机构完成授信评估后，对登记入区块链账本的融资发票进行公示标识，作为金融机构下次贸易融资的信用风险评估依据。利用区块链的信息防篡改、可追溯等特点，建立申请企业与金融机构之间的信息对称机制，解决供应链上各成员之间的互信问题，有效防范供应链融资过程中发票重复融资的风险。

航信区块链平台总体业务架构如图 8-7 所示。

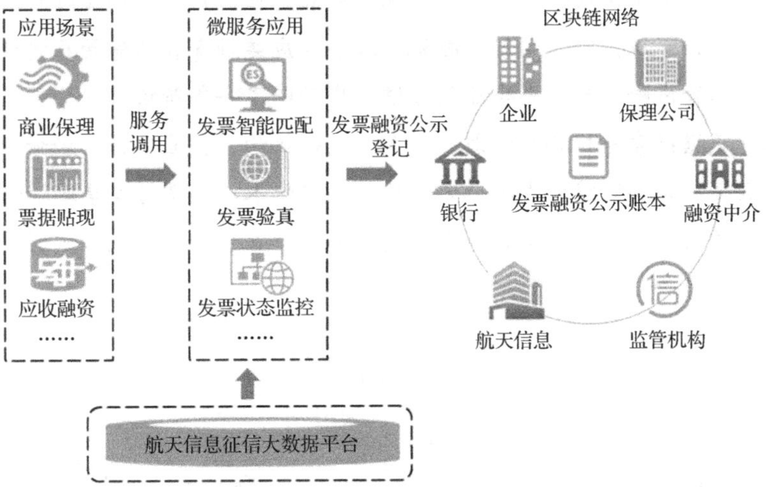

图 8-7 航信区块链平台总体业务架构

为保证企业交易信息和区块链上链数据的真实性，航信区块链平台现阶段设置了发票智能匹配、发票识别、发票验真、发票状态监控、监管审计、状态共享等模块，具体业务场景如下。

（1）发票智能匹配。企业在开展供应链金融业务的过程中，以贸易真实性为前提，根据具体交易提供合同发票作为融资的商事凭证。发票智能匹配模块的主要功能是通过合同上的交易信息，智能地从发票池中匹配出对应的发票。

（2）发票识别。在融资过程中，企业提交纸质发票的扫描图片，后台提供相应的识别程序，分割提取各信息项目所在的区域图片，再做进一步识别，利用深度学习技术提取发票的票面信息。

（3）发票验真。发票验真模块通过识别企业销项发票的特定区域并将其传至发票池系统进行验证，判断其是否真实有效，匹配出发票的开具、红冲、作废等状态。发票验真查询结果可以自动加入发票池，并将验真结果存入区块链。

（4）发票状态监控。发票状态监控模块可以实现自动检索发票上的开票单位和应税劳务货物名称是否匹配，提高发票合规性检验能力。同时，对通过查验的增值税专用发票和普通发票设置巡查期，自动定期检测发票状态，帮助金融机构规避因发票作废、红冲、异常状态等造成的贷款风险。

（5）监管审计。区块链平台为监管机构提供服务节点，监管机构根据监管需要结合底层智能合约，对发票验真数据、隐私数据等及其合规性进行监管审计，确保上链数据真实、合规、可靠。

（6）状态共享。银行等金融机构将验真后的发票信息使用记录实时登记入链，供其他金融机构查证，可以有效防止票据重复融资，从而达到降低金融风险的目的。

基于供应链金融支持服务系统的发票融资凭据链是航信区块链平台供应链金融功能的重要组成部分。利用区块链技术，在金融机构和企业用户之间构建以发票为供应链融资商事凭证的可信环境，可以帮助金融机构加强供应链融资贸易背景真实性审查，有效防范发票重复融资风险，为中小企业供应链融资开辟了一条新路。

发票融资凭据链参与机构包括航天信息、金融机构、企业用户、融资中介机构、监管机构，各成员机构共同维护发票融资凭据链数据账本，实现对发票融资信息的共享。具体节点包括发票上链节点、用户节点、发票公示节点、监管节点和运营节点。发票融资凭据链节点部署如图 8-8 所示。

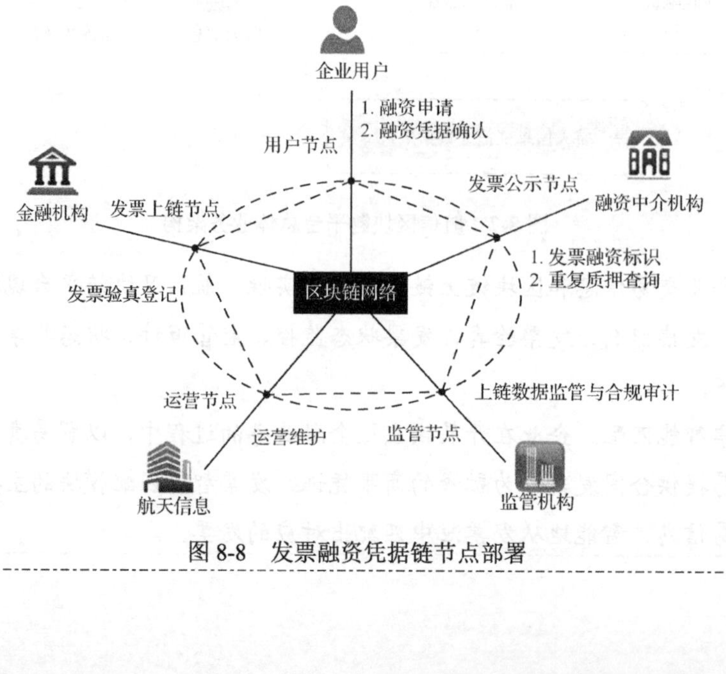

图 8-8　发票融资凭据链节点部署

各节点的功能如下。①在发票上链节点，金融机构进行发票验真，补全信息入链。②在用户节点，企业用户可以勾选和确认参与融资的发票。③在发票公示节点，融资中介机构可以对参与融资佐证的发票进行标识和查询。④在监管节点，监管机构可以对上链数据进行监管与合规审计。⑤在运营节点，由航天信息对航信区块链平台进行运营维护。

2. 平台优势及亮点

航信区块链平台在性能方面，采用高并发、可扩展的快速共识机制，满足实际业务中的高频交易需求；在安全方面，采用国密 SM2/SM9、SM3 和 SM4 算法，符合国内安全可靠的政策需求，支持第三方 CA 属性证书及基于角色的访问控制模型，支持细粒度的权限管理；在隐私保护方面，采用零知识证明、环签名、同态加密等技术，支持可监管的隐私保护机制；在数据与智能合约方面，支持大数据存储条件检索引擎，支持海量数据的存储与快速查询，提供模板化的智能合约，降低开发门槛，支持智能合约形式化验证，降低漏洞风险。

参考资料

[1] 可信区块链推进计划. 区块链与供应链金融白皮书（1.0 版）[R]. 北京：可信区块链推进计划，2018.

[2] 张立. 区块链：构建数字经济新世界[M]. 北京：中国科学技术出版社，2021.

[3] 韩景倜，刘建国，黄烨. 区块链金融[M]. 上海：上海财经大学出版社，2023.

[4] 凌力. 解构区块链[M]. 北京：清华大学出版社，2019.

[5] 张礼卿，吴桐. 区块链在金融领域的应用：理论依据、现实困境与破解策略[J]. 改革，2019, 32（12）：109-117.

[6] 程啸. 区块链技术视野下的数据权属问题[J]. 现代法学，2020, 42（2）：20-31.

[7] 丁晓东. 数据到底属于谁？——从网络爬虫看平台数据权属与数据保护[J]. 华东政法大学学报，2019（5）： 69-83.

[8] 姚前. 区块链高质量发展与数据治理[J]. 清华金融评论，2020, 52（1）：38-41.

[9] 薛晓源，陈家刚. 全球化与新制度主义[M]. 北京：社会科学文献出版社，2004.

[10] 范达娜·席瓦. 失窃的收成：跨国公司的全球农业掠夺[M]. 唐均，译. 上海：上海人民出版社，2006.

[11] CATALINI C, GANS J S. Some simple economics of the blockchain[J]. Communications of the ACM, 2020, 63（7）：80-90.

第9章

5G

学习目标

- 了解移动通信技术的发展历史。
- 掌握5G的基本特点、应用场景和网络架构。
- 了解5G的关键技术。
- 了解5G技术如何赋能数字经济。
- 了解5G带来的伦理道德和社会问题。

2023年8月18日，在中国移动5G网络的保障下，由浙江省人民医院与浙江省人民医院毕节医院（以下简称“毕节医院”）联合开展的5G超远程国产机器人辅助腹腔镜左肾肿瘤根治术顺利完成。

躺在手术台上的患者小刘（化名）今年17岁，不久前在毕节医院体检时查出左肾占位。经过进一步检查，肾脏增强CT显示肿瘤较大截面直径已达6.5厘米，几乎占据了左肾的一半。影像学诊断考虑恶性肿瘤。

手术刻不容缓，但难度特别大，患者左肾血管分支较多，开腹手术对患者损伤大，传统腹腔镜手术又有极大的出血风险，对医生技术要求高。主治医生能想到的方案就是借助机器人来完成这次手术，它具有微创、精准、灵活、滤抖等显著优势，但对操作医生的要求较高，操作医生必须具备丰富的临床经验。

是到杭州接受机器人手术，还是另想办法？派驻在毕节医院的专家团队经过讨论评估，经患者及家属同意，最终决定采用5G超远程国产机器人辅助腹腔镜行左肾肿瘤根治术，由浙江省人民医院机器人手术中心执行主任张大宏教授远程主刀。

为保障这次手术的顺利实施，中国移动贵州公司特别成立了“5G医疗特战队”，紧急扩建5G站点，开展ToB切片建设，安排专业技术人员在手术前、中、后，全面对远程手术室进行干扰排查和网络优化，确保医院5G专网的深度、优质覆盖。

通过5G远程连线，张大宏教授和在毕节医院手术现场的医疗团队实时调整器械，操纵机械臂通过小切口进入患者体内进行手术，最大限度地保证了手术的顺利开展，同时减少了手术创口和患者痛苦，整个手术过程高效、流畅、精准。

5G 网络高速率、大带宽、低时延的特性为远程手术的稳定性、可靠性和安全性提供了保障，5G 技术的发展也有利于优质医疗资源的下沉，从而惠及更多患者。

在毕节，中国移动 5G 专网已经在教育、工业、医疗等行业得到实际应用并发挥赋能效应。贵州移动毕节分公司副总经理许小江表示，接下来公司将不断推动 5G 技术运用到更多生产生活场景中，为人民生活带来便捷，助力传统行业加速实现数字化转型[1]。

9.1 5G 概述

第五代移动通信技术（The 5th Generation Mobile Communication Technology，5G）是能够联通人与物、物与物的重要信息基础设施，也是能够为数字经济高质量发展赋能的新一代移动通信技术。随着 2019 年我国正式推动 5G 大规模商用，5G 基础设施建设越来越完善，5G 的应用场景也逐渐拓展到车联网、智慧城市、无人驾驶、工业互联网等领域。未来，5G 技术将推动社会生产生活方式走向数字化、智能化，成为促进数字经济发展的关键技术。

9.1.1 移动通信技术发展史

通信是将信息从一个实体或群组传递到另一个实体或群组的行为。人类通信的历史很悠久。在远古时代，人们通过辅助的物体或简单的图画来表述和传递信息。另外，手势也是一种重要的信息交流方式。随着生产力的提高，人类文明不断进步，推动了信息通信技术的进步。文字的出现是信息技术的一大变革，它使人们能够方便地进行信息的表述、传递和存储。在古代社会，烽火和驿站是两种有代表性的信息传递方式。现代社会在工业革命的驱动下，出现了大量新型有线通信技术和无线通信技术，如电话、电报、无线电、广播、雷达、电视、计算机、卫星等通信方式。

自 20 世纪 80 年代以来，移动通信系统发生了翻天覆地的变化，大约每 10 年就会产生新一代移动通信技术。而移动网络主要业务的普及和新频段的成熟应用通常需要经历两代，即一般经过 20 年才能成熟。每代无线接入网和核心网都采用了新技术、新设计原则和新架构，其能力较前一代有显著提高。

现代移动通信技术的发展经历了 5 代，如图 9-1 所示。

第一代移动通信技术（The 1st Generation Mobile Communication Technology，1G）出现于 20 世纪 70 年代中期至 80 年代中期，其模拟了蜂窝移动通信。其典型代表是美国的高级移动电话系统（Advanced Mobile Phone System，AMPS）和后来的改进型全接入通信系统（Total Access Communication System，TACS），以及北欧移动电话（Nordic Mobile

Telephone，NMT）和日本电报电话（Nippon Telegraph and Telephone，NTT）等。

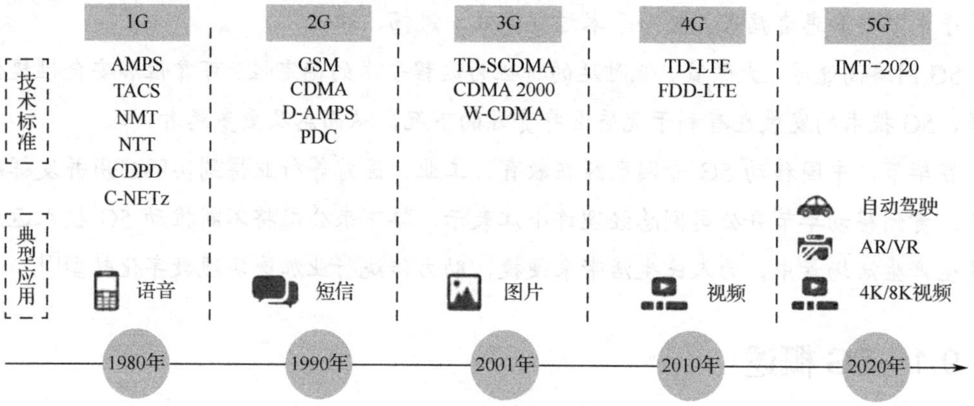

图 9-1　现代移动通信技术的发展历程

第二代移动通信技术（The 2nd Generation Mobile Communication Technology，2G）主要有全球移动通信系统（Global System for Mobile Communication，GSM）、码分多址（Code Division Multiple Access，CDMA）、数字式高级移动电话系统（Digital Advanced Mobile Phone System，D-AMPS）和个人数字蜂窝电话（Personal Digital Cellular，PDC）等。我国运营的 2G 以 GSM 和 CDMA 为主。2G 在引入数字无线电技术后，不仅提高了语音通话质量，增强了保密性，防止并机盗打，还为移动用户提供了国际漫游功能。

第三代移动通信技术（The 3rd Generation Mobile Communication Technology，3G），是一种真正意义上的宽带移动多媒体通信，能提供高质量的宽带多媒体综合业务，并实现了全球无缝覆盖、全球漫游。3G 最早由国际电信联盟于 1985 年提出，当时被称为未来公众陆地移动电信系统（Future Public Land Mobile Telecommunication System，FPLMTS），1996 年更名为国际移动电信 2000（International Mobile Telecommunication-2000，IMT-2000），其容量是 2G 的 2～5 倍。最具代表性的 3G 技术有美国提出的码分多址 2000（Code Division Multiple Access 2000，CDMA 2000）、欧洲提出的宽带码分多址（Wideband Code Division Multiple Access，W-CDMA）和中国提出的时分同步码分多址（Time Division Synchronous Code Division Multiple Access，TD-SCDMA）。

整体来看，2G 网络和 3G 网络的主要驱动力来自以语音为主的移动用户，随着手机渗透率和语音业务的使用率趋于饱和，这种依赖用户数量的商业模式增长乏力。

第四代移动通信技术（The 4th Generation Mobile Communication Technology，4G），包括时分长期演进（Time Division Long Term Evolution，TD-LTE）和频分双工长期演进（Frequency Division Duplexing Long Term Evolution，FDD-LTE）两种制式。从严格意义上说，长期演进（Long Term Evolution，LTE）只是 3.9G，虽然被宣传达到了 4G 标准，但实际并未达到 4G 标准。只有升级版的 LTE 才满足国际电信联盟对 4G 的要求。4G 能够灵活利用频谱，在不同的带宽、不同的频段下工作；支持第三代合作伙伴计划（3rd Generation

Partnership Project，3GPP）和非3GPP多种无线接入方式，上下行速率和有线网络不相上下，同时拥有固网所缺乏的移动性优势；支持大带宽、低时延、灵活漫游，下载速率超过100Mbit/s；可以在任何地方利用宽带接入互联网，能够提供定位定时、数据采集、远程控制、高清视频等丰富的综合应用，是集成多功能的宽带移动通信系统。

从3G到4G，数据业务迅猛发展，移动宽带成为4G的主导业务，移动通信的重大进步对人们的生活方式产生了深远影响。此时，4G网络运营商的收入主要依靠流量而非用户数，人均流量的增长驱动了业务的增长。

得益于4G技术的进步，面向移动端的应用创新不断涌现，彻底改变了人们的日常生活。在我国，从现金支付到在线支付的转变就是一大力证。如今，在线支付早已成为大众习以为常的支付方式。不管是购买日用百货，还是缴纳停车费，人们不需要携带现金就可以轻松完成支付。社交媒体的兴起，使任何人都可以随时通过智能手机向他人分享图片和视频。社交媒体已然成为一个新闻载体，加速了信息的传播。

越来越多的高速率、大带宽应用不断涌现，这种创新趋势在5G网络中得以延续。5G与2G、3G、4G不同，它并不是一种单一的无线接入技术，而是多种新型无线接入技术和现有4G后向演进技术集成后的解决方案的总称。从某种意义上说，5G是一个真正意义上的融合网络。5G融合了SDN、NFV、超密集组网（Ultra-Dense Network，UDN）、自组织网络（Self-Organizing Network，SON）、设备对设备（Device to Device，D2D）、大规模多路输入输出（massive Multiple Input Multiple Output，mMIMO）、毫米波、多连接等技术，实现了峰值速率、用户体验数据速率、频谱效率、移动性管理、连接数密度、网络能效等关键能力的全面提高。5G将渗透到社会的各个领域，以用户为中心构建全方位的信息生态系统。

5G将使信息突破时空限制，为用户提供极佳的交互体验和身临其境的信息盛宴。5G将拉近万物之间的距离，通过无缝融合的方式，便捷地实现人与万物的智能互联。5G将为用户提供光纤般的接入速率，零时延的使用体验，千亿设备的连接能力，超高流量密度、超高连接数密度和超高移动性等多场景的一致服务，业务及用户感知的智能优化，同时将为网络带来超百倍的能效提升，比特成本降低到1%以下，最终实现“信息随心至，万物触手及”的总体愿景。

5G已来，6G也将至。根据目前国际通信标准组织3GPP的时间计划，6G技术研究和标准制定时间为2024—2025年，即在R19阶段正式启动6G标准需求。结构与空口技术的可行性研究工作预计开始于2026—2027年，即在R20阶段完成6G空口标准技术规范的制定工作。5G开启了万物互联的大门，6G有望演变为一个万物智能平台。通过这个平台，移动网络可以连接海量智能设备，实现智能互联。我们有理由相信，下一波数字化浪潮将带来更多创新，全方位满足用户的需求[2]。

9.1.2 5G 的基本特点

5G 的基本特点如下。

1. 高速率

4G 的数据传输速率一般可以实现上传 6Mbps，下载 50Mbps，通过载波聚合技术下载可以达到 150Mbps 左右。5G 理论上可以做到每个基站的数据传输速率为 20Gbps，每位用户体验的实际效度接近 1Gbps。如此高的数据传输速率不仅使用户可以 1 秒下载一部超高清电影，而且会给很多业务和应用带来革命性的改变，催生大量新的市场机会与运营机制。

直播业务在 4G 时代已经有了惊人的增长，带来了巨大的商业机会，但 4G 的上传速率只有 6Mbps，当较多人同时使用时，这个速率还无法得到保证，卡顿很常见，直播效果受到影响，尤其是一些需要支持高清直播的内容，体验感较差。5G 的上传速率达到 100Mbps 左右，网络切片技术还可以保证某些用户不受网络拥堵的影响，直播的效果会更好。每位 5G 用户都有可能成为一个直播电视台，当下火爆的新媒体和传统的电视直播节目势必面临全新的挑战。

VR 也可以借助 5G 实现突破。以前的 VR 体验很差，很重要的一个原因就是网速无法支持较大的带宽。VR 要想很好地实现高清传输，需要 150Mbps 以上的带宽，这在大部分网络中都无法实现。5G 的到来会大幅改善 VR 体验，迎来 VR 产业的大发展。

5G 的高速率还可以支持远程医疗、远程教育等从概念转向实际应用。远程医疗可行的基础就是低成本，同时需要高清晰的图像传输和低时延的操作，这些都需要以高速率的网络作为基础。

高速率是 5G 不同于 4G 的一个最显著特点。当然，人类会一直追求用各种新技术来支持更大的带宽、更高的数据传输速率，并在此基础上支持更多的服务，让传统的业务和服务能提供更好的体验。

2. 泛在网

各种业务的大发展对 5G 网络提出了更高的要求，网络需要无所不包、广泛存在。只有无处不在的网络，才能支撑日益丰富的业务和日益复杂的场景。

泛在网有两层含义：广泛覆盖和纵深覆盖。广泛覆盖是指只要是人类足迹能够延伸到的地方，都需要被网络覆盖。例如，高山、峡谷等地方，之前人们很少去，不一定需要覆盖网络，但在 5G 时代，这些地方必须有网络存在，因为无论是智能交通还是其他业务，都需要通过稳定可靠的网络进行管理，在没有网络的地方是无法管理的。同时，通过覆盖 5G 网络，相关部门可以大量部署传感器，进行自然环境、空气质量、地貌变化甚至地震的监测，5G 可以为更多这类应用提供网络支持。

纵深覆盖是指在人们的生活中已经实现了网络部署，但需要更高品质的深度覆盖。例如，家中已经有了 4G 网络，但卫生间等狭小空间的网络质量不太好，车库甚至没有网络信号。5G 时代，网络质量不好的卫生间、没有网络信号的车库等特殊场所，都可以而且需要被高质量的网络覆盖。

在 4G 时代以前，人们常常会遇到手机没信号或信号弱的问题，尤其是在较偏远的地方。因为 3G 和 4G 时代使用的是宏基站，宏基站的功率很大，但体积也比较大，所以不能密集部署，导致离它近的地方信号很强，离它远的地方信号很弱。但在 5G 时代，微基站将逐步建立，人们几乎不用再担心信号弱的问题。微基站的部署可弥补宏基站的空白，覆盖宏基站无法触及的末梢通信，为泛在网的全面实现提供可能，使所有的智能终端在任何角落都能连接到网络信号。

3．低功耗

随着技术的不断发展，网速变得越来越快，同时设备功耗变得越来越大。5G 要支持大规模物联网应用，就必须对功耗有更高的要求。物联网产品都需要通信与能源，目前可以通过多种手段实现通信，但能源的供应大多只能依靠电池。如果可以降低功耗，让物联网产品充电间隔时间延长，就能大大改善用户体验，促进物联网产品的快速普及。

目前主要采用两种技术手段来实现低功耗，分别是美国高通等主导的增强型机器类型通信（enhanced Machine-Type Communication，eMTC）和华为主导的 NB-IoT。

低功耗的要求非常广泛。例如，对于河流的水质监测，如果每间隔几千米甚至几十千米设立一个监测点，那么监测结果往往不够准确，要找到污染源非常困难，而设立大量常规的监测点成本又太高，这就需要设立大量低成本的监测点，及时回传数据。如果采用低功耗技术，将监测器布置在河流沿线，每半年甚至更久的时间才更换一次电池，就会大幅降低维护成本，从而形成有价值的应用。

4．低时延

一般情况下，人与人之间进行信息交流时，140 毫秒的时延是可以接受的，不会影响交流效果。但对无人驾驶、工业自动化等场景来说，这么高的时延是无法接受的。5G 对时延的要求是 1 毫秒，甚至更低，这种要求是十分严苛的，也是必需的。

5G 低时延的特点必将使自动驾驶和车联网等领域的发展迎来大爆发。此外，相关交通枢纽也将部署大量摄像头和传感器，拍下的视频和感知的数据形成动态流量图，让行人可以轻松直观地看到交通实况，智能交通体系将全面建成。

低时延还有一个重要应用领域，就是工业控制。向一台高速运转的数控机床发出停机的指令，如果指令不能及时送达，而是有很高的时延，就无法保证生产出来的零件是高精密的。低时延可以使机床马上做出反应，从而保证机床的精密度，制造出高质量的产品。

5. 万物互联

通信业对 5G 的愿景是每平方千米范围内可以支持 100 万个移动终端的接入。从发展趋势来看，5G 时代接入网络的终端不仅有手机、平板电脑、智能手表、智能手环等，还有更多千奇百怪的东西。例如，笔、眼镜、衣服、鞋子、皮包、腰带等都有可能接入 5G 网络，成为智能终端；家里的门窗、锁、空调、冰箱、洗衣机、空气净化器、新风机、加湿器等也都可以接入 5G 网络，相互传递信息，普通家庭将转变为智慧家庭；社会生活中大量以前不可能联网的设备，如井盖、电线杆、垃圾桶这些公共设施，也会接入 5G 网络，成为智能终端。4G 改变生活，5G 改变社会，其要义就在于此。

随着大量的智能设备接入 5G 网络，这些设备可以成为大数据的信息收集终端，在此基础上，人工智能将有更加广阔的发展前景[3]。

9.1.3 5G 的应用场景

为了推动 5G 技术在各个领域的广泛应用，3GPP 将 5G 的应用场景定义为增强移动宽带（enhanced Mobile Broadband，eMBB）、海量机器类通信（massive Machine Type Communication，mMTC）和高可靠低时延通信（Ultra-Reliable Low-Latency Communication，URLLC）3 个方向，涵盖人们工作和生活的方方面面，如表 9-1 所示[4]。

表 9-1 5G 的三大应用场景

应用场景	具体应用
eMBB	与 4G 应用场景相比，eMBB 场景具有更好的性能、更广泛的网络覆盖范围和更快的传输速率，能够为用户提供更加优质的通信服务和极致的应用体验。尤其是网络接入速率明显提高，我国 5G 网络平均下行接入速率为 334.98Mbps，平均上行接入速率为 70.21Mbps。用户使用 5G 网络观看 4K 超高清视频时，网络峰值传输速率能够达到 10Gbps 以上
mMTC	mMTC 是 5G 中侧重人与物通信的物联网应用场景，具有大连接、低功耗、低时延、高可靠性等优势。其中，大连接的特性有助于促进各个垂直行业的深度融合；低功耗的特性能够为物联网的发展提供支撑。这类应用主要面向智慧城市、智慧农业、智能家居、环境监测、森林防火等以传感和数据采集为目标的场景，能够有效降低终端能耗和成本
URLLC	URLLC 是 5G 中侧重物与物通信的物联网应用场景，具有低时延、高可靠性、高可用性的优势，主要面向远程手术、远程培训、远程制造、智慧安防、工业应用和控制、自动驾驶、交通安全和控制等对时延与可靠性具有极高要求的垂直行业的应用需求。URLLC 恰好具有超低时延的特性，能够充分满足这些领域对传输时延的要求，并充分保证传输的可靠性

9.1.4 5G 的网络架构

为充分满足国际电信联盟定义的 5G 场景与需求，5G 通过端到端的系统性技术创新，力求构建低时延、高可靠、高速率和大连接的新能力，以满足个人用户、企业用户和垂直行业客户差异化的业务需求。

5G 系统主要包括无线接入网、核心网和承载网 3 部分，如图 9-2 所示。无线接入网负责将终端接入通信网络，对应终端和基站部分；核心网主要起运营支撑作用，负责处理终端用户的移动管理、会话管理和服务管理等，位于基站和互联网之间；承载网主要负责数据传输，位于无线接入网和核心网之间，是为无线接入网和核心网提供网络连接的基础网络。无线接入网、核心网和承载网分工协作，共同构成了移动通信的管道[5]。

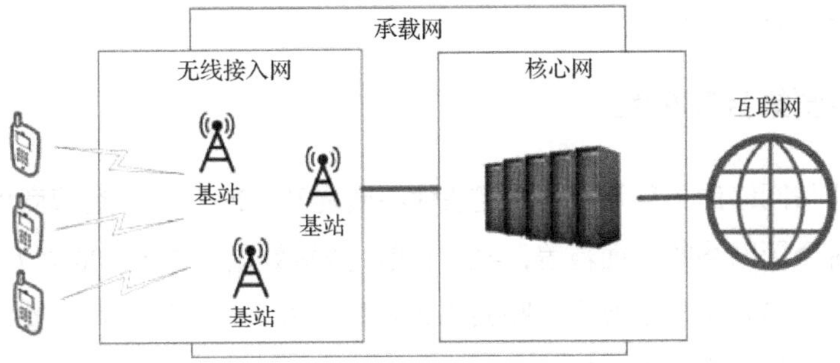

图 9-2　5G 系统的网络架构

5G 组网模式主要分为非独立组网（Non Standalone，NSA）和独立组网（Standalone，SA）两种，如图 9-3 所示。

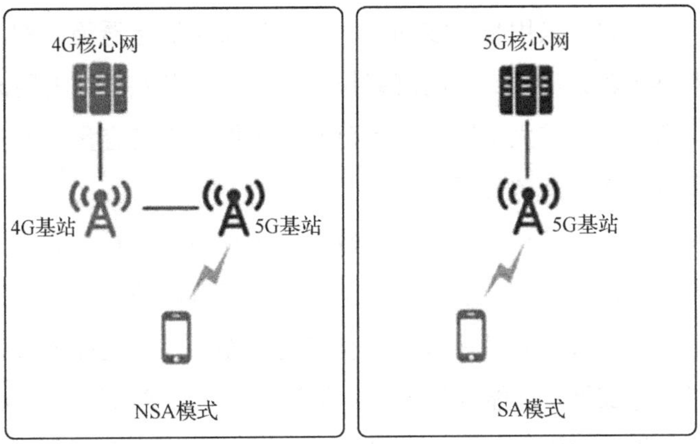

图 9-3　5G 组网模式

NSA 模式将 5G 的组网安置在 4G 的基础设施上，即在原 4G 基站上搭载 5G，基站侧 4G 基站和 5G 基站共存。在这种模式下，5G 的终端用户可以享受宽带能力，但使用的是 4G 的核心网。NSA 模式在 5G 商用初期相对容易实现，可以迅速普及 5G 的商用，普及成本低，并且能够快速扩大 5G 网络的覆盖范围。

SA 模式通过建设独立的 5G 基站方式组网，需要新建 5G 核心网才能投入使用。SA 模式下的 5G 网络使用的是 5G 核心网，而不是 4G 核心网。SA 模式的投入更大，实现基本覆盖需要更长的时间。

目前全球运营商主要以 5G 的 NSA 模式为主，SA 模式会在 NSA 模式的普及过程中逐步推进，以后会逐步过渡到双模组网模式，最终实现 5G 的 SA 模式[6]。

9.2 5G 关键技术

5G 作为新一代移动通信技术，其网络结构、网络能力和要求与过去有很大的不同。5G 的关键技术主要有以下几项。

9.2.1 超密集异构网络

随着移动通信网络的更新迭代，其复杂性不断提升。2G 时代，运营商仅需部署几万个基站便可实现对全国网络的全面覆盖；4G 时代，基站数量增长至 500 多万个；5G 时代，需要的基站数量更多。5G 网络万物互联的愿景是每平方千米范围内可以支持百万级别的设备接入。为此，必须密集部署海量基站。

过去的通信方式采用的都是低频段频谱，这些频谱的穿透能力比较强，而且频率越低，穿透能力越强。5G 的带宽很大，导致绕射能力很差。5G 采用的是 28～32GHz 的频率，也就是毫米波，这种波基本没有穿透能力。雷达采用的就是毫米波，因为无法穿透飞机，所以会被反射回来。如果通信采用毫米波的频率，意味着无法穿透障碍物，因此需要使用很多微基站，做到密集部署。密集部署的网络拉近了终端与节点之间的距离，使网络的功率和频谱效率大幅提高，同时扩大了网络覆盖范围，扩展了系统容量，并且增强了业务在不同接入技术和各覆盖层次之间的灵活性。

所谓异构，就是不同的结构。随着节点数量的大规模增加和节点之间距离的缩短，网络部署变得越来越密集，网络拓扑变得越来越复杂，而且即使处于同一网络，不同终端的速率、功耗、使用频率、服务质量需求等也存在明显差异。在这样的背景下，如果按照传统的网络结构模式进行部署，可能会使 5G 网络出现相互干扰的问题。为了避免这一问题，需要从不同业务在网络中的实现方式、各种节点之间的协调方案、网络的选择及节能配置方法等多个维度做出有效的调整。这种将多种网络组织起来形成一个体系的方式，就叫超密集异构。

超密集异构网络技术是移动通信发展到融合阶段的必然产物。随着未来移动通信应用场景的不断丰富，对网络信息传输的要求会随时间和地点呈现出非均匀特性。过去以宏蜂窝为主、以区域覆盖为目的的移动通信网络架构已经很难满足呈指数级增长的细分需求，超密集异构网络技术以创新的姿态出现，直面这一难题。它超越了运营商和技术系统的范畴，将不同的网络协同整合到一起，为 5G 时代网络系统的大容量、多样性和灵活性提供了有力保障。

9.2.2　自组织网络

在传统的移动通信网络中，主要依靠人工方式完成网络部署和运维，既耗费大量人力资源，又增加运行成本，而且网络优化效果并不理想。在 5G 时代，原有的移动通信网络会面临很多新的挑战，如如何进行网络部署、运营及维护。这主要是因为网络中存在各种无线接入技术，且网络节点覆盖能力各不相同，它们之间的关系错综复杂。

自组织网络就是在定义网络的过程中要根据不同的业务进行定义，即对于各种具有不同要求的网络，可以通过一个自组织的体系进行构建，在大的网络体系下为某些用户提供特殊的服务。例如，要在一个网络系统中分出一部分网络给智能交通业务使用，而智能交通业务对网络的质量有比较高的要求。自组织网络的智能化将成为 5G 网络必不可少的一项关键技术。

自组织网络技术解决的关键问题主要有：①网络部署阶段的自规划和自配置；②网络维护阶段的自优化和自愈合。自规划的目的是实现网络的动态规划和执行，并满足系统扩展容量、监测业务、优化结果等方面的需求。自配置即新增网络节点的配置，可实现即插即用，具有低成本、安装简易等优点。自优化的目的是减少业务工作量，达到提高网络质量和性能的效果。自愈合是指构建的网络系统可以自动检测问题、定位问题和排除故障，有效降低系统的运维成本，并避免对网络质量和用户体验造成影响。

9.2.3　内容分发网络

5G 时代，随着音频、视频、图像等业务的急剧增长，加上用户规模的持续扩大，强大的市场需求自然会带来网络流量的爆炸式增长，这将影响用户访问互联网的体验。如何进行高效的内容分发，尤其是针对大流量的业务内容，怎么做才能降低用户获取信息的时延，成为网络运营商和内容提供商必须解决的一大难题。

增加带宽并不能保证高效的内容分发，因为内容分发还受到传输中路由阻塞和延迟、网站服务器的处理能力等多重因素的影响与制约，这些因素与用户服务器之间的距离关系密切。为了确保用户获得良好的体验，对网络进行改造升级就显得尤为重要。内容分发网络对 5G 网络的容量与用户访问具有重要的支撑作用。

内容分发网络是一种拓展传统网络层次的有效方案，是指在传统网络中添加新的层次，即智能虚拟网络，从而有效解决用户需求集中爆发的问题。内容分发网络系统采用大数据分析的方式，综合考虑各网络节点的连接状态、负载情况及用户距离等因素，将相关内容分发至距离用户较近的代理服务器上，使用户可以就近获取所需内容，从而缓解网络拥堵状况，减少对用户需求的响应时间，提高响应速度。

内容分发网络是 5G 必备的关键技术之一，其优势是为用户快速地提供信息服务，同时有助于解决网络拥堵问题。

9.2.4 D2D 通信

D2D 通信是一种基于蜂窝系统的近距离数据直接传输技术。3GPP 已经把 D2D 通信技术列入新一代移动通信系统的发展框架中，成为 5G 的关键技术之一。

随着数据流量的飞速增长、接入网络的终端数量的快速上升，通信网络的体系和架构都面临巨大的挑战。要应对网络密集化和差异化带来的问题，不能期望任何网络或通信系统的中心设备能够大范围、高效率地指挥、调度通信网络中各终端节点的行为，因此在无须中心设备干预的情况下，建立大批量的本地连接势在必行。

D2D 会话的数据直接在终端之间进行传输，不需要通过基站转发，而相关的控制信令，如会话的建立、维持、无线资源分配，以及计费、鉴权、识别、移动性管理等，仍由蜂窝网络负责。蜂窝网络引入 D2D 通信，可以减轻基站负担，降低端到端的传输时延，提高频谱效率，降低终端发射功率。当无线通信基础设施损坏，或者处于无线网络的覆盖盲区时，终端可借助 D2D 通信技术实现端到端通信甚至接入蜂窝网络。在 5G 网络中，既可以在授权频段部署 D2D 通信，也可以在非授权频段部署 D2D 通信。

在 5G 时代，引入 D2D 通信技术可以带来巨大的好处，同时面临一些挑战。当终端用户之间的距离不足以维持近距离通信，或者 D2D 通信条件被满足时，如何进行 D2D 通信模式和蜂窝通信模式的最优选择及通信模式的切换，需要进一步探讨。此外，D2D 通信技术中的资源分配优化算法也值得深入研究。

9.2.5 M2M 通信

M2M 通信的定义有广义和狭义之分。从广义上看，M2M 通信是指机器与机器之间、人与机器之间及移动网络与机器之间的通信，涵盖所有实现人、机器、系统之间通信的技术。从狭义上看，M2M 通信仅指机器与机器之间的通信。相较于其他应用，M2M 通信的典型特征就是智能化、交互式，在这样的特征下，机器变得更加智慧。

如今日常生活中最常见的仍然是人与机器之间的通信，如上网。但是在 5G 时代，机器与机器之间的通信将扮演重要的角色。例如，智能家庭管理系统中的环境监测网络监测家庭的环境数据并将数据发送到云端，控制系统经过数据对比后发现家庭中的环境质量有问题，于是向空气净化器、新风系统等发送指令，让它们开启工作。在这个过程中，很少需要甚至不需要人和机器之间进行沟通。目前，M2M 通信已经在智能电网、环境监测、安全监测、城市信息化等领域实现了商业化应用。

M2M 通信技术的发展也面临一些技术难点。海量的机器交流会引起网络过载，不仅会影响对移动用户的通信服务质量，还会造成用户难以接入网络等问题。此外，在 M2M 通信中，充斥着大量小信息量的数据包，导致网络传输效率下降，在无法充电的条件下，未来 5G 网络将面临如何延长 M2M 终端的续航时间的难题。

9.2.6 信息中心网络

随着实时音频、高清视频等服务的日渐增多，基于位置通信的传统 TCP/IP 网络已无法承担海量数据分发任务。1979 年，尼尔森（Nelson）提出了信息中心网络这一概念。信息中心网络（Information-Centric Networking，ICN）是网络以信息为中心的发展趋势，是一种革命性的全新互联网架构，可以实现内容与位置分离、网络内置缓存等功能，从而更好地满足大规模网络内容分发、移动内容存取、网络流量均衡等需求。

与以主机地址为中心的传统 TCP/IP 网络体系结构相比，信息中心网络采用以信息为中心的网络通信模型，忽略 IP 地址的作用，甚至只将其作为一种传输标识。信息一般包括实时媒体流、网页服务、多媒体通信等，而信息中心网络就是这些片段信息的总集合。

信息中心网络具体的实现方式如下。

第一步，用户 A 向网络发送一段视频，当网络中的节点收到用户 A 发送内容的相关请求时，知道如何响应。

第二步，用户 A 的朋友用户 B 知道了这段视频，并第一个向网络发送内容请求。节点将这一请求转发给内容发布方用户 A，用户 A 就会将相应的内容发送给订阅方用户 B。在这个过程中，带有缓存的节点会将经过的内容缓存下来。

第三步，如果其他订阅方，如用户 C，对相同的内容发送请求，邻近带有缓存的节点会直接将相应的内容发送给用户 C。

9.2.7 网络切片

网络切片是指借鉴交通管理的分流方式对网络数据进行管理，其本质是从逻辑层面对现实中存在的物理网络进行划分，按照用户服务需求大小、时延高低、带宽大小、可靠性强弱等指标将其划分成不同的虚拟网络，每个虚拟网络需要适应不同的服务需求，以应对多变的应用场景。网络切片示意如图 9-4 所示。

图 9-4 网络切片示意

利用网络切片技术在一个独立的物理网络上切分出多个逻辑网络，从而避免为每个服务建设一个专用的物理网络，这样可以大幅降低部署成本。例如，在同一个 5G 网络上，移动运营商利用网络切片技术把网络切片为网络直播、智慧医疗、智慧工厂及智能家居等多个不同的网络，并开放给不同的运营者，一个切片的网络在带宽、可靠性、能力上有不同的保证，计费体系、管理体系也不同。

可以说，网络切片是基于统一的基础设施、统一的网络资源来提供“端到端”服务的专用网络，使 4G 的一网多用转换为 5G 的多网专用。4G 是面向“人网”设计的，这使网络扩展到“物网”时，面向差异化的网络能力和指标，使用一个网络来提供服务的效率降低。5G 时代，网络切片可以把一个网络虚拟成多个不同的网络，从而实现多网专用。网络切片是 5G 区别于 4G 的标志性技术。

SDN 是实现网络虚拟化的一种方式，它可以把网络设备的用户平面和控制平面分离开来，灵活控制网络流量，形成更加智能化的网络。NFV 使用通用性硬件和虚拟化技术，承载各种功能的软件处理，可以大幅降低网络设备的成本。

NFV 和 SDN 相结合，可以将运营商的物理网络切分成多个虚拟网络，实现网络切片。将这两种技术配合使用，可以根据时延、带宽、安全性和可靠性等不同的服务需求划分虚拟网络，既可以满足不同的网络应用场景，又可以实现资源的充分共享，还可以快速开发和部署新业务[7]。

要实现端到端的网络切片能力，终端、无线接入网、传输承载网、核心网及管理侧的各域协同至关重要。终端需要具备识别不同业务并携带相应网络切片标识接入网络的能力。无线接入网需要具备网络切片粒度的资源按需调度能力。传输承载网需要实现基于时隙传输等方法的时分网络切片。核心网作为实现端到端切片的关键和端到端管理的中枢，需要按需组合不同的网络功能，灵活构建核心网网络切片。

网络切片绝不仅是一个网络专线，它具有资源隔离、功能定制、质量保障 3 个重要特征。①资源隔离：切片服务于特定的应用场景，不同切片之间相互隔离，互不影响。②功能定制：网络能力可定制，网络性能可定制，接入方式可定制，服务范围/部署策略可定制。③质量保障：按照垂直行业的需求，满足其服务等级协议（Service Level Agreement，SLA）要求。

自动化运营是实现网络切片灵活运营的必然要求。传统的网络管理和运营面向的是统一的网络基础设施，网络切片使移动网络和业务耦合，这就需要通过自动化的部署、管理、运营来实现网络切片的灵活引入。

9.2.8 边缘计算

边缘计算是指将部分数据处理算法部署在电信蜂窝网络的基站中，由更靠近用户的基站进行部分数据处理。如果将数据在云端和服务器中进行计算与存储，再把指令发给终端，就无法实现 5G 的低时延。边缘计算可以在基站上建立计算和存储能力，在最短的时间内完成计算，发出指令。

与云计算相比，边缘计算不仅具有良好的实时性和隐私性，还避免了带宽瓶颈的问题，更适用于本地数据的实时处理和分析。边缘计算具有快速、安全、易于管理等特点，更适用于本地服务的实时智能处理和决策。与传统云计算实现的大型综合性功能相比，边缘计算实现的功能规模更小、更直观，可以以实时、快捷和高效的方式对云计算进行补充。

边缘计算与云计算的优势互补表现在两个方面。一方面，边缘计算靠近数据源，可以作为云计算的数据收集端。同时，边缘计算的应用部署在网络边缘，能够显著降低上层云计算中心的计算负载。另一方面，基于云计算的数据分析，可以对边缘计算的理论及关键技术实施修正和改进。

边缘计算与传统云计算的工作方式对比如图 9-5 所示。传统云计算模型将数据全部上传至云端，利用云端的超级计算能力进行集中处理。边缘计算则通过将算力下沉到边缘节点，实现边缘与云端的协同处理。

边缘计算的整体架构主要分为终端节点、边缘节点和云计算处理中心 3 层，如图 9-6 所示。数据产生后由终端节点，即各类传感器和边缘设备收集并上传至边缘节点。边缘节点负责边缘设备的接入管理，同时对收到的原始数据进行实时分析、处理和决策，然后将少量的数据如计算结果等重要信息上传至云计算处理中心。云计算处理中心对来自边缘节点的数据进行集成，进一步实施大规模的整体性数据分析，在此过程中适当地对计算任务进行调度和分配，与边缘节点进行协作。

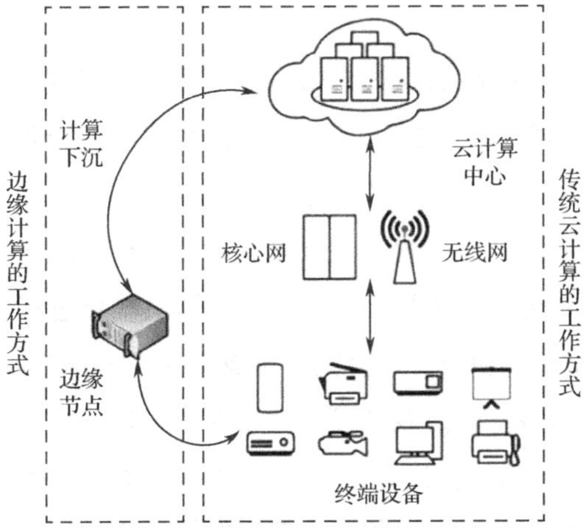

图 9-5 边缘计算与传统云计算的工作方式对比

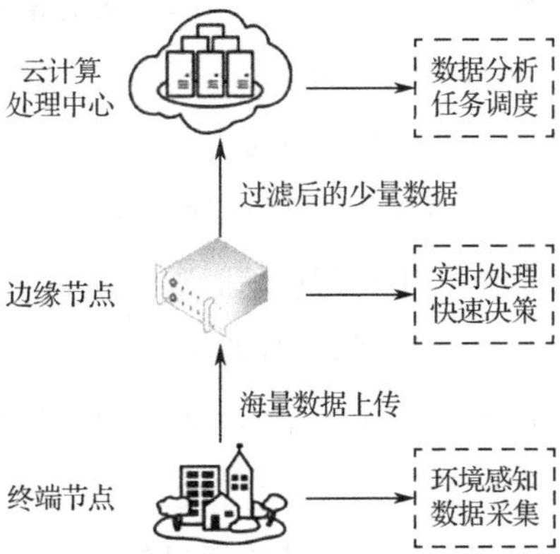

图 9-6 边缘计算的整体架构

边缘计算的优势主要有以下几个。

（1）实时数据处理和分析。边缘节点的部署更靠近数据产生的源头，数据可以实时地在本地进行计算和处理，无须在外部数据中心或云端进行，从而降低了处理迟延。

（2）降低成本。智慧城市和智能家居中终端设备产生的数据量呈指数级增长，边缘计算能够减少集中处理任务，通过实时处理更快地做出响应，从而提高服务质量。数据本地化处理在管理方面的开销相比传统的云计算中心要少很多。

（3）缓解网络带宽压力。边缘计算在处理终端设备的数据时可以过滤掉大量的无用数据，只将少量的原始数据和重要信息上传至云端，显著缓解了网络带宽的压力。

（4）隐私策略实施。物联网系统高度集中且规模较大，边缘设备的数据隐私保护不容忽视。通常用户不愿意将比较敏感的原始传感器数据和计算结果传送到云端。边缘计算设备作为物联网传感器等数据基础设施的首要接触点，能够在将数据上传到云端之前执行数据所有者所应用的隐私策略，提高数据的安全性。

9.3 5G 赋能数字经济

通过“5G+4G”协同发展，“5G+AICDE”（A 为 Artificial Intelligence 的缩写，译为人工智能；I 为 Internet 的缩写，译为互联网；C 为 Cloud Computing 的缩写，译为云计算；D 为 Big Data 的缩写，译为大数据；E 为 Edge Computing 的缩写，译为边缘计算）融合创新，“5G+Ecology”（Ecology 译为生态）生态共建，能够打造“5G+”硬核能力体系，并与各行各业形成一个融合、融通、融智的全新生态。在此基础上，“5G+”将真正实现最广泛的“5G+*X*”，*X* 代表的是各行各业的应用，如“5G+教育”“5G+医疗”“5G+智慧城市”等。可以说，“5G+*X*”将为个人生活、社会生产、城市治理带来前所未有的改变。

9.3.1 5G 赋能个人生活

5G 具有超大带宽和超低时延的特点，支持超高清视频、VR/AR、超高精度定位，推动了以 5G 为核心的泛在智能基础设施与人们娱乐生活的深度融合。5G 将逐步渗透到人们生活的方方面面，并提升用户的娱乐体验，推动生活方式的跨越式发展。

（1）“5G+超高清视频直播”。利用 5G 技术，娱乐内容将更具互动性，更有沉浸感，更加清晰。用户可以随时随地从多个视角观看超高清大型演出和赛事，更具临场感和沉浸感。5G 加持下的视频剪辑和后期制作将越发便捷和智能，全民皆可成为视频创作者。

（2）“5G+VR/AR 娱乐”。利用 5G 网络的特性，游戏开发商可以为玩家打造一个逼真的世界，给玩家带来全新的连接方式和革命性的沉浸式体验。人们将不再仅通过双手和双眼体验娱乐内容，还将通过触觉、嗅觉等体感来体验，这将成为新兴的娱乐方式。

（3）“5G+高清快游戏”。云端的游戏服务器负责进行运算和渲染，用户终端只负责显示和接收指令，游戏设备也不需要高端的显卡和处理器，这让游戏摆脱了终端的束缚，彻底降低了顶级游戏的门槛，给用户带来了更高清晰度、更高帧率的游戏画面，多屏互动随意切换，精准流畅随点随玩。

（4）“5G+智慧出行”。5G 技术可以让人们实现出行零负担，出行时间自由支配。民航公司将向乘客提供 5G 航天网联通信服务，乘客乘坐飞机时可以享受互联网服务，进行办公、娱乐。5G让车“看”得远、“听”得懂、跑得稳，辅助驾驶可以赋予汽车“千里眼”。车路信息全网联动能进一步降低交通事故发生率，减少交通拥堵，提供智能化的道路交通环境。

（5）“5G+智慧物流”。5G技术可以解决“最后一公里”配送难题，实现安全可靠的无人物流全链条运行。在5G时代，对于用户购买的物品，从其出库开始就可以实时追踪其状态信息，结合智能识别、自主避障导航等技术，让无人机、自动导引车、机器人实现“最后一公里”的无人配送，配送效率将大幅提高。

（6）“5G+智慧养老”。5G技术可以为老人提供精准服务、智慧安全、温馨幸福的养老生活。超高清视频可以让老人实时连线亲人；智能检测服务可以检测意外跌倒；智能机器人可以提供送餐、洗衣、取药等便捷的生活服务；远程问诊服务可以提供及时的名医诊断。5G技术可以使养老方式更加贴心，形式更加高效。

（7）“5G+智慧医疗”。5G技术可以促进医疗资源流动，缓解患者看病难的问题。智能导诊、5G远程超声机器人等服务可以有效解决挂号难、排队难的问题，为患者省力；影像云存储、人工智能智慧阅片等服务可以精简就医程序，为患者省时；5G远程会诊、远程手术等服务可以让患者在基层得到更专业的治疗，为患者省心。

（8）“5G+智慧教育”。5G技术可以颠覆传统教育方式，开启互联互通的教育新时代。VR/AR等技术让教学内容更生动、更易懂，让学生从被动学习转变为主动学习；远程教育的普及将逐步解决教育资源不公平的问题，使经济不发达地区（如山区）的学生与经济发达地区的学生同师同课；多样化的5G教学终端让师生互动更智能、更便捷。

（9）“5G+智慧购物”。5G技术可以为消费者提供优质和独特的购物体验。5G智能机器人不仅能提供导购、送货、目的地指引等服务，而且能提供人脸识别、室内精准导航服务；5G与AR试装结合，能够真正实现“所见即所得”，降低消费者试衣成本，提高消费者购物效率，提升消费者购物体验。

（10）“5G+智慧旅游”。5G技术可以让游客无论何时何地都能沉浸式地感受美景和文化。5G与AR相结合，可以让游客更好地了解旅游的文化背景和内涵，进一步看懂美景；5G与AI相结合，可以为游客一键快速生成一份包含图片、文字和视频的游记用于社交分享。

9.3.2 5G赋能社会生产

5G大带宽、低时延的特性，使其可以承载各种控制信息，推动以5G为核心的泛在智能基础设施与实体经济的深度融合。5G将逐步进入各行业的生产环节，给资源配置、产品结构、生产效益甚至运营模式等带来改变，加速数字化转型，助力社会生产高质量发展。

（1）“5G+智能电网”。5G为电力通信网“最后一公里”的无线通信接入提供了更优的解决方案，提供定制化、安全可靠的“行业专网”服务，实现智能电网低成本、灵活高效、安全可靠的无线通信接入承载，以及更加自主可控的网络管理，推动电力通信网络的智能化升级。

（2）“5G+智慧工业控制”。5G 网络替代了传统连接机械设备与可编程控制器的现场工业总线，解决了固定线路阻碍灵活编排、机器人移动、大规模设备并发通信需求等问题，使固定生产线生产模式被逐渐解构，灵活可重新编排的制造单元、移动机器人越来越多地进入厂房，为实现生产制造的灵活性、柔性化奠定了基础。

（3）“5G+智慧农业”。5G 技术可以实现各类传感器的广泛深入部署，并利用网联无人机开展航拍和植保，发展新型化、无人化和网联化农机，提高农业精细化种植水平和精细化养殖水平，解决人力劳动强度大、劳动力短缺等问题。

（4）“5G+智慧金融”。5G 技术可以促进银行智能化网点的数字化转型，突破物理网点的地域限制，让更多老百姓获得普惠金融和沉浸式服务体验，并为银行的智能营销、服务和风控提供强劲的动力，推动银行业的数字化、智能化转型。

（5）“5G+智慧港口”。5G 技术可以提高装备自动化、智能化水平，推进全自动集装箱码头建设。5G 高清视频实时回传功能可以在高空作业的港口装卸环节实现远程控制。在运输环节，由自动导引车负责集装箱的运输，实现运输全过程的无人化。

（6）“5G+智慧航运”。5G 技术可以加快航运信息化建设，有效提高管理部门的监管效率，提高航运运输能力。基于 5G 的海事监管通过实时视频回传、人工智能图像识别，提高监管效率，降低监管的人工成本；通过高清视频监控、高精定位平台，实时精准地传输被测船舶信息；通过 5G 的大带宽、广覆盖能力，提供航运全程的实时定位与通信服务。

（7）“5G+智慧物料管理”。5G 技术可以赋能工厂内物料供应运输设备（如自动导引车）的自控制、自排障和自决策，实现货架与运输设备之间的智能化互动，打通物料供应全流程，实现自动化物料供应处理。

（8）“5G+智慧管廊”。5G 技术可以促进城市地下管廊的全面信息化监测和智能化管理，加快管廊各类信息的收集和处理，实现各类故障的早发现、早处理和早预防，提高城市管廊运维效率。

9.3.3 5G 赋能社会治理

5G 具备广泛多样的连接能力，通过结合人工智能技术，并应用无人机、高清摄像头、传感器等设备，推动以 5G 为核心的泛在智能基础设施与城市治理的深度融合。5G 将逐步渗透到城市的每个“细胞”，包括水、电、气、道路、航道等各个方面，助力城市治理水平不断提高。

（1）“5G+智慧城管”。5G 技术可以实现市政设施的智能管理和远程调度，助力形成全方位覆盖、高效率运行的新型城市管理模式。城市管理人员利用城管智能终端设备，将城管巡逻、侦查取证、处置突发事件等各种现场获取的视频、图片、语音、数据等信息传输到城管系统中进行分析处理。城市管理部门可以实时连接城管系统，多方协作，进行远程操作，有助于管理主体从全局视角分析并实时解决问题，大幅提高城市管理的效率及跨部门、跨领域的协同治理能力。

（2）“5G+智慧基础设施”。将 5G 全面的连接能力与基础设施相结合，包括“5G+智慧灯杆”“5G+智慧井盖”“5G+智慧楼宇”等，全面提高智慧社会的治理效率和市民的便利度。例如，“5G+智慧灯杆”可以根据日照时间和周围环境智能调整照明光源，同时具备天气环境监测、视频监控、智能充电桩、城市信息发布与交互、一键报警等功能，可以提高智能社会的治理效率和市民的便利度；“5G+智慧井盖”集监测、管理等功能于一身，可以对井盖下水位信息和井盖状态信息进行实时监控并将数据回传给云平台，针对异常状态自动报警，同时管理人员可以通过后台或移动端设备随时随地查看，减少管理人员和维护人员的工作量，更能精准地做到提前预防、实时监测、定期维护等。

（3）“5G+政务服务”。应用“5G+传感器”“5G+无人机”“5G+物联网”等设备和网络，运用城市仿真技术对目标区域的动态进行还原与观测，审批人员在审批现场即可身临其境地对目标区域进行勘察，从线上智能化到线下智能化，重新定义“智能便携审批”，真正实现行政审批事项的“秒批”，并助力群众从“少跑路”到“不跑路”。

（4）“5G+人群聚集管理”。5G 技术可以为商业区、景区、大型活动场馆等各类人员密集场所提供人群密集风险识别与评估控制、区域承载量核定、危险预警、疏散仿真及预案编制等服务，全面提高管理效率和危险防控能力。

（5）“5G+无人机安防”。5G 技术可以全面保障智能化的 5G 网联无人机的安防应用，实现可移动、高效率和立体式的安防监控体系。通过搭载高清摄像机、照相机和定位系统，甚至搭载空中喊话设备、投放催泪瓦斯等，无人机既可以作为“常规部队”，又可以作为“先遣部队”，在出现警情时被派遣飞出，占领制高点，迅速帮助相关部门第一时间全方位获取现场信息，为执法人员提供有力的帮助，大幅提高社会安防管理效率。

（6）“5G+无人机应急救援”。5G 技术可以开启应急救援新模式。当遇到地震、火灾、洪水等灾难时，搭载高清摄像头的 5G 无人机将第一时间飞往现场，将现场情况实时传送至指挥中心，救援队即时响应，并将应急救援包投递至受灾现场，全力拯救每一个生命。

（7）“5G+无人船河道清理”。5G 网络可以替代人工实现河道信息高清视频回传、远程驾驶及自动河道清理，并辅以遍布河道的水质监测传感器及基于 5G 超低时延的远程控制机械臂污水取样设备，实现由驾驶人员和清理人员远程控制的检测与清理，具有安全方便、精度高、成本低等优点，从而大幅缩短工作时间，提高工作效率。

（8）“5G+空气治理”。基于“5G+”智能技术群全面、精准和实时的环境监测体系，5G 技术可以协助政府和企业开展精准全面的环境污染治理与合理的城市规划，帮助居民获得定制化环境信息，提高生活质量，并为产业链相关方提供实时、精准、全面的环境数据，赋能实时环境状况查询、出行绿色路径规划、工业污染监控、环境预测与改善等创新业务应用，为面向未来的精细化环保管理模式提供基础保障[8]。

9.4 5G 带来的伦理道德和社会问题

随着 5G 技术的迅速发展和普及，人们对其所带来的诸多好处充满期待。然而，随之而来的还有一系列伦理道德和社会问题。人们在享受高速互联网、智能家居和自动驾驶等便利的同时，必须正视这些问题并积极做出应对。

9.4.1 公共卫生和安全

5G 技术的发展可能会带来新的公共卫生和安全问题。例如，为了实现更高的数据传输速率和响应速度，5G 网络需要安装更多基站，这势必会导致辐射水平的提高。虽然现有科学研究表明，目前使用的无线电频谱并不会对人体健康产生明显的影响，但仍有人对长期暴露在无线电波中的安全性表示担忧。因此，在推动 5G 技术发展的同时，必须加强对辐射安全的监管和研究，确保人们的身体健康不受损害。

9.4.2 个人信息和隐私安全

随着物联网的普及和 5G 网络的快速连接能力的提高，个人信息和隐私安全将面临更大的风险。相比 4G 网络，5G 网络的连接更加广泛和快捷，这可能会使个人信息更加容易被获取和利用。黑客和不法分子可以利用 5G 的这一优势，更轻松地侵入人们的设备和系统，获取个人信息。为了应对这一挑战，需要加强网络安全措施，包括强化密码保护、加密通信和安全认证等技术手段，以确保个人信息和隐私得到有效保护。

另一个与隐私相关的伦理问题是人脸识别技术的滥用。随着 5G 的普及，人脸识别技术开始被广泛应用于公共安全、商业和社会管理等领域。尽管这种技术在打击犯罪、找寻失踪人员等方面有着巨大的潜力，但其滥用也带来了不容忽视的问题。一方面，人们对于个人隐私泄露的担忧会增加，毕竟目前很难保证这些数据不会被滥用；另一方面，错误的识别可能会导致冤案的发生，给无辜的人带来伤害。因此，监管机构和相关企业必须制定严格的规定，确保人脸识别技术的使用符合伦理道德和法律法规，并采取相应的安全技术措施，防止滥用和误判。

9.4.3 就业和市场竞争

随着 5G 技术的日益普及，人们需要思考与之相关的工作岗位和技能的变革。尽管 5G 带来了更多的自动化和智能化机会，但也可能导致某些职业的消失和对新技能的需求，尤其是那些依赖低技能劳动的工人面临被机器取代的威胁。因此，要重视教育和培训，为人们提供更好的工作适应性和可持续发展的机会，确保社会公平和人类合理的生活方式。

9.4.4　数字鸿沟

5G 技术的应用可能导致贫富差距扩大。由于设备和基础设施的成本较高，一些地区和人群可能无法获得高速的互联网接入，无法享受 5G 技术带来的好处，这将导致信息获取和利用的不平等，进一步加深数字鸿沟。

9.4.5　虚假信息

5G 技术可能加剧舆论的分裂和虚假信息的传播。如何引导公众合理看待新技术，提高媒体素养，是重要的社会伦理问题。

9.4.6　环境可持续性

5G 网络的建设和运行需要消耗大量能源，如何降低能源消耗、提高环境可持续性也是 5G 技术发展中面临的挑战。

总之，5G 技术的发展和应用带来的伦理道德和社会问题需要引起重视，需要政府、企业、社会各界的积极参与和共同努力。我们必须正视辐射安全、个人隐私保护、人脸识别滥用和工作变革等诸多问题，并积极采取应对措施。只有通过科技和伦理的良性互动，制定适当的政策和措施来解决这些问题，才能促进 5G 技术的健康发展和社会的稳定进步，从而为人类创造更美好的未来。

案例：中国航发商发“5G+智慧工厂”

在传统生产模式下，航空发动机的研制生产存在数字化能力有限，车间级、工厂级数据流动和过程协同不足等问题。5G 技术的应用为航空发动机研制生产的数字化转型带来了变革。中国航发商用航空发动机有限责任公司（以下简称“中国航发商发”）充分利用 5G 技术的特点，开展创新应用示范工作，探索 5G 技术在商用航空发动机生产制造过程中的应用价值，以新一代信息基础设施驱动中国航发商发的智能工厂建设。

中国航发商发“5G+智慧工厂”实现了 5G 技术与航空发动机研发的融合：以端到端数据流为基础，全面提高运营效率，缩短产品研制周期，降低资源能源消耗，降低研发成本，提高航发产品质量；依托基于“5G+工业互联网”的数据集成应用，形成基于数据分析与反馈的工艺优化、流程优化、设备维护与故障识别能力，实现企业生产与运营管理的深度优化；结合 5G 网络与大数据，构建数字化单元模型，为日后的数字孪生工厂等应用奠定基础。

在中国航发商发的“5G+智慧工厂”中，5G的典型应用场景有以下几个。

1. 基于5G技术的航空发动机试验过程可视化及远程指导

针对商用航空发动机试验前的装配环节，通过“5G+AR”技术，实现低压涡轮单元体大部件智能装配平台的功能演示与教学培训。当进入试车间查看的人员无法独立排除故障时，可以通过AR眼镜实时传输故障视频，同时通过语音方式与中心平台的专业技术人员进行沟通，并支持在故障图片或视频中进行标记。

2. 基于5G技术的航空发动机试验过程远程监控

利用5G的大带宽、广覆盖特点，通过机器人搭载云台的方式实现发动机试车过程中的检查。利用5G的低时延特点，实现监控室与试车间内的低时延实时互动，提高试车过程中的及时反馈能力。

3. 基于5G技术的航空发动机试验过程研发协同

利用5G的大带宽特点，在材料力学实验室建设一条数据高速传输通道，实现工业设备测试、安全保障、温度监控等场景的机器视觉采集上云、智能环境监控平台、基于云边结合的数据建模和实验分析，将设备和环境状态可视化地呈现出来。

航空发动机的研发是一项涉及空气动力学、传热传质、机械、强度、自动控制、材料冶金、加工工艺、精密装配、试验测试等多学科的复杂的综合性系统工程。中国航发商发“5G+智慧工厂”基于5G的大带宽、低时延、广覆盖无线传输技术，实现在装配、试验、排故、培训等多场景下的人、机、平台的实时、精确操控，大幅提高研发和试验效率，降低故障和安全风险；实现离散式的异地研发机构及合作伙伴的精确技术支持和高效研发协同，大幅提高研发协同效率。

未来，在已建设的典型应用场景基础上，中国航发商发将继续扩展5G技术和智能技术的应用，面向航空发动机加工、装配、试验的全过程，以“5G+全要素互联的加工车间”“5G+试验数据自动监测和采集分析”“5G+发动机预装预配技术研究和示范建设”为牵引，支撑航空发动机制造的数字化转型。

参考资料

[1] 吕磊. 跨越1800公里,贵州移动助力西南首例5G超远程机器人手术成功实施[EB/OL]. (2023-08-28) [2024-09-30]. http://gz.people.com.cn/nz/2023/0828/c400058-40548176.html.

[2] 朱晨鸣，王强，贝斐峰，等. 6G：面向2030年的移动通信[M]. 北京：人民邮电出版社，2022.

[3] 项立刚. 5G时代：什么是5G，它将如何改变世界[M]. 北京：中国人民大学出版社，2019.

[4] 周之文，周克足. 数字经济：国家战略行动路线图[M]. 北京：中国经济出版社，2023.

[5] 周圣君. 鲜枣课堂：5G 通识讲义[M]. 北京：人民邮电出版社，2021.

[6] 王晓云，刘光毅，丁海煜，等. 5G 技术与标准[M]. 北京：电子工业出版社，2019.

[7] 袁国宝. 数字经济：新基建浪潮下的经济增长新引擎[M]. 北京：中国经济出版社，2021.

[8] 李正茂，王晓云，张同须，等. 5G+：5G 如何改变社会[M]. 北京：中信出版社，2019.

第 10 章

3D 打印技术

学习目标

- 了解 3D 打印技术的发展历史、优势、应用领域和面临的问题。
- 了解 3D 打印技术的典型工艺方法。
- 掌握 3D 打印技术如何赋能数字经济。
- 了解 3D 打印技术带来的伦理道德和社会问题。

在介绍 3D 打印技术及其如何赋能数字经济之前，值得关注的一件事是 2019 年引起广泛讨论的创新成果——荷兰埃因霍温技术大学与某建筑公司合作，成功建造了世界首座 3D 打印混凝土桥。这座桥不仅是工程技术的一次重大突破，也象征着 3D 打印技术从理论到社会应用的一大飞跃。

该项目的实施团队采用了一种创新的 3D 打印技术，即连续打印技术，这种技术能够在没有支撑结构的情况下，直接在空间中打印出混凝土结构。与传统的建筑方法相比，这种技术不仅大幅减少了建造时间和成本，还因其减少了材料浪费和提高了设计的灵活性而被视为一种更加环保和可持续的建筑手段。该案例反映了 3D 打印技术在建筑领域的巨大潜力，不仅在技术和工程层面展现了创新之处，更在经济和社会层面提出了重要的讨论点[1]。

从技术和工程层面来看，通过精确控制混凝土的挤出和层叠，3D 打印允许建筑师与工程师设计出传统建筑方法难以实现的复杂和精细的结构。这种技术的发展和应用挑战了传统建筑行业的生产模式，推动了建筑设计理念的革新。

从经济和社会层面来看，该项目展示了在 3D 打印技术推动传统建筑行业数字化转型升级过程中，数字技术如何促使建筑行业向更高效、更可持续的方向发展。

（1）实现了从数字设计到物理实现的直接转换。3D 打印机实现了从数字设计到物理结构的无缝转换，这种方法减少了从设计到建造的步骤，提高了效率，并使更加复杂、定制化的设计成为可能。

（2）优化了材料使用，减少了浪费。3D打印技术通过精确控制材料的使用，仅在结构所需的部位添加材料，大幅减少了传统建筑过程中常见的材料浪费，通过使用环保材料，如可回收混凝土，进一步推动了建筑行业的可持续发展。

（3）提高了建造效率，减少了劳动力需求。与传统建筑方法相比，3D打印技术能够自动化地完成建造过程，减少了人工作业的需求，尤其是在复杂或高危的施工环境中。这不仅提高了建造过程的安全性，还降低了整体的工程成本。

（4）促进了创新和实验性设计。3D打印技术的应用为建筑师提供了前所未有的设计自由度，鼓励了更多创新和实验性建筑设计。设计师可以探索新的结构形态和建筑美学，而不受传统建造技术的限制。

荷兰埃因霍温技术大学与合作伙伴成功建造的3D打印混凝土桥不仅体现了3D打印技术在建筑领域的实际应用，也标志着未来该技术将给各个行业带来根本性的变革，促进数字化转型升级，赋能数字经济。它还引发了关于技术准入门槛、专业技能要求及法律和安全标准等方面的讨论。例如，当前的建筑法规和标准是否能够适应3D打印建筑的特点？3D打印是否涉及版权和道德问题？这些需要行业专家、政策制定者与教育机构共同考虑和解决。

10.1 3D打印技术概述

10.1.1 3D打印技术发展历史

长期以来，部件的设计和制造过程受限于现有的生产技术，而3D打印机的出现彻底改变了这一局面，它使创新的设计理念快速转化为现实成为可能。3D打印技术作为一种革命性的制造方法，已经从早期的概念创新演变成了现实应用。这项技术依赖数字模型文件，利用粉末状的金属或塑料等可黏合材料，通过逐层打印和堆叠的方式构造三维物体[2]。

在电影《十二生肖》中，有一个场景是使用扫描手套扫描十二生肖铜像，并通过3D打印技术将其复制出来。虽然这看似属于科幻范畴，实际上在现实中已经实现了。这不仅证明了3D打印技术在艺术复制方面的应用潜力，也展示了其在文化遗产保护和复原方面的巨大价值。

3D打印技术的发展是一个充满创新和突破的故事，其发展历程如下。

1. 3D打印技术的诞生

自20世纪80年代初期诞生以来，3D打印技术经历了从原型快速制造到复杂终端产品生产的转变。1984年，查克·赫尔（Chuck Hull）发明了立体光固化成型（Stereo Lithography Apparatus，SLA）技术，并在1986年获得了相关技术的专利，后人把查克·赫尔称为“3D打印之父”。3D打印技术使用紫外光在液态光敏树脂层上逐层固化，形成三维物体。赫尔随后创立了 3D Systems 公司，专注于 3D 打印技术的商业化。1988 年，世界上第一台商用 3D 打印机 SLA-1 由 3D Systems 推出公司，开启了 3D 打印技术商业应用的新纪元。

2．3D 打印技术逐渐多样化

1989 年，美国得克萨斯大学研究团队发明了选择性激光烧结技术，这种技术不需要使用支撑结构，可以直接在粉末床上打印复杂的零件。1992 年，Stratasys 公司发明了熔融沉积成型技术。这种技术通过加热和挤压塑料丝材料构建物体，具有简单和成本低的特点，因此迅速成为当时最受欢迎的 3D 打印技术之一。1993 年，美国麻省理工学院发明了 3D 印刷技术，获得 3D 印刷技术专利。两年后，麻省理工学院将该技术授权给美国 ZCorp 公司。从此，“3D 打印”一词慢慢流行起来，许多快速成型技术都被称作 3D 打印技术。

3．3D 打印技术变得商业化，并普及到各行各业

2000 年之后，3D 打印技术开始被广泛应用于工业设计、原型制作和部件制造领域，尤其是汽车、航空航天和医疗设备领域。2009 年，开源项目 RepRap 推出了第一款低成本的自我复制 3D 打印机，极大地促进了 3D 打印技术的普及以及在民用市场的发展。

4．3D 打印技术革新，其应用进一步扩展

2010 年之后，随着打印材料的多样化和打印精度的提高，3D 打印技术开始应用于更加广泛的领域，包括珠宝设计、鞋类制造、建筑模型和食品打印等。2013 年，NASA 启动了 3D 打印食品计划，探索在太空任务中使用 3D 打印技术制作食物的可能性。2015 年，世界上第一座 3D 打印桥梁在西班牙马德里建成，展示了 3D 打印技术在大型建筑和土木工程中的应用潜力。

5．近几年 3D 打印技术的发展

2019 年，世界上第一栋完全利用 3D 打印技术构建的房子在荷兰埃因霍温完工。这栋房子不仅具有独特的设计，还展示了 3D 打印技术在提高建筑效率和减少材料浪费方面的优势。2020 年之后，随着人工智能和机器学习技术的发展，3D 打印技术开始探索更加智能化和自动化的生产方式，为未来的制造业带来了新的变革潜力。

3D 打印技术的发展历程展示了一条从基础科学研究到广泛的商业和家庭应用的创新之路。随着技术的不断进步和应用领域的不断扩大，3D 打印技术有望在未来继续改变人们的生产方式、生活方式甚至社会结构。

10.1.2　3D 打印系统及其原理

3D 打印技术又称增材制造技术、快速成型技术等，是 20 世纪 80 年代末期兴起的高新制造技术，其灵感来源是 3 个几何维度（X-Y-Z）的可自由制造。美国材料与试验协会对

3D 打印有明确的定义：3D 打印是依据三维计算机辅助设计（Computer Aided Design，CAD）数据将材料连接制作成物体的过程。与减材制造技术不同，该技术可以将任意三维形体信息传给 3D 打印机，采用打印头、喷嘴等沉积材料逐层累加制造物体，从成型原理上提出了一个全新的思维模式。3D 打印技术在数十年间取得了飞速发展，在航空航天、生物医学工程等诸多领域具有广阔的应用前景。

3D 打印机是 3D 打印的核心设备，是集机械、控制及计算机技术等为一体的复杂机电一体化系统，主要由高精度机械系统、数控系统、喷射系统和成型环境系统等组成。使用 3D 打印机就像打印一封信：轻击计算机屏幕上的“打印”按钮，一份数字文件便被传送到一台喷墨打印机上，它将一层墨水喷到纸的表面以形成一幅二维图像。而在进行 3D 打印时，软件利用 CAD 技术完成一系列数字切片，并将信息传送到 3D 打印机上，后者会将连续的薄型层面堆叠起来，直到一个固态物体成型。3D 打印机与传统打印机最大的区别在于它使用的“墨水”是实实在在的原材料。

基于此，3D 打印过程主要分为 3 个步骤。①获取模型。②3D 打印制造模型。③完成后期处理。其中，获取模型是 3D 打印过程的基础。首先，要构造的原型最初由 3D-CAD 模型表示，模型可以用软件（如 AutoCAD、ProE 等）虚拟生成，也可以通过 3D 传感器（如声、光数字测试仪）、医学图像数据或其他 3D 数据源等生成。CAD 模型无法直接被 3D 打印系统利用，必须先将其转换为 STL 格式的文件。其次，利用预处理程序调整 STL 文件中模型的尺寸、位置和方向，将其分切成许多厚度为 0.05～0.7mm 的截面，形成切片模型。最后，3D 打印系统根据切片模型逐层叠加制造，即可得到所需原型。3D 打印基本流程如图 10-1 所示。

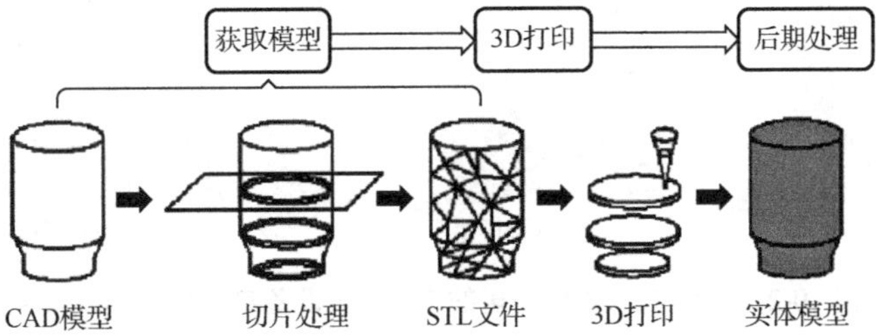

图 10-1 3D 打印基本流程

10.1.3 3D 打印技术应用领域

3D 打印技术已经得到了工业界的普遍关注，在家电、汽车、轻工、建筑、医疗、航天、军事、考古、雕刻、影视等领域都得到了良好的应用。目前，其典型应用领域主要体现在以下 5 个方面。

1．新产品研制

在新产品研制阶段，利用 CDA 技术可以使产品设计更加快捷方便，但设计人员只能借助设计图纸和计算机模拟对产品进行评判，不能直观地评判设计的效果、结构的合理性及生产工艺的可行性，对形状复杂的产品尤其如此。3D 打印技术可以快速制造出样品的实物模型，供设计者和用户直接进行测量、装配、功能实验和性能测试，快速经济地验证设计思想和产品结构的合理性、可制造性、可装配性及美观性等，找出设计缺陷，并反复修改、制造，完善产品设计，从而大幅缩短新产品的设计周期，使设计符合预期的形状、尺寸和工艺要求，避免盲目投产造成的浪费。设计是形成产品创新价值的关键，3D 打印是验证设计的快速手段，可大幅缩短产品的开发周期，降低开发费用，并且支持定制化生产模式。更重要的是，3D 打印技术使设计师摆脱了许多可制造性的约束，极大地释放了设计创新空间。

2．快速制模

快速制模是 3D 打印技术的重要应用领域之一，目前 3D 打印技术在该领域的应用主要集中在两个方向：一是直接快速制模，如通过 3D 打印技术生产具有一定机械性能的软模（如硅橡胶模），可以便捷地制作用于生产小批量塑料制品的模具；二是间接快速制模，如通过 3D 打印技术制造模型，利用铸造、电极成型、金属喷涂等其他工艺方法生产成型模具等。美国 Ex-ONE 公司的 3D 打印设备喷胶打印的砂模型如图 10-2 所示。

（a）砂模　（b）砂型拼接模具　（c）使用砂模铸造的抛光后的金属零件

图 10-2　美国 Ex-ONE 公司的 3D 打印设备喷胶打印的砂模型

3．小批量和特殊复杂零件的直接生产

3D 打印技术可用于制造结构复杂的、小批量的塑料、陶瓷、金属及其复合材料的零部件，对航空航天、国防工业等领域有非常重要的应用价值。以航空航天领域为例，其设备零部件具有多品种、小批量的特点，复杂结构件或大型异构件多，如果采取传统工艺，存在工序繁多、工艺复杂、周期长、成本高等问题，部分复杂零部件甚至根本无法直接加工。而 3D 打印技术在复杂零部件加工方面具有独特的优势，可以实现低成本快速成型，如图 10-3 所示。例如，在我国舰载机、四代机等的研制过程中，3D 打印技术承担了钛合金主承力构件的试制任务。

（a）美国GE公司利用选区激光熔化技术制造的飞机发动机叶轮

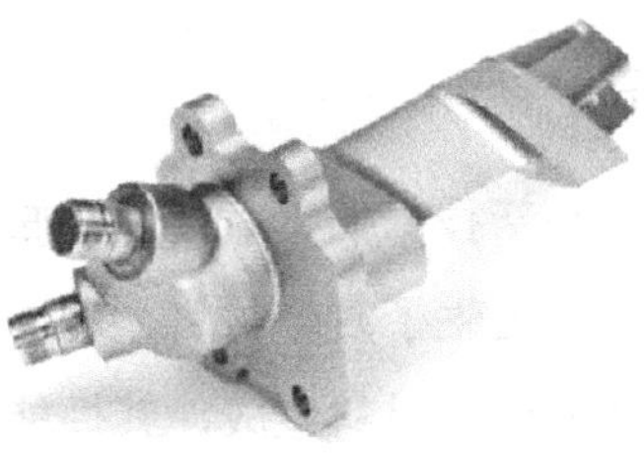

（b）美国GE公司利用选区激光熔化技术制造的燃料喷嘴

（c）西北工业大学利用3D打印技术制造的复杂结构零件

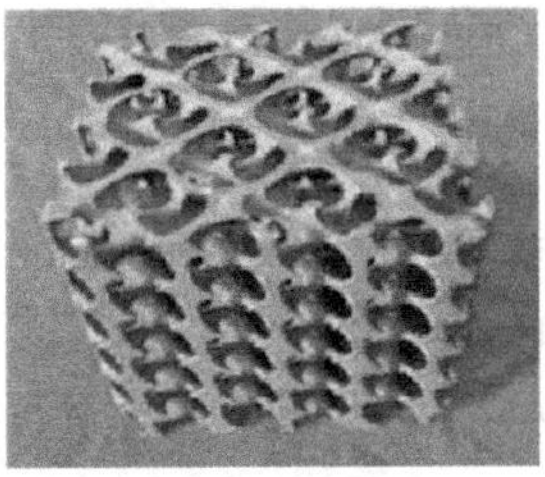

（d）华中科技大学利用3D打印技术制造的蜂窝多孔金属零件

图 10-3　利用 3D 打印技术制造复杂的零件

4．医学领域

医学领域存在大量的定制化需求，这恰恰是 3D 打印技术的优势所在。首先，医学模型的快速制造是 3D 打印技术用于医疗领域的较为成熟的方向。一方面，医学模型可以应用于手术规划。例如，基于患者 CT 扫描等医学图像，利用 3D 打印技术重建其三维器官模型，便于医生讨论手术方案。另一方面，医学模型还可以应用于医学教育与培训领域。例如，医学专业学生通过 3D 打印模型了解器官内部结构，并进行模拟手术。其次，3D 打印技术在假肢制造、牙齿矫正与修复等医学修复领域得到应用。例如，欧洲使用 3D 打印钛合金骨骼的患者已经达到数万例。最后，3D 打印技术可用于直接打印具有活性的组织器官，即生物打印，这也是 3D 打印技术最具挑战性的研究方向之一。例如，利用 3D 打印技术打印细胞，诱导其形成组织乃至器官。更进一步，研究者们正致力于发展原位 3D 打印技术，在人体内直接打印活性组织或器官。目前，生物打印主要用于新药测试领域，未来有望实现人体器官替代。3D 打印技术在医学领域的应用实例如图 10-4 所示。

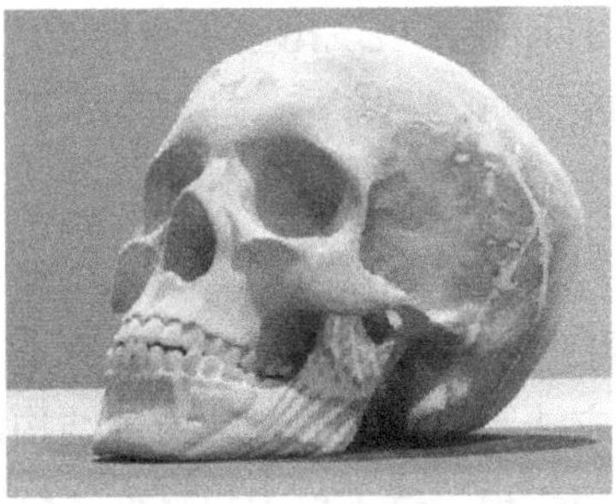

（a）3D打印头骨模型

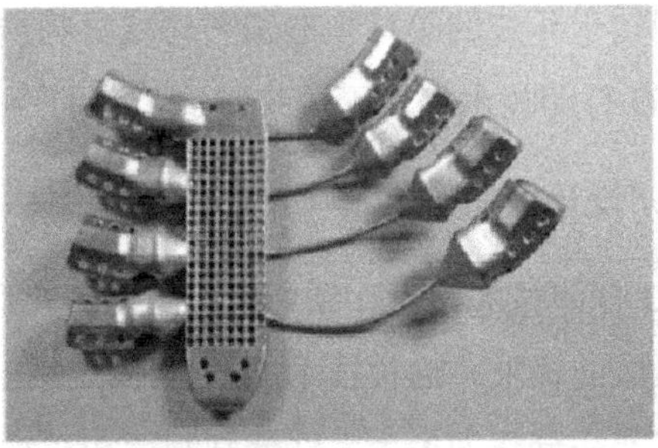

（b）西班牙萨拉曼卡大学打印的钛合金胸骨与肋骨

图 10-4　3D 打印技术在医学领域的应用实例

5. 新材料开发

随着各行各业高新技术的迅猛发展，塑料、金属、陶瓷等单一材料已无法满足日益提升的性能要求，由此诞生了复合材料、功能梯度材料、智能材料等新型材料。这些新型材料一般由两种或两种以上材料组成，其性能优于单一材料。如何快速、经济地研究这些新型材料所表现出来的特性，找出最优的配方，已经成为新材料开发中的瓶颈问题。材料范围宽泛是选择性激光烧结技术的一大特点，从理论上讲，任何在热作用下可产生烧结黏结或固化反应的粉体都可以作为成型材料，如高分子材料、陶瓷、金属及其复合物等。该技术可以分层制造出具有任意复杂结构的高分子、陶瓷、金属及其复合件，用于研究新材料及其制件的特性，已成为研究新型材料的重要手段。例如，2022 年 8 月，美国马萨诸塞大学和佐治亚理工大学的科学家联合在《自然》期刊上发表论文，他们采用 3D 打印方法制作出了一种双相纳米结构高熵合金，具备优于现有其他先进材料的强度和延展性，可用于航空航天、医学、能源等领域高性能部件的制造，如图 10-5 所示。

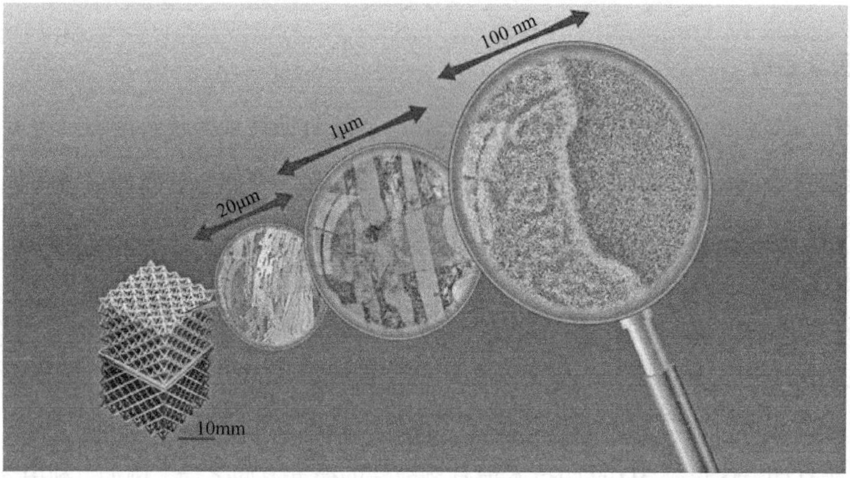

图 10-5　美国马萨诸塞大学和佐治亚理工大学采用 3D 打印方法制造的高熵合金

10.1.4　3D 打印技术区别于其他制造工艺的优势

相较于传统的等材制造工艺与减材制造工艺，3D 打印技术展现出了革命性的优势。以下是 3D 打印技术相较于传统制造工艺的 3 个主要优势。

1. 设计空间无限

3D 打印技术在设计领域引起的变革，尤其是对设计复杂性的无限容忍，突破了设计和制造领域的极限。这种技术能够直接构建出传统制造方法难以实现的复杂内部结构，无须经历将产品分解为多个零件分别制造和后续组装的烦琐流程。这不仅大幅降低了制造复杂产品的成本，而且为设计师提供了前所未有的自由度和创作空间。

在传统制造工艺中，设计师在设计产品时必须考虑制造的可行性，复杂的内部结构往往意味着更高的成本和更长的生产周期。而 3D 打印技术通过逐层叠加材料的方式，可以轻松打印出具有复杂空腔、细微通道或独特拓扑结构的物体。这种制造过程的灵活性使设计师能够探索新的设计理念和方法，如使用算法生成的结构，这些结构不仅在美学上独树一帜，而且在功能和材料效率上有所提升。

此外，3D 打印技术的这一优势还极大地促进了定制化和个性化产品的发展。无论是为特定用户定制的医疗植入物，还是根据消费者的个人喜好定制的配饰和家居用品，3D 打印技术都能提供一种快速、经济的解决方案。3D 打印技术的应用不仅能够让产品更好地满足用户的具体需求，也能够为设计师提供实现其创意和想象的直接途径。

进一步地，这种对设计复杂性的容忍，还开拓了新的研究和应用领域。例如，在生物医学工程中，利用 3D 打印技术可以制造出复杂的生物模型，用于手术模拟、教学或疾病研究。在航空航天领域，利用 3D 打印技术生产的轻质、高强度结构部件，可以有效减轻飞行器的质量，提高能效和性能[3]。

总之，3D 打印技术在设计自由度上的突破性优势，不仅改变了人们对物品制造的认知，更为设计师和工程师开辟了新的创造与探索空间。随着技术的进一步发展和应用领域的不断扩展，3D 打印技术将继续在推动设计和制造领域的革新中发挥关键作用。

2．零技能制造

3D 打印技术在制造工艺中引入了“零技能制造”的概念，这一点与传统制造工艺形成了鲜明的对比。在传统制造工艺中，操作人员通常需要经过专业的培训和长时间的经验积累，才能操作设备，这对操作人员的技能提出了较高的要求。而 3D 打印机的操作过程大多数是自动化的，仅需用户提供数字化的设计文件。这种操作的简便性使 3D 打印技术不仅对工程师和设计师开放，也为普通消费者乃至无专业背景的个人提供了创造复杂物品的可能性[4]。

3D 打印机的普及和成本的降低，意味着从专业设计师到业余爱好者，任何人都可以在家中或小型工作室内，利用这项技术将创意快速转化为实体。设计者不需要昂贵的模具或复杂的设备配置，只需要在计算机上完成设计，即可直接打印出原型或成品，极大地降低了制造门槛和初始投资。这不仅加速了产品从设计到实现的过程，也使个性化和定制化生产成为现实，满足了市场对小批量、多样化产品的需求[5]。

3D 打印技术的这一优势还促进了跨学科研究的发展。非机械专业的研究者，如生物学家、化学家和艺术家，也能够利用 3D 打印技术在自己的领域内进行探索和创新。例如，在生物医学领域，研究人员可以直接打印出用于生物组织工程的支架；在艺术设计领域，艺术家可以将复杂的数字艺术作品实物化。这种跨领域的应用不仅拓宽了 3D 打印技术的应用范围，也推动了新材料、新技术和新方法的发展。

3D 打印技术凭借其“零技能制造”的优势，不仅为传统制造行业带来了变革，也为广泛的用户群体提供了实现创意和进行科学研究的新途径。3D 打印技术的民主化和普及化预示着未来制造业的数字化与个性化将成为主流趋势。

3. 材料无限组合

3D 打印技术在材料应用方面展现出了前所未有的灵活性和创新能力。尤其是配备多喷头的 3D 打印机，为材料的混合和组合打印提供了技术基础，进一步拓展了 3D 打印技术的应用范围。这种能力使 3D 打印不再局限于单一材料的使用，而是能够实现多种材料的同步打印，通过精确控制每层材料的分布，达到调整和优化打印物品的物理性质、力学性质和化学性质的目的。

多材料 3D 打印技术的一个显著优势在于其能够创造出具有复杂内部结构的物体，这些内部结构使用传统制造方法往往难以实现。例如，使用不同硬度的材料组合可以打印出具有梯度变化硬度的物体，这对于制造具有特殊吸震、支撑或柔韧性需求的产品具有重要意义。同样，结合导电材料和非导电材料的打印，可用于制造电子和机电一体化组件，如可穿戴设备、传感器等。

在生物医学领域，多材料 3D 打印技术的应用更显示出了其独特的价值。研究人员利用这一技术能够打印出具有复杂生物相容性梯度的组织工程支架，为细胞生长提供了更加理想的微环境。此外，利用不同生物材料的组合打印可以制备出模拟人体多种组织特性的模型，用于疾病研究和新药测试。

虽然多材料 3D 打印技术具有广泛的应用前景，但其在实际操作中面临诸多挑战，如材料相容性、打印过程中的精确控制及成本控制等问题。未来的研究需要在材料科学、3D 打印技术及其软件控制等方面取得进一步突破，以实现更广泛的材料组合、更高的打印效率和更低的成本。

综上所述，多材料 3D 打印技术不仅推动了制造业的创新，也为材料科学、生物医学和许多其他领域开辟了新的研究方向与应用可能。随着相关技术的不断发展和完善，预计未来将出现更多具有革命性的新材料和制造方法，为人类社会带来更广泛的益处。

10.1.5 3D 打印技术发展中存在的问题

近年来，3D 打印技术得到了长足的发展，但在以下几个方面仍然存在问题。

1. 设计方面

增材制造颠覆了原有的设计思维，提供了复杂结构制造的可行性。由此，诸多设计理念和方法应运而生，如拓扑优化、创成式设计、结构功能一体化等。因此，针对 3D 打印技术，亟待开发新型设计工具，用于优化形状和材料性能等。同时，为了更好地预测 3D 打印零部件的功能特性，需要在设计阶段建立相应的预测模型，用于预测零部件的功能特性，从而通过修改设计达到预期效果。

2. 原材料方面

材料是制约3D打印技术发展的瓶颈，也是影响3D打印质量的关键。目前已研发的材料包括树脂、塑料、陶瓷、金属等，但总体来说，可用原材料不足。当前对金属材料的3D打印需求尤为迫切，如不锈钢、钛合金、银合金等，但此类材料的3D打印技术尚未实现完全突破。因此，亟待开发更多的可打印材料，特别是多元复合材料，研究不同材料的加工、结构与属性之间的关系，为材料提供规范性标准等。

3. 生产工艺方面

3D打印技术通过逐层叠加材料的方式制作模型。如果要提高成型精度，则需要减小层厚，而这样势必会降低制造效率。因此，效率和精度问题是制约3D打印技术发展的重要问题，亟待进一步发展3D打印技术以实现效率和精度的双重突破。3D打印效率和精度的主要影响因素有用直线代替曲线的误差或用平面代替曲面的误差、数控系统扫描机构的惯性结构与驱动电机驱动能力的动态特性、激光功率与扫描速度的匹配性、激光器的质量和激光光源强度的稳定性、粉料的物理特性和铺平装置等。

4. 性能检验方面

传统制造业经历了数十年的发展，各个环节都有相应的检验标准，而3D打印在此方面有所欠缺。尤其是3D打印零部件结构通常较为复杂，在检测方面存在难度。例如，相比其他制造工艺，利用激光3D打印技术制造的成型材料和结构，其组织、缺陷具有特殊性，在加工过程中存在组织特征、缺陷类型等因素。因此，亟待建立一整套更加完备的、针对3D打印技术的质量保证体系和通用的检测方法，从而推动3D打印技术向标准化方向发展。

10.1.6 3D打印技术未来发展趋势

随着智能制造的进一步发展成熟，新的信息技术、控制技术、材料技术等不断被广泛应用到制造领域，3D打印技术也将被推向更高的层面。未来，3D打印技术的发展将体现出精密化、智能化、通用化及便捷化等主要趋势。

（1）软件集成化，实现CAD/CAPP/RP的一体化，使设计软件和生产控制软件能够无缝对接，实现设计者直接联网控制的远程在线制造。

（2）开发更加多样的3D打印材料，如智能材料、功能梯度材料、纳米材料、非均质材料及复合材料等，特别是金属材料直接成型技术成为今后研究与应用的又一个热点。

（3）提高3D打印的效率和精度，开拓并行打印、连续打印、大件打印、多材料打印的工艺方法，提高成品的表面质量、力学和物理性能，以实现直接面向产品的制造。

（4）全面建立3D打印技术行业标准，拓展3D打印技术在生物医学、建筑、车辆、服装等更多行业领域的创造性应用。

3D 打印技术是一种不断发展和完善且已经获得了广泛应用的技术。目前，3D 打印技术正逐步发展成为一种能被企业普遍采用的技术手段，并将给企业带来巨大的经济效益。因此，国家有关部门和企业一方面应注重信息的收集、传播与交流，拓宽 3D 打印技术研究的深度和广度，另一方面应加快开发我国商品化 3D 打印系统并大力推广应用，推动国产 3D 打印系统占据国际市场，使我国企业更有信心面对激烈的国际竞争。

3D 打印是从“3D 虚拟”转向“3D 构造”的过程。最关键的步骤是在充分考虑打印工艺、精度、效率、成本等的基础上，借助 3D 辅助设计软件建立 3D 模型，或者直接依据原型开展设计。因此，在 3D 打印过程中，三维建模环节至关重要，其与打印成本、打印效果等息息相关。

10.2　3D 打印技术的典型工艺方法

目前比较典型的商品化 3D 打印工艺方法有光固化成型、选择性激光烧结成型、叠层实体制造和熔融沉积成型。下面对这几种工艺方法做详细介绍。

10.2.1　光固化成型

光固化成型又称立体光刻，是最早出现并实现商业化的一种快速成型工艺。该工艺以液态光敏树脂为原材料，基于该材料在紫外光照射下的快速固化特性实现快速成型。具体来说，采用紫外光作为光源，并将光束汇聚成直径为 0.2mm 的光斑。依靠反光振镜的运动，引导光束在 *X-Y* 平面扫描。液态光敏树脂在紫外光的照射下迅速发生光聚合反应，并从液态转变成固态。光固化成型工艺的工作原理如图 10-6 所示。成型开始时，工作平台处于液面以下一个截面层厚高度，聚焦光斑在液面上按指令逐点扫描。扫描的轨迹及光线的有无均由计算机控制，光点照射的区域瞬间固化。当前层扫描完成后，未被照射的区域仍是液态光敏树脂。完成一层扫描后，工作平台下降一个截面层厚高度，已成型层的表面覆盖一层新的液态光敏树脂，然后进行扫描，新固化层牢固地粘在前一层上。如此重复，直到整个零件制造完毕。

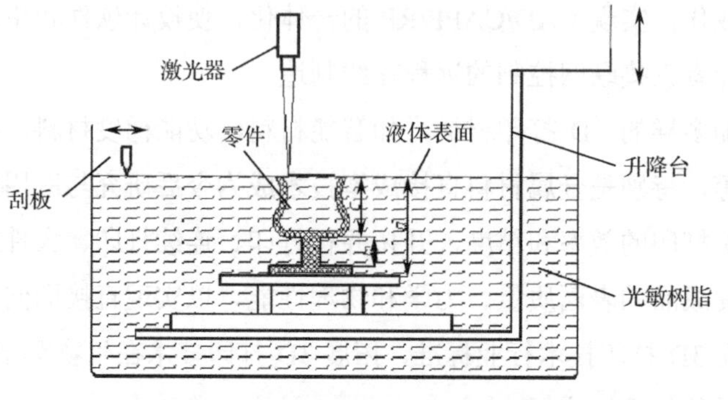

图 10-6　光固化成型工艺的工作原理

光固化成型工艺具有以下几个优点。①成型速度快，从 CAD 设计到完成原型制作通常只需要几小时到几十小时，相对于传统的制模到加工，可节约 70%以上的时间。②适用于加工各种复杂形状的零件，制造工艺与零件的复杂程度无关，无须专用夹具或工装即可完成制造过程。③精度高，能制作非常精密的特征，包括多种薄壁结构，表面质量良好。除了每层固化时侧面和曲面可能出现台阶效应，整体呈现玻璃状的效果。④材料利用率高，接近 100%，光敏树脂以液态形式储存在树脂槽中，多余的光敏树脂可以继续使用。⑤耗能少，光聚合反应基于光的作用而不是基于热的作用，故在工作时只需使用功率较低的激光源。

光固化成型工艺具有以下几个缺点。①需要设计支撑结构，以确保成型过程中制件的每个结构部位都能可靠地定位。②成本较高，可用的材料较少，目前可用的材料主要为液态光敏树脂。③液态光敏树脂具有刺激的气味和轻微的毒性，对环境有污染，应避光保存并防止发生聚光反应。④液态光敏树脂固化后的性能不如常用的工程塑料，强度、刚度、耐热性等不足，较脆，易断裂，不适合机械加工。

10.2.2 选择性激光烧结成型

选择性激光烧结成型工艺的工作原理如图 10-7 所示。整个工艺装置由粉末缸和成型缸组成。在烧结之前，整个工作台被加热至稍低于粉末熔化温度，以减少热变形，也利于层面之间的结合。工作时，粉末缸活塞（送粉活塞）上升，由铺粉辊将粉末在成型缸活塞（工作活塞）上均匀地铺上一层，计算机根据原型的切片模型控制激光束的二维扫描轨迹，有选择地烧结固体粉末材料，以形成零件的一个层面。粉末烧结一层后，成型缸活塞下降一个层厚，铺粉辊铺设新粉，计算机控制激光束扫描烧结新层。如此循环往复，层层叠加，最终得到三维零件。

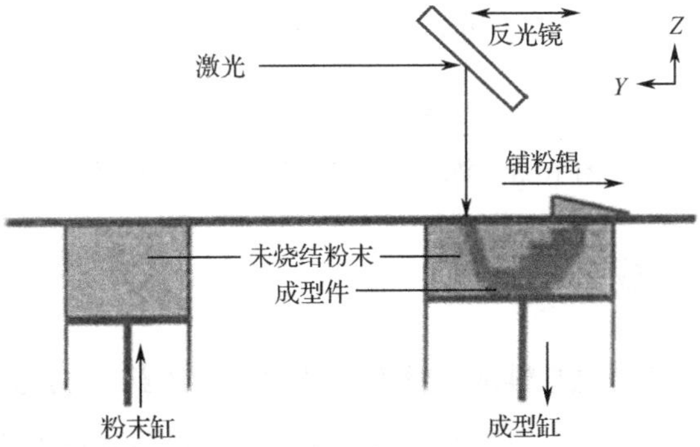

图 10-7 选择性激光烧结工艺的工作原理

选择性激光烧结成型工艺具有以下几个优点。①成型材料多样。从理论上说，任何受热后能够黏结的粉末都可以用作选择性激光烧结成型的原材料，如塑料、石蜡、金属、陶瓷等。②无支撑结构。由于烧结或未烧结的下层粉末自然成为上层的支撑，因此选择性激光烧结成型具有自支撑性能。③可制造任意复杂的形体。这一特点也是许多快速成型工艺所不具备的。

选择性激光烧结成型工艺具有以下几个缺点。①成型表面粗糙，由于原材料是粉末状的，原型表面严格来讲也是粉末状的，因此表面质量不高。②辅助工艺复杂，为避免激光烧结时材料因高温而起火燃烧，需要在工作空间加入氮气等阻燃气体。③成型过程污染环境，易产生有毒气体、粉尘及异味等。

10.2.3 叠层实体制造

叠层实体制造工艺采用的材料是具有一定厚度的片材，如纸、塑料薄膜等。将片材表面预先涂覆一层热溶胶，位于上方的激光器按照 CAD 分层模型数据，用激光束将片材切割成所制零件的内外轮廓。然后将新的一层纸叠加在上面，通过热压装置和下面已切割层黏合在一起，激光束再次切割。这样反复逐层切割再黏合，直至整个零件模型制作完成。

叠层实体制造工艺的工作原理如图 10-8 所示。该工艺具有如下优点。①成本低廉：材料价格便宜，原型制作成本低。②生产效率高：该加工方法只需要加工轮廓，不用扫描整个截面，且不需要专门设计支撑结构。但是，该工艺也有诸多不足之处，如材料利用率低、多余切碎的纸材不能循环利用、加工过程中易变形、难以满足中空零件和有微小复杂结构的模型的制作等。

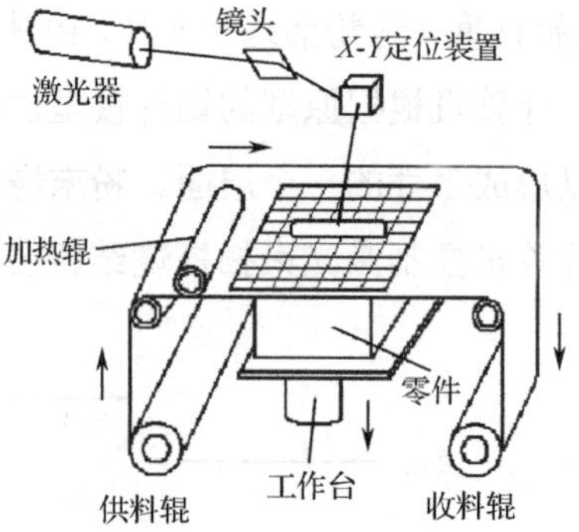

图 10-8 叠层实体制造工艺的工作原理

10.2.4 熔融沉积成型

熔融沉积成型工艺使用的原料是热熔性丝状材料（如蜡、ABS 和尼龙等），将丝状材料由送丝机构送进喷头，在喷头中受热达到熔融状态。将 CAD 模型分成一层层薄片，形成喷头的二维运动轨迹，在计算机的控制下，喷头将沿此轨迹挤出半流动的熔融材料，形成沉积固化的零件薄层。熔融材料层层黏结沉积，生成实体零件。

熔融沉积成型工艺的工作原理如图 10-9 所示。该工艺具有以下优点。①使用无毒成型材料作为原料，打印过程环保，无毒气或化学污染。②材料在成型时，化学变化不明显，零件翘曲变形小，支撑材料去除方便，常用于制造复杂的内腔、中空零件等。但其缺点也十分明显，如成型件表面有明显的条纹、成型速度较慢不适用于大型零件、零件与截面垂直方向的强度小、复杂零件需要设计和制造支撑结构等。

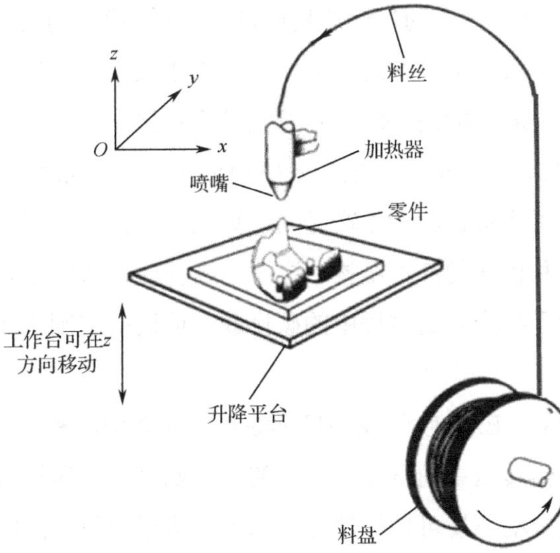

图 10-9　熔融沉积成型工艺的工作原理

10.3　3D 打印技术赋能数字经济

3D 打印技术作为数字经济时代的一个重要支撑，已经在产业链的各个环节实现了全流程数字化，从前期的建模设计到材料选择，再到最终的工艺应用，均体现了数字技术的深度应用。近年来，促进数字技术与经济行业深度融合发展、赋能传统产业转型升级已经成为社会广泛共识。随着数字经济时代的到来，3D 打印技术为各传统产业的更好更快发展注入了新动能，不断推动各业态向数字化方向转型升级。如今，3D 打印技术在以下几大产业形成了融合发展新生态。

10.3.1　实体经济

1. 制造业

金属 3D 打印技术在工业应用中不仅彰显了其在制造精密零件方面的能力，更重要的是，它开启了制造业数字化转型的新篇章。金属 3D 打印技术通过将数字模型直接转化为实体物品，极大地缩短了从设计到生产的周期，提高了生产的灵活性和效率。此外，金属 3D 打印技术允许构建更加复杂的结构，这些在传统制造技术中往往难以实现或成本过高。

金属 3D 打印技术的不断进步，包括金属喷射、电弧增材等先进技术的发展，正在逐步降低生产成本，同时提高产品质量和打印精度[6]。这些技术的进步不仅使金属 3D 打印更加经济实用，也使其应用范围扩大到航空航天、汽车、医疗器械等多个领域。随着这些技术的成熟和应用，预期金属 3D 打印将在未来引领制造业的数字化和智能化转型。

GE 航空航天的 LEAP 喷气发动机燃油喷嘴这一创新不仅展示了 3D 打印技术在航空领域的应用潜力，也证明了其在提高制造效率、节约成本及推动环境可持续性方面的显著优势[7]。通过采用直接金属激光熔化技术，GE 航空航天将原本需要多个部件组装的燃油喷嘴简化为单一 3D 打印部件，大幅提升了生产效率和部件性能，同时实现了资源的高效利用。这项技术创新不仅减少了物料消耗和生产时间，更重要的是提高了产品设计的灵活性，允许工程师设计更加复杂和优化的部件结构，这在传统制造方法中是难以实现的。此外，3D 打印技术的应用还有助于减少制造过程中的碳排放，促进航空制造业向更加绿色和可持续的方向发展。

通过 GE 航空航天的 LEAP 喷气发动机燃油喷嘴的案例，我们可以看到金属 3D 打印技术在推动制造业数字化转型中的重要作用。随着金属 3D 打印技术的进一步发展，其在降低成本、提高效率及推动环境可持续性方面的潜力将得到更广泛的认可和应用，为制造业乃至整个数字经济的发展带来新的动力。

2. 零售业

在数字经济时代，3D 打印技术成为零售业变革的强大推手，为消费者带来前所未有的个性化产品定制服务。3D 打印技术允许消费者根据个人喜好设计或修改各种产品，包括鞋类、珠宝、家居用品等，并将这些设计通过 3D 打印转变为现实中独一无二的商品。这种创新不仅极大地丰富了消费者的购物体验，还为零售商开辟了差异化竞争的全新途径。随着 3D 打印技术的不断演进和成本的不断降低，个性化定制逐渐成为零售业的发展趋势。

运动品牌如耐克和阿迪达斯通过 3D 打印技术在运动鞋生产中引领个性化定制的潮流，不仅加快了产品开发的步伐，还提供了更加个性化的客户体验。耐克的 Flyprint 技术是一个突破性的例子，它通过 3D 打印制造鞋面，使运动员能够根据自己的需求定制鞋面，以优化性能和提高舒适度。同样，阿迪达斯的运动鞋 Futurecraft 4D 展示了如何利用 3D 打印技术制造具有卓越缓震效果的鞋底，向消费者提供了高度定制化的体验。

在珠宝行业，3D 打印技术也引发了设计和生产的革命。珠宝设计师和制造商能够利用 3D 打印技术创造以往难以实现的复杂设计。消费者可以直接参与到设计过程中，选择宝石、金属和设计风格，打造完全个性化的珠宝。例如，Gemesis 公司专注于使用 3D 打印技术生产定制化钻石珠宝，消费者可以在网站上设计自己的珠宝，由该公司打印成型。

家居用品行业也不甘落后，宜家等品牌开始探索 3D 打印技术以提供更加个性化的产品。宜家推出了可以定制的 3D 打印家居产品系列，包括椅子垫和灯罩等，允许消费者根据个人喜好进行设计，满足了消费者对家居产品个性化和功能性的追求，同时提高了产品价值。

随着3D打印技术的发展，其在零售业的应用将更加广泛，不再局限于现有的鞋类、珠宝或家居产品，还将扩展到服装、眼镜、手表等多个领域[8]。个性化定制服务正变得越来越便捷，消费者仅需要通过几次点击就能参与到产品的设计和制造过程中，这不仅提高了消费者的参与感和满意度，也为零售商提供了巨大的市场潜力和商业价值。

此外，随着AR和VR的融合，消费者可以在虚拟环境中实时预览定制产品的外观和效果，极大地提高了定制服务的准确性和体验感。零售商利用大数据和人工智能技术，根据消费者的历史购买记录和偏好，智能推荐个性化定制方案，进一步提高了销售效率和消费者忠诚度。

3D打印技术在零售业扮演着越来越重要的角色，为消费者提供了前所未有的个性化定制体验，同时为零售商开拓了新的市场机会和商业模式。随着3D打印技术的不断进步和成本的进一步降低，个性化定制服务预计将成为推动零售业未来发展的重要力量，为消费者和零售商创造更多价值。

3. 建筑业

在建筑业，3D打印技术正在引领一场创新革命，彻底改变了传统建筑的设计和施工方式。3D打印技术以其独特的优势——速度快、成本低、设计灵活性高，逐步成为行业发展的新趋势。通过3D打印，建筑师和工程师能够实现前所未有的设计复杂度和个性化，同时促进环境可持续的建筑方法。

3D打印建筑的一个关键优势在于其能够使用各种材料，包括传统的混凝土和新型环保材料。这种材料的多样性不仅提高了设计的可能性，还促进了对可再生资源的利用，如回收塑料和建筑废料，减少了对新原料的需求和建筑过程中的碳排放。此外，3D打印减少了建筑过程中的材料浪费，因为它只使用了打印特定部件所需的确切数量的材料，与传统建筑方法相比，可大幅减少废物的产生[9]。

实际案例证明了3D打印技术在建筑业的应用潜力。例如，荷兰埃因霍温技术大学与建筑公司合作，成功打印了世界上首座3D打印混凝土桥，展示了3D打印在公共基础设施建设中的实际可行性。此外，中国一家建筑公司在24小时内通过3D打印技术建造了一栋两层住宅，这一成就不仅展示了3D打印在加快建造速度方面的能力，还证明了其在降低建造成本方面的巨大潜力。

在美国，一家名为ICON的初创公司采用3D打印技术建造了一系列房屋，旨在解决住房短缺和灾后重建问题。这些房屋不仅建造成本低，而且建造速度快，为住房市场提供了一种创新的解决方案。ICON使用的3D打印机能够在短短几天内完成整个房屋的打印工作，大幅缩短了建造传统建筑所需的时间。

此外，3D打印技术还为建筑设计带来了前所未有的自由度。建筑师能够探索复杂的几何形状和结构，这在传统建筑方法中要么无法实现，要么成本过高。例如，迪拜发起的一项计划旨在利用 3D 打印技术建造世界最高的摩天大楼，这将展示 3D 打印技术在实现高度复杂和创新设计方面的能力。

在环境可持续性方面，3D 打印建筑通过减少材料浪费、减少能源消耗及使用环保材料，为实现绿色建筑和可持续发展的目标提供了强有力的支持。随着技术的不断进步和成本的进一步降低，预计 3D 打印将在建筑业扮演越来越重要的角色，推动行业向着更加高效、环保和创新的方向发展。

3D 打印技术在建筑业的应用展示了其作为一种革命性工具的巨大潜力，不仅在加速建筑过程、降低成本方面表现出色，还在推动设计创新和实现环境可持续性方面发挥了关键作用。通过实际案例，我们可以看到 3D 打印技术如何使复杂的设计变得可行，如何在短时间内建造出结构稳固的住宅，以及如何利用环保材料推动绿色建筑的实践。随着技术的进一步发展和成本的进一步降低，3D 打印有望在全球范围内重塑建筑行业，提供更快、更经济、更个性化的建筑解决方案，同时促进建筑行业的可持续发展，为未来的城市建设和灾后重建提供新的思路与方法。

10.3.2 文化产业

3D 打印技术在文化遗产保护领域的应用展现了其独特的价值和潜力，无论是在文物修复、复制方面，还是在文物数据的采集与存档方面，抑或是在三维数字化博物馆的建立方面，3D 打印技术都为文化遗产的保护、传承和教育提供了新的思路与方法[10]。

1. 文物修复

在文物修复方面，3D 打印技术通过高精度扫描获取文物表面的三维数据，利用 3D 打印机精确打印出破损部位的复制件，进行精细的拼接修补。与传统的翻模修复工艺相比，3D 打印不仅能实现更加精准的修复，还能最大限度地避免对原始文物的二次破坏。一个著名的例子是对意大利佛罗伦萨的文艺复兴雕塑进行修复。利用 3D 扫描与打印技术，破损的雕塑部分得以精确重建，从而恢复了雕塑的原始面貌，同时保证了原作的完整性和历史价值的传承。

2. 文物复制

在文物复制方面，3D 打印技术允许博物馆依据藏品的原始状态制作高精度的复制品。这些复制品不仅在视觉和触感上与原件极为接近，还能有效降低原件的展出风险，延长其保存时间。例如，中国故宫博物院利用 3D 打印技术复制了多件珍贵的文物，包括瓷器和玉器等，这些复制品在细节上与原件几乎无异，极大地丰富了观众的参观体验，同时为文物的长期保存提供了新的解决方案。

3. 文物数据的采集与存档

3D 打印技术结合高精度的三维扫描技术，为文物的数字化采集与存档提供了强有力的工具。这不仅为文物保护提供了一种无损的记录方式，还为研究人员提供了便捷的研究材料。英国大英博物馆通过三维扫描和 3D 打印技术对其藏品进行了广泛的数字化记录和存档，使全球的研究人员和公众都能够在线访问这些珍贵的文物资料，极大地提升了文物的社会价值和教育意义。

4. 三维数字化博物馆的建立

随着 3D 打印技术和三维扫描技术的成熟，三维数字化博物馆成为文化遗产数字化保护的新趋势。通过将文物的三维数据展示在网页、小程序或 VR 设备上，观众可以实现沉浸式的参观体验，仿佛置身于真实的博物馆之中。法国卢浮宫博物馆便利用这一技术建立了一套虚拟参观系统，使世界各地的人都能够在线欣赏《蒙娜丽莎》等世界名画。这不仅使文化遗产得到了更广泛的传播和认识，也为博物馆提供了一种新的展示和教育手段。

10.3.3 商业活动

在数字经济时代的浪潮下，3D 打印技术在各类商业活动中引起了革命性的变革，发挥着至关重要的作用，加速了商业活动的数字化转型与升级。这种转型深刻地影响了供应链管理、教育、时尚与艺术等多个经济领域，推动传统行业向更高效、更个性化、更环保的方向发展[11]。

1. 供应链管理

在供应链管理领域，3D 打印技术凭借其快速原型制造能力，成为缩短产品从设计到上市的时间、提高市场响应速度的关键工具。全球汽车制造商宝马便是一个典型的例子。通过利用 3D 打印技术快速生产汽车零件原型，宝马实现了设计的快速迭代和创新，大幅减少了库存成本，缩短了生产周期。这项技术的应用不仅加速了新产品的开发过程，也提高了生产的灵活性，使企业能够更快地适应市场变化和消费者需求。

3D 打印技术在应对供应链中断的问题中展现了极大的潜力。在新冠病毒疫情防控期间，全球供应链遭受重大冲击，许多企业面临原材料短缺和生产延迟的问题。在这种情况下，多家企业转向 3D 打印技术，本地化生产医疗设备零件和个人防护装备，快速补充市场缺货。例如，意大利的一个创新团队通过 3D 打印技术生产了呼吸机零件，解决了当地医院的呼吸机零件短缺问题。3D 打印技术不仅使企业减弱了对远程供应链的依赖，还大幅提高了供应链的韧性和灵活性。

此外，3D 打印技术还助力企业实现了供应链的去中心化。传统的供应链模型依赖集中的生产基地和复杂的物流网络来分发产品，而 3D 打印技术使企业能够在离消费者更近的地方生产产品。这种模式不仅能够减少运输成本和时间，还能减少碳排放，促进环境可持续发展。阿迪达斯与 3D 打印公司 Carbon 合作开发了一款名为 Futurecraft 4D 的运动鞋，采用 3D 打印技术生产中底，能够在全球范围内快速响应市场需求，同时减少存货和过剩生产。

随着 3D 打印技术的进一步发展，其在供应链管理中的应用越来越广泛。例如，在航空航天领域，波音公司使用 3D 打印技术生产了超过 20000 个飞机部件。3D 打印技术的应用不仅提高了生产效率，还通过减轻零件质量提高了飞机的燃油效率，进一步证明了 3D 打印技术在提高供应链效率和促进环境可持续性方面的巨大潜力。

3D 打印技术正在重新定义供应链管理的未来。通过提供快速原型制造、应对供应链中断问题、实现供应链去中心化及促进环境可持续发展等多方面的解决方案，3D 打印技术不仅缩短了产品从设计到投放市场的时间，还提高了企业对市场变化的响应能力和供应链的整体韧性。未来，随着技术的进一步成熟和应用领域的不断拓展，3D 打印技术将在供应链管理中发挥更加重要的作用，为企业和消费者创造更多价值。

2. 教育

3D 打印技术在教育领域的应用成为推动创新教学和学习方式的重要力量。通过将这项技术融入课堂，教育者能够提供更具互动性和实践性的学习体验，极大地激发学生的创造力和解决问题的能力。实际案例表明，无论是在科学、技术、工程、艺术方面还是在数学教育方面，3D 打印技术都展现了其独特的价值和潜力。

在生物学教学中，传统的教学工具往往受限于模型的精确度和可获得性。美国某高中生物课堂上，教师利用 3D 打印技术制作了详细的人体器官模型，包括心脏、肺和 DNA 双螺旋结构。这些模型不仅在视觉上更加直观，而且允许学生通过触摸和操作来深入了解器官的结构与功能。此外，通过打印出不同遗传病变的 DNA 模型，学生能够直观地理解基因突变对生物体的影响，从而加深对遗传学原理的理解。

另外，3D 打印技术推动了数学几何模型的创新教学。在一所大学的数学系，教授利用 3D 打印技术制作了复杂的几何模型，用以教授立体几何和向量空间的概念。这些 3D 打印的模型使原本抽象难懂的数学概念变得具象和易于理解，极大地提高了学生的学习兴趣和教师的教学效果。例如，通过打印出四维立方体（超立方体）的三维投影，学生能够直观地掌握高维空间的概念，这是传统教学工具难以实现的。

在技术和工程教育中，3D 打印技术的应用更加广泛。一所工程学院开展了一门以 3D 打印技术为基础的设计与创新课程，学生在课程中不仅能学习 3D 设计软件的使用方法，还能亲手设计并打印自己的创意产品，如自定义的机器人部件、节能车模型和可持续建筑结构。这种学习方式不仅提高了学生的实践技能，激发了学生的创新思维，也为未来的工程挑战提供了解决方案的启示。

通过以上案例可以看出，3D 打印技术在教育领域的应用给传统教学方法带来了根本性的变革。它不仅使教学内容更加生动和直观，也提供了一个平台，让学生能够通过实践活动深入学习和探索知识。随着 3D 打印技术的不断发展和普及，预计未来其在教育领域的应用将更加广泛和深入，为培养创新人才和推动教育现代化做出更大贡献。

3．时尚与艺术

3D 打印技术在时尚与艺术领域的应用不仅展示了创新和个性化的可能性，而且为推动可持续发展提供了新的视角。这项技术不仅使设计师和艺术家能够突破传统制造工艺的限制，探索形式、材料和功能的新边界，同时还使他们更加关注环境影响和资源利用的优化。

在时尚领域，3D 打印技术可用于设计环保且可持续的服饰和配饰。例如，荷兰设计师艾里斯・范・荷本（Iris van Herpen）以其创新的 3D 打印时装闻名于世。她的作品结合了高科技与高级时装设计，展现了令人惊叹的美学和复杂的结构，同时体现了对材料使用的极致优化和可持续性考量[12]。通过选择环保材料和减少生产过程中的浪费，这些 3D 打印时装作品不仅给时尚界造成了深远影响，也为整个行业提供了向可持续发展转型的新路径。

在艺术领域，3D 打印技术为艺术家提供了前所未有的创作自由度，使其实现更加个性化的艺术创作。艺术家可以利用 3D 打印技术实现复杂的设计概念，创作出无法通过传统手段制作的作品。美国艺术家迈克尔・温克尔曼（Michael Winkelmann）利用 3D 打印技术创作了一系列令人印象深刻的数字艺术作品。这些作品不仅展示了 3D 打印技术在艺术创作中的独特价值，也探讨了数字世界与物理实体之间的互动。

3D 打印技术还促进了可持续艺术材料的开发与应用。一些创新企业和研究机构正在开发基于再生资源的 3D 打印材料，如从玉米淀粉、竹纤维等生物基资源中提炼塑料替代品。这些材料的使用不仅减弱了对化石燃料的依赖，也降低了艺术创作过程中的环境足迹。例如，Ecoalf 是一家利用废弃塑料瓶和废弃渔网等材料，通过 3D 打印技术制造时尚产品的公司，其产品既时尚又环保，展示了时尚行业可持续发展的新方向。

3D 打印技术在时尚与艺术领域的应用不仅推动了创新和个性化的发展，更重要的是在促进可持续发展方面展现出了巨大的潜力。通过优化设计和生产过程、减少资源浪费及使用可持续材料，3D 打印技术正在帮助时尚与艺术领域实现环境友好和社会责任的双重目标，为相关行业的未来发展树立了新的典范。随着技术的不断进步和社会对可持续发展的日益重视，预计 3D 打印技术在这些领域的应用将进一步拓展和深化。

10.4　3D 打印技术带来的伦理道德和社会问题

在这个快速发展的数字时代，3D 打印技术以其创新的生产方式对多个行业产生了深远的影响。从医疗器械的定制化生产到建筑行业的革新，再到个人使用者在家中打印日用品，

3D 打印技术展现了其多面性和潜力。然而，随着 3D 打印技术的普及和应用范围的扩大，其伦理和社会问题日益凸显，成为不可回避的话题。接下来将分别探讨 3D 打印技术带来的知识产权与版权问题、安全性与责任归属、道德问题与社会影响等，以深入分析 3D 打印技术所引发的伦理与社会挑战。

10.4.1 知识产权与版权问题

3D 打印技术的核心优势是能够快速、低成本地精确复制物品，这直接触及传统知识产权保护体系的核心。这项技术的精确复制能力使个人和组织可以轻松地复制各种物品，包括艺术作品、工业零件及流行消费品，这种能力在很大程度上触及了版权、专利权乃至商标权的核心保护领域，引发了关于如何在保护创新和促进技术普及之间找到平衡点的广泛讨论[13]。

Liberator 塑料手枪是一个引发全球关注的案例，它揭示了 3D 打印技术可能被用于非法制造武器的风险，同时展示了数字文件一旦被上传到互联网上，对其进行监管和控制将变得更难。除此之外，许多艺术家和设计师发现他们的作品被未经授权的第三方通过 3D 打印技术复制并销售。例如，迪士尼等大型娱乐公司受版权保护的角色和商品被仿制，直接侵犯了原创者的版权，对正版商品的销售构成了直接威胁。

在工业设计和专利权方面，3D 打印技术同样带来了挑战。汽车、航空航天等行业的零部件设计被认为是高度机密和受专利保护的，但 3D 打印技术的发展使这些设计容易被复制和传播。一旦设计文件被泄露，任何拥有 3D 打印机的个人或组织都能够无限制地复制这些专利产品，绕过了专利保护。

面对 3D 打印技术带来的知识产权保护挑战，加强法律监管、发展新的技术手段（如数字水印和版权管理技术），以及提高公众对知识产权重要性的认识，成为保护原创作品的有效途径。同时，确保这些措施不会妨碍技术创新和发展，寻找促进创新与保护版权之间的平衡，是一个需要持续探讨的问题。

3D 打印技术作为一项颠覆性创新技术，对知识产权保护体系提出了前所未有的挑战。可以在立法、技术和社会教育等多方面做出努力，以更好地应对这些挑战，保护原创者的权益，同时促进 3D 打印技术的健康、有序发展。面对 3D 打印技术带来的广泛影响，社会各界需要共同努力，推动建立一个更加开放、公平且有创造性的未来。

10.4.2 安全性与责任归属

随着 3D 打印技术的不断发展和应用范围的广泛扩展，其在航空、汽车、医疗等关键领域的使用日益增多，相应地，产品安全性和责任归属问题也变得更加复杂与紧迫。3D 打印部件的质量波动不仅可能影响最终产品的性能，还可能直接威胁用户的安全，引发严重的安全事故。面对这一挑战，确定当 3D 打印部件发生故障导致事故时责任的归属成为一个复杂的法律和道德问题。

在 3D 打印部件的使用过程中，由于受到材料的不均匀性、打印过程中的参数设置、后处理方法等多种因素的影响，部件的性能和质量可能会有显著波动。例如，一项针对 3D 打印航空部件的研究发现，即使是细微的打印参数变化也会导致部件性能的显著差异，这对极度重视安全性能的航空零件来说是不可接受的[14]。

当这些部件因质量问题导致事故发生时，责任的归属问题变得尤为复杂。以 3D 打印汽车零件为例，如果零件在使用过程中出现故障导致交通事故，涉及的责任方可能包括设计文件的提供者、3D 打印服务提供者、材料供应商，甚至最终的使用者。每一方都可能对事故的发生负有一定的责任，但在现有的法律框架下，明确各方的责任比例和法律责任极具挑战性。

一个典型的案例是 2016 年发生的一起事故。一家使用 3D 打印技术生产自行车零件的公司的产品在使用过程中发生断裂，导致骑行者摔伤。事后调查发现，零件断裂的原因是在 3D 打印过程中材料分布不均匀。在这个案例中，责任的归属成为法律争议的焦点，涉及设计的合理性、打印过程的质量控制及材料的适用性等多个层面。

为了应对这些挑战，业界和学术界探索了改进 3D 打印技术、制定更加严格的质量控制标准和认证程序、加强法律法规建设等多种解决方案。例如，一些国家和行业组织已经开始制定专门针对 3D 打印产品的安全标准和测试程序，以确保产品的可靠性和安全性。同时，关于责任归属的法律讨论也在不断深入，旨在为这一新兴技术提供更加明确和合理的法律框架。

随着 3D 打印技术的不断进步和应用领域的持续扩大，确保产品安全性的挑战仍将持续存在。这要求从技术开发者到最终用户的所有参与者都对 3D 打印产品的安全性负责，同时需要法律法规、标准认证和行业自律共同发挥作用，以构建一个既能促进技术创新又能保障公众安全的健康发展生态。

10.4.3 道德问题与社会影响

3D 打印技术在医疗领域的应用，特别是生物打印技术的进步，虽然为人类健康和医疗治疗带来了前所未有的希望，但也引发了深刻的道德和社会问题。生物打印技术的潜力在于能够根据患者的具体需求打印出人体器官，如皮肤、骨骼甚至心脏，这样的技术进步不仅挑战了传统的医疗方法，也引发了关于生命起源、生命权和人类身份的哲学与伦理讨论[15]。

美国一家生物技术公司成功利用 3D 打印技术打印出了功能性人耳。这项技术使用了一种名为“生物墨水”的特殊材料，结合患者自身的细胞，打印出可以被人体接受的人耳。生物打印技术引发的道德讨论包括人工生命的定义。当技术发展到一定程度，能够完全复制甚至超越自然生命过程时，该如何定义生命？这个问题不仅是医学和生物学领域的问题，也是哲学和伦理学领域的问题。此外，随着器官打印技术的成熟，生命权的问题也变得更加复杂。如果人工打印的器官可以用于延长生命，那么这项技术是应该为所有人提供服务，还是只为那些能够承担得起高昂费用的人提供服务？

除了道德问题，3D 打印技术对社会和就业市场的影响也引起了广泛关注。自动化和数字化生产技术的提高，特别是这些技术在制造业领域的应用，可能会导致大量传统工作岗位的消失。例如，当工厂能够通过 3D 打印技术自动生产零件时，那些依赖手工或传统机械操作的制造工人可能会面临失业的风险。3D 打印技术的进步虽然提高了生产效率，促进了经济增长，但也可能加剧社会不平等，特别是在技能和教育水平差异导致就业机会不均等的情况下[16]。

关于 3D 打印技术对就业的影响，一项研究指出，在未来几十年内，3D 打印技术有可能替代高达 25%的制造业工作岗位。这一预测基于 3D 打印技术在提高生产效率、降低生产成本方面的潜力，以及其在定制化生产中的应用前景。

总体来说，3D 打印技术在医疗领域的应用带来的道德和社会问题需要全社会的关注与参与来解决。技术的发展应该伴随着对伦理原则的严格遵循，确保技术进步能够惠及全人类，而不是造成新的社会分裂和不公。同时，为了缓解 3D 打印技术对就业市场的潜在负面影响，政府和企业需要共同努力，通过教育和培训项目帮助劳动力适应新的工作环境，确保技术进步成为推动社会共同富裕的动力。

3D 打印技术作为数字经济时代的重要推动力，已经成为赋能传统行业转型升级、激发新兴产业发展潜力的关键技术之一。通过提高定制化水平、设计灵活性和生产效率，3D 打印技术正在逐步改变产品设计、制造和分销的传统模式，推动着数字经济的深度发展。3D 打印技术已经在多个领域展示了其革命性的应用潜力。然而，随着 3D 打印技术的不断普及和应用范围的不断扩大，其潜在的负面影响也开始浮现。一个尤其引人关注的案例是 3D 打印枪支的出现。

2013 年，来自美国得克萨斯州的大学生科迪·威尔逊（Cody Wilson）推出了世界首款 3D 打印手枪，枪的零部件均由 3D 打印完成。它的材质基本为塑料，但其第一发子弹杀伤力极强，足以对民众的生命安全造成威胁。3D 打印的枪支缺乏官方编号和膛线特征记录，几乎无法追溯其来源，为非法活动提供了一种几乎完美的匿名工具。威尔逊创办的“分布式防御”网站推广了一个极具争议的观点：利用 3D 打印技术在家制造武器。该网站提供 3D 打印枪支零件图纸的免费下载，制枪图纸上传几天后，就有超过 10 万次的下载量。威尔逊被《连线》杂志评为“2012 年全球最危险的人”之一。联邦政府责令威尔逊删除其在网站上分享的制枪图纸，然而威尔逊的 3D 打印枪支得到了“言论自由”保护。美国司法部门裁定，这些制枪图纸在技术上并不属于军用材料，因此可以被公众“访问、讨论、使用和复制”。最终，威尔逊在与联邦政府的法律纠纷中获胜，其 3D 打印枪支的设计图纸重新上线。威尔逊在其网站上写道：“3D 打印枪支的时代正式到来。”2013 年，Solid Concepts

公司利用 3D 打印技术成功打印出了第一把纯金属枪，该金属枪在连续发射 50 发子弹后依然能够保证枪支完好无缺。2014 年，Defense Distributed 团队打印出了体积更大、枪身更重的步枪，可连续发射口径 7mm 的子弹，杀伤力进一步提升，基本与真枪实弹的杀伤力不相上下。

面对 3D 打印技术带来的这些伦理和法律挑战，社会各界正在探讨和实施多种应对措施。首先，加强法律法规的建设，明确规定 3D 打印武器的法律地位和责任归属是控制这一现象的基础。其次，加大对 3D 打印技术的监管力度，如要求 3D 打印机的生产商和销售商实施用户身份验证，以及对打印物品的类型进行限制和监控。此外，提高公众对 3D 打印技术潜在风险的认识，通过教育和宣传引导人们负责任地使用这项技术，也是降低其负面影响的重要途径[17]。

综上所述，3D 打印技术虽然为社会发展带来了前所未有的机遇，但也带来了伦理道德和法律上的挑战。只有加大监管力度、加强相关法律法规建设，才能最大限度地发挥 3D 打印技术的正面作用，同时避免其潜在的负面影响，为社会的健康发展提供有力的保障。

案例：天府农博园“瑞雪”多功能展示馆

1. 项目背景

天府农博园位于成都市新津区，是四川农博会的永久举办地，旨在将自身打造成四川省乡村振兴的示范项目。“瑞雪”作为天府农博园的核心板块和多功能展示馆，其设计和建造体现了科技与乡村振兴的深度融合。

2. 技术应用

上海一造科技有限公司（以下简称“一造科技”）利用其在数字建造领域的专长，结合木构机器人和 3D 打印机器人，为“瑞雪”的建设提供了深度智能化赋能。该建筑的屋面结构采用 3D 打印技术完成，面积约 2000 平方米，通过工厂打印后运输至现场拼装，实现了快速、高效、精准的建造过程。

3. 技术创新

一造科技研发的大尺度改性塑料 3D 打印技术，经过多年的技术沉淀与工程实践，形成了从深化设计到现场安装的全流程解决方案。该技术不仅简化了传统屋面构造的多道工序，还提高了结构效率与材料性能，实现了最优结构效率与材料用量的平衡。

4. 项目意义

“瑞雪”项目的成功实施，展示了 3D 打印技术在建筑领域的应用潜力，特别是其在乡村振兴和城乡融合发展中的作用。通过科技赋能，一造科技推动了建筑业的转型升级，为业主节约了大量资源，同时拓展了建筑设计的创意边界。

5. 社会影响

该项目不仅成为成都市新津区推动科技研发、协同创新、数字体验、乡村振兴的重要组成部分，还为成都市新津区打造了全新的名片。新津区通过全新建筑模式构筑的新型地景，成为乡村振兴的重要展示窗口。

一造科技 CEO 韩力表示，公司将继续运用自主研发的先进机器人建造工艺，实践可落地的建筑智能建造，以科技赋能乡村振兴建设方式的革新。3D 打印技术将在未来的乡村振兴和数字经济发展中扮演更加重要的角色。

“瑞雪”多功能展示馆的建设是 3D 打印技术赋能数字经济的典型案例。通过技术创新和智能化建造，一造科技不仅提高了建筑效率和质量，还推动了乡村振兴和城乡融合发展，展示了 3D 打印技术在新时代背景下的巨大潜力和价值。

参考资料

[1] 张楠. 3D 打印技术加速制造业数字转型发展[J]. 中关村，2022（4）：62-64.

[2] 于彦东. 3D 打印技术基础教程[M]. 北京：机械工业出版，2017.

[3] 朱红，易杰，谢丹. 3D 打印技术基础（第 2 版）[M]. 武汉：华中科技大学出版社，2021.

[4] LIPSON H, KURMAN M. Fabricated: the new world of 3D printing[M]. Indianapolis: John Wiley & Sons, 2013.

[5] GIBSON I, ROSEN D W, STUCKER B. Additive manufacturing technologies: 3D printing, rapid prototyping, and direct digital manufacturing[M]. 2nd ed. New York: Springer, 2015.

[6] PETRICK I J, SIMPSON T W. 3D printing disrupts manufacturing: how economies of one create new rules of competition[J]. Research-Technology Management, 2013, 56(6): 12-16.

[7] BERMAN B. 3D printing: the new industrial revolution[J]. Business Horizons, 2012（2）：155-162.

[8] 李昕. 3D 打印技术及其应用研究综述[J]. 凿岩机械气动工具, 2014（4）：36-41.

[9] 张晓光. 基于 3D 打印时代的建筑技术发展研究[J]. 河南科技，2014（10X）：162-163.

[10] 陈为平，林有希，黄捷，等. 3D 打印发展现状分析及展望[J]. 工具技术，2019, 53（8）：10.

[11] 蔡恩泽. 3D 打印颠覆传统制造业[J]. 中国中小企业，2012（11）：46-47.

[12] 张荣红，熊玮，张楠. 3D 打印技术在传统工艺表现中的应用研究[J]. 宝石和宝石学杂志，2015, 17（1）：45-49.

[13] HORN T J, HARRYSSON O L A. Overview of current additive manufacturing technologies and selected applications[J]. Science Progress, 2012, 95(3): 255-282.

[14] VAEZI M, SEITZ H, YANG S. A review on 3D micro-additive manufacturing technologies[J]. The International Journal of Advanced Manufacturing Technology, 2013(67): 1721-1754.

[15] CHUA C K, LEONG K F. 3D printing and additive manufacturing: principles and applications[M]. 5th ed. Singapore: World Scientific Publishing Company, 2017.

[16] KIETZMANN J, PITT L, BERTHON P. Disruptions, decisions, and destinations: Enter the age of 3-D printing and additive manufacturing[J]. Business Horizons, 2015, 58(2): 209-215.

[17] MELCHELS F P, DOMINGOS M A, KLEIN T J, et al. Additive manufacturing of tissues and organs[J]. Progress in Polymer Science, 2012, 37(8): 1079-1104.